철학 입문 18

철학 입문 18

철학으로 들어가는 18개의 문

남경태 지음

Humanist

머리말

철학의 방, 사유의 놀이터로 들어가는 18개의 문

'상아탑 속의 학문'은 부패한 현실과 타협하지 않는 고결한 학문이라는 의미로 읽을 수 있는데, 한편으로는 현실과 유리된 '학문을 위한 학문'이라는 의미로도 읽을 수 있다. 무릇 학문의 명패를 달았다면 어떤 방식으로든 현실과 괴리되어서는 안 되며, 또 그렇게 존재할 수도 없다.

철학은 분명히 현실적인 용도가 있을 뿐 아니라 알고 보면 무척 광범한 실용성을 가진다. 철학은 모든 학문적 사유의 바탕을 형성하기 때문이다. 자연과학에 비유하면 철학은 원천 기술을 낳는 기초과학에 해당한다. 철학에 쓰임새가 없다면 수학이나 물리학도 마찬가지다. 가장 큰 소수를 발견하려는 수학적 연구, 50억 광년 떨어진 은하의 물질적 구성을 알아내려는 물리학적 연구는 당장의 소용은 없어 보인다. 하지만 그런 기초과학의 성과가 없다면 공학과 의학 같은 응용과학도 발달할 수 없다.

문제는 기초 학문과 응용 학문의 연결이나 철학의 진정한 쓰임새가 눈에 쉽게 띄지 않는다는 점이다. 철학을 안다고 해서 갑자기 생활이 편리해진다거나, 성적이 올라간다거나, 봉급을 많이 받지는 않는다. 어찌 보면 지하철 노선도보다도 쓸모가 없는 게 철학이다. 그래서 추상적인 철학과 구체적인 삶의 연관성을 모색하는 방법이 필요해진다.

일상생활의 한 단면을 철학적으로 분석한다.
난해한 철학을 생활 속에서 쉽게 풀이한다.

좋은 말이다. 철학이 상아탑에만 머물지 않고 현실과 밀접한 관련이 있다는 점을 부각하려는 의도이다. 실제로 그런 의도를 나름대로 구현한 책들도 시중에 꽤 나와 있다.

이 책도 형식상으로는 그런 책들과 크게 다르지 않다. 주제와 상황을 설정하고 그와 관련된 철학 이론과 해석을 제시하는 구성으로 보면 마찬가지다. 하지만 이 책은 그런 '철학 대중서'와 큰 차이가 있다. 여기 소개된 18가지 상황은 우리의 일상생활과는 별로 관련이 없다. 순전히 철학적 사유를 훈련하기 위한, 어떤 면에서는 매우 작위적인 상황들이다.

생활과 철학의 연관성을 모색하면서도 구체적인 일상생활에서 상황을 추출하지 않은 데는 이유가 있다. 철학은 단순히 삶을 영위하는 데 필요한 지침이 아니기 때문이다(생활과 철학을 직접 결부하는 대다수 책들은 그 점을 착각하고 있다). 철학에서 일상생활과 가장 밀접하게 연관된 부분을 찾자면 도덕이나 종교인데, 그것들도 철학의 한 부분이기는 하지만 철학의 본질은 아니다. 철학의 핵심, 가장 '철학적인 철학'은 바로 사유 자체에 있다. 즉 철학은 생각하는 방법을 다루는 학문이다.

이 책은 어떻게 살 것인가보다는 어떻게 생각할 것인가에 초점을 맞추고, 여기서 생활과 철학의 접점을 찾고자 했다. 그래서 이 책은 사유, 그리고 사유와 연관된 언어, 논리, 인식 등의 개념을 주제로 채택했고, 각 주제와 연관된 상황들을 콩트, 대화, 일기, 심지어 SF의 형식까지 차용해 다양하게 제시했다.

이 책에 제시된 18가지 상황 혹은 장면은 철학으로 들어가는 18개의 문인 셈이다. 각각의 문들은 서로 연결되어 있지 않다. 즉 하나의 문을 통과한 다음 다른 문으로 들어가야 하는 것은 아니다. 그보다는 '철학의 방'을 중심으로 18개의 문이 빙 둘러 배치되어 있다고 할 수 있다. 독자는 어느 문으로 들어가든 철학의 한 단면과 마주치게 된다. 그것이 철학적 사유의 시작이다. 물론 철학의 방으로 들어가는 문은 이 18개만이 아니라 얼마든지 더 있을 수 있다.

진리가 존재한다고 믿고 진리를 추구하는 입장을 취하면 ― 도덕이나 종교가 그렇다 ― 철학에서 삶의 지침이나 교훈을 얻을 수도 있을 것이다. 하지만 철학을 순전히 사유와 관련된 것으로 본다면 철학은 사유를 위한 놀이가 될 수 있다. 18개의 문으로 들어가 조심스레 철학의 방을 열면 사유의 놀이터가 나올 것이다. 이 책이 독자에게 생각하며 즐겁게 놀 수 있는 철학적 놀이터가 되기를 바란다.

끝으로, 이 책은 몇 년 전에 발간된 《남경태의 스토리 철학 18》을, 출판사를 옮기고 원래의 순서대로 바로잡아 개정한 것임을 밝혀 둔다.

2013년 3월
남경태

차례

머리말 철학의 방, 사유의 놀이터로 들어가는 18개의 문 · 5

1 **무의식** 법정에 선 무의식 11 | 분열된 의식, 붕괴된 동일성 27

2 **지식** 아는 것이 힘이다? 33 | 지식은 선택하며 배제한다 47

3 **자유** 자유에 구속되다 53 | 자유에 관한 자유로운 담론 66

4 **거대 담론** 혁명을 꿈꾼 사람들 72 | 작은 것이 아름답다 85

5 **행복** 목숨과 바꿀 수 있는 행복이란 91 | 쾌락을 측량하는 방법 100

6 **주체** 상상 속의 발명 104 | 주체와 세계와 인식 115

7 **매체** 지식과 권력의 스펙트럼 120 | 매체의 역설 134

8 **텍스트** 검색되지 않는 정보 139 | 텍스트는 소통을 가능하게 해주는가? 151

9 **언어** 언어학 개론 157 | 기원이 없는 언어 170

10 **창작** 독창성의 근거 175 | 창작, 표절, 편집 187

11 **타자** 모범 시민 X 192 | 아웃사이더의 반란 198

12 **인식** 내가 만드는 세계 201 | 인식, 존재, 경험 211

13 **드러난 것과 숨은 것** 고지식 씨의 하루 216 | 당연시한 것을 의문시하라 226

14 **보편자** 주제곡과 변주곡 232 | 진리는 보이지 않는 것 241

15 **종교** 신앙 vs 이성 247 | 신앙이냐, 삶이냐 260

16 **사랑** 1년 만의 편지 265 | 사랑에 이르는 힘난한 길 271

17 **욕망** 악마와의 계약 274 | 욕망의 시대 286

18 **이원론** 공존하는 두 세계 292 | 하나와 둘의 차이 305

더 읽으면 좋은 책 · 311

찾아보기 · 314

무의식

법정에 선 무의식

교도소에서 복역하던 맥머피는 일부러 정신병에 걸린 것처럼 위장해 정신병원으로 후송된다. 정신병원이 감옥보다는 생활하기가 편하고 자유로울 거라는 생각에서였다. 그런데 막상 정신병원에 간 맥머피는 그것이 잘못된 생각이었다는 것을 알게 된다. 병원에 수감되어 있는 환자들과 함께 생활하면서 맥머피는 그들이 정신병자라기보다 현실 부적응자에 가까우며, 오히려 병원에서 정신병자로 만들어지고 있다는 사실을 깨닫는다. 그들은 보이지 않는 병원의 압력에 짓눌려 스스로 병자라고 착각하고 있다. 맥머피는 정신병원의 절대 권력을 상징하는 수간호사 래치드에게 항거해 진실을 폭로하고 환자들의 권익을 보호하려 하지만 결국 그 자신도 권력에 희생되어 진짜 정신병자가 되고 만다.

영화 〈뻐꾸기 둥지 위로 날아간 새〉의 줄거리다. 아버지가 특히 좋아하던 영화다. 생전에 아버지는 여배우가 거의 등장하지 않는 가장 재미있는 영화는 〈쇼생크 탈출〉이고, 거의 유일하게 등장하는 여배우가 최대의 악역으로 나오는 가장 재미있는 영화는 〈뻐꾸기 둥지 위로 날아간 새〉라고 하셨다. 둘 다 오래전 2D 시절의 대표적인 명화로 꼽힌다(한마디 보태자면 아버지는 명화급 영화를 결코 좋아하지 않았다).

〈뻐꾸기 둥지 위로 날아간 새〉는 1975년도 아카데미상을 받았으니 벌써 80여 년 전의 상황을 그린 영화지만, 최근에 더욱 많은 범죄자가 응용하고 있다. 판사들에게는 가장 조심해야 할 대상이다. 특히 법정 경험이 적은 신출내기 판사들은 노련한 피고인들에게 자주 속아 넘어간다. 판사 생활 19년째, 부장판사 경력 6년째인 내가 보기에는 뻔한 짓거리이지만 신참들이 피고의 교묘한 주장을 논리적으로 분쇄하기란 쉽지 않은 모양이다.

심리법원(心理法院)의 부설 기관으로 무의식법정이 설립된 건 2048년이니 벌써 10년이 넘었다. 21세기 초까지만 해도 형법은 범죄행위 자체에만 초점을 맞추고 범죄 요건을 구성했다. 형량을 정할 때도 행위를 기본으로 삼고 동기를 보조로 삼았다. 그러다 보니 문제가 생겼다. 정작 중형을 내려야 할 비열하고 비인간적인 범죄는 제대로 처벌받지 않고, 온건한 성격의 범죄가 오히려 더 무거운 처벌을 받게 되는 것이다.

얼마 전에 있었던 사건이 좋은 예다. 교활한 속임수로 한 정년 퇴직자의 가정을 송두리째 무너뜨린 경제 사기범이 있었다. 퇴직자가 자살하자 그 아들은 복수심에 불타 사기범을 살해했다. 법리적으로는 살인이 사기보다 훨씬 더 강력 범죄지만, 내가 보기에 아무리 끔찍한 살인죄라고 해도 원인 제공자보다 피해자가 더 중형을 받는다는 것은 아무래도 온당치 않다. 그 사기범이 만약 5년 형을 마치고 출소했다면 사기 행각을 계속할 가능성이 높지만 그를 살해한 범인은 재범할 가능성이 거의 없다. 예전에는 그걸 문제로 여기지 않았으나 지금은 법의 개념이 현대화되면서 그런 현상을 모순으로 인지하게 되었다. 이런 이유에서, 범죄 사건을 행위 자체로만 국한하지 않고 종합적으로 판단하기 위한 심리법원이 생겨났다. 기존의 법정에서 가능한 심리(審理)가 아니라 범죄의 근본적 심리(心理)를 다룬다는 게 심리법원의 취지였다.

심리법원은 특별 법원의 성격을 지니지만 최고 사법기관인 대법원에서 의뢰하는 사건까지 처리하기 때문에 헌법재판소에 준하는 권위를 가진 기관이다. 다만 판사나 검찰, 경찰은 심리법원에 사건을 의뢰할 수 없고 하급법원에서 상고하는 형식만 가능하다. 즉 일반 법정에서의 심리가 다 끝난 사건만 심리법원에서 다뤄진다. 대학에서 서양사를 전공하는 딸아이는 영국 중세의 헨리 8세가 운영한 성실법원, 스타 체임버가 이것과 비슷하다고 말해주었다.

심리법원의 판사들은 대통령 후보의 요건보다 더 까다로운 절차를 거쳐 임용된다. 대통령 후보는 40세 이상 국내 거주 5년이면 누구나 자격이 있지만, 심리법원의 판사가 되려면 50세가 넘어야 하고 법원이나 검찰에 10년에서 20년까지 재직한 경험이 있어야 한다. 법정 경력을 10~20년으로 제한한 게 재미있다. 20년 이상, 그러니까 법조계에서 평생을 보낸 사람은 오히려 심리법원의 판사 자격을 가지지 못한다. 법에만 익숙하고 모든 걸 법에 지나치게 의존할 우려가 있다는 이유에서다. 전부터 심리법원을 지망했던 나는 올해에 기필코 꿈을 이루어야만 한다. 내년이면 50세의 나이 제한과 20년 법정 경력에 모두 걸리고 마침 판사의 정년퇴임으로 한 자리가 비니까 절호의 기회다.

까다로운 자격 조건 때문에 현재 심리법원의 판사 아홉 명 가운데 대학

에서부터 법을 공부한 사람은 두 명뿐이다. 나머지는 주로 철학, 사회학, 심리학을 공부한 사람들이고, 예술사를 전공한 사람도 한 명 있다. 금세기 초까지는 법을 공부한 사람들만 법조계에 들어올 수 있었지만, 지금은 법의 사회적·철학적 맥락이 강조되기 때문에 법조계에도 법만이 아닌 다른 분야의 인력이 많아졌다. 21세기 초 로스쿨 때문에 문제가 많았다고 하지만 결국 로스쿨의 기본 취지가 승리한 거다.

예전의 사법제도는 오로지 객관성에만 매달렸다. 법을 집행하는 공식 명분은 사회정의를 실현하기 위해서였으나 실제로는 이의 제기와 비난을

면하는 게 최우선이었다. 판사도 역사에 남을 탁월한 판결보다는 무난한 판결에 머물고자 했고, 그래야만 승진할 수 있었다. 그런 탓에 범죄의 동기를 판결에 반영하는 폭이 작았으며, 주로 사건의 외양에 준해 형량을 정했다. 절도면 징역 몇 년, 살인이면 몇 년 하는 식이었다.

개혁적인 마인드를 가지고 있는 양심적인 판사와 검사들은 당연히 불만이었다. 하지만 실정법을 무시할 수 없었으므로 그들은 자신의 판결에서는 기존의 법에 따르면서 그 결과에 불만이 있을 때는 사건을 심리법원으로 넘겨버렸다. 그래서 법조계에서는 심리법원을 '心理法院'이 아니라 심층 심리가 가능하다는 의미에서 '深理法院'이라고 농담으로 불렀다.

하지만 심리법원으로 문제가 다 해결되지는 않았다. 심리법원에서는 범죄의 배경과 동기까지 포함해 최대한 정밀한 판결을 유도하려 했으나 여기서 배제되는 범죄 유형이 있었다. 오히려 심리법원이 설립되면서 더 까다로워진 문제가 있었는데, 그것은 바로 무의식이 개재된 범죄 유형이었다.

기존의 법정과 심리법원에서 다룰 수 있는 것은 '의도적인' 범죄뿐이다. 단순한 절도나 사기에서 강도, 강간, 살인까지 모든 범죄는 범죄자의 의도에 의해 행해졌다는 것이 근본적인 전제다. 그런데 의도가 개입되지 않았거나 의도와 관계가 있는지조차 확실치 않은 범죄라면 어떨까? 범죄자가 범죄를 저지른 것은 분명하지만 범죄 의도가 어느 정도까지 개재되었는지는 아주 중요한 문제다. 범죄자의 교화, 재범률과 밀접한 관련이 있기 때문이다. 무의식의 개념을 법에 도입하게 된 계기는 15년 전 〈법률회보〉에 게재된 젊은 판사의 〈전과자의 새로운 개념〉이라는 획기적인 글이었다.

무의식의 시대인 지금은 모든 것이 무의식의 개념에 따라 전폭적으로 재편되어야 한다. …… 범죄를 저지르거나 거짓말을 한 사람이 자기 잘못을 진심으로 뉘우친다고 해보자. 그 사람에게는 도덕적 용서와 법적 관용이 내려져 감형된다. 하지만 그 '진심'이라는 것이 과연 무엇인가? 물론 당사자가 뉘우치는 그 순간에 다른 의도를 품는다거나 위선적인 태도를 감춘다는 것은 아니다. 그러나 설사 진심으로 뉘우쳤다고 해도 그 태도는 당사자의 의식에만 관련될 뿐 무의식까지 영향을 주지는 않는다. 그런 사람은 다시 일정한 시간이 지나면 범죄를 저지르거나 거짓을 말할 수 있다. 쉽게 말해 형을 마치고 교도소를 나서는 순간 전과자는 다시 죄를 짓지 않겠다고 결심하지만, 그 결심이 내내 유지되기란 어렵다. 전과자의 재범률이 높은 것은 그 때문이다. 근본적인 원인은 범죄의 경험이 전과자에게 무의식으로 내면화되어 있기 때문이다. 전과자는 자신의 의식만을 통제할 뿐 무의식에는 접근하지도 못한다. 그렇다면 전과자의 교도 행정, 나아가 범죄자의 의식이나 자유의지에 입각한 법과 도덕의 개념은 무의식을 포함하여 상당 부분 변화되어야 할 것이다. …… 무의식의 시대를 맞아 앞으로 이런 관점은 다른 분야에도 두루 투영될 것이다.

예전에 나는 전과 23범의 어느 노인 범죄자를 본 적이 있다. "저도 모르게 그랬습니다. 아무쪼록 선처를 바랍니다." 법정에서 그는 눈물을 흘리며 이렇게 말했다. 평생 절도죄로 스무 번이 넘게 감옥에 드나든 칠십대 노인이 또다시 소매치기를 한 것이다. 그 전에 마지막으로 노인이 절도를 저지른 것은 5년 전의 일이었고, 그 5년간은 그의 생애 중 가장 길게 손을 씻고 살았던 기간이었다. 더구나 그 5년간은 담당 검사가 주선해준 양아들까지 얻어 어느 때보다 행복하게 살았던 시기이기도 했다.

죄질은 나쁘지만 법정에서 그가 흘린 눈물은 분명히 진실이었다. "저도 모르게 그랬습니다." 그의 이 말도 분명히 진실일 것이다. 그렇다면 죄의 주체는 누구인가? 정확히 따지자면 '그 노인'이 아니라 '그 노인 자신도 모르는 부분'이다. 이렇게 어쩔 수 없이, 자신도 모르게 저지른 죄는 의도적이고 의식적으로 저지른 죄와는 달리 봐야 하지 않을까? 물론 같은 살인죄라도 살인을 목적으로 한 범죄와 실수로 살인을 저지른 과실치사는 구분된다. 하지만 노인의 경우는 의도적인 행위도 아니고 단순한 실수도 아니다. 말 그대로 지하철 안에서 '자기도 모르게' 여자의 핸드백에 손이 불쑥 나간 경우다.

이런 범죄까지 처리하려면 심리법원만으로는 불충분했다. 그래서 심리법원이 세워진 지 얼마 지나지 않아 무의식법정이 부설 기관으로 설립되었다. 예상치 못한 사태가 발생하게 된 것은 이때부터다.

전통적인 사법제도는 법 이외의 분야에 무지했으나 그래도 분란의 여지가 크지 않았던 것은 객관성을 내세웠기 때문이다. 무의식적 범죄행위를 전담하는 법정이 세워지자 얼마 안 가서 법의 객관성과 연관된 중대한 문제가 발생하기 시작했다.

의식적이고 의도적인 범죄는 아무리 복잡한 사건이라 해도 범죄행위와 범죄자를 연결하기만 하면 해결되었다. 용의자에게서 자백을 받아내면 좋고, 쉽게 자백하지 않는 경우에도 증인이나 증거를 확보하면 만사 오케이였다. 법정에서는 형량만 결정하면 되었다. 수사 과정은 어려운 경우가 있어도 사건이 법정에 올라오면 어려울 게 없었다.

그런데 무의식의 개념이 법정에 도입되자 무의식에 관련된 범죄의 경우 수사 과정보다 재판 과정이 더욱 까다로워졌다. 범죄행위가 과연 의식적인지 무의식적인지를 객관적으로 입증하기가 어려워진 것이다. 게다가 무의식 범죄라는 사실이 판명된 뒤에도 행위의 어디까지가 무의식적인지를 밝혀내야 했다. 법정은 걸핏하면 철학과 심리학의 난해한 토론장이 되기 일쑤였다. 그보다 더 시급한 문제는 수많은 '맥머피'가 생겨나게 된 점이다.

영화 속의 맥머피처럼 교도소보다 편하게 복역하기 위해 정신병원을 선택하는 것이 문제가 아니다. 그보다는 교활한 범죄자들이 감형을 노리고 불쌍한 소매치기 노인처럼 자신도 모르게 그런 짓을 저질렀노라고 발뺌하는 게 문제다. 요즘에는 특히 재력이나 권력에 끈을 댈 수 있는 피의자들이 그 약점을 많이 파고든다. 무의식법정도 심리법원처럼 하급 법정의 의뢰가 없으면 열리지 않으므로 그들은 부패한 법원 관계자들에게 뇌물을 주고 어떻게든 법정이 열리도록 만든다. 일시적인 시행착오를 겪는 과정이겠지만, 이렇게 법질서가 무너지다간 타락한 20세기보다 더 타락한 사회가 되고 말 것이다. 21세기 초까지도 우리 사회에는 술에 취한 상태에서 범죄를 저지를 경우 심신미약이라는 이유로 감형되는 터무니없는 법 제도가 통용되었다. 그런데도 음주운전 교통사고는 가중처벌되었으니 법리적으로도 큰 모순이었다.

피의자들이 무의식법정에 목을 매는 데는 이유가 있다. 일단 무의식법정에 사건이 제출되면 분명히 의식적 행위라고 판명되지 않는 범죄에 대해서는 무의식적 행위라는 판정을 받아내기가 용이하다. 여기에는 아직 무의식 전문가들이 법정에 많이 배치되지 않은 탓도 크다. 21세기는 무의식의 시대라고 할 만큼 세기 초부터 무의식이 학문만이 아니라 일상생활의 여러 영역에 두루 원용되고 있지만(광고에서도 무의식을 이용한 광고가 훨씬 많아졌다), 세기 중반을 넘고 있는 지금까지도 법조계는 특유의 보수성 때문에 무의식의 개념을 도입하는 데 사회의 다른 부문보다 뒤처졌다. 이런 상황에서 겨우 10년밖에 안 된 무의식법정이 갈수록 교활해지는 범죄자들에게 악용되는 것은 불가피한 일이다. 미국의 일부 주는 30년 전부터 무의식법정을 운영해왔으나 여전히 그런 폐단이 근절되지 않고 있다.

내가 배속되기를 원하는 곳도 바로 심리법원 내의 무의식법정이다. 얼마 전부터 나는 견습 삼아 짬이 나면 무의식법정을 참관하고 있다. 그러던 중 바로 며칠 전 무의식법정의 진면모를 보여주는 재판을 볼 수 있었다. 피의자는 무의식의 개념을 누구보다도 교묘하게 사용했다. 내가 경험한 법정 생활 20년 동안 가장 자기방어에 능한 피의자이기도 했다.

서른두 살의 그 젊은이는 마약 복용 혐의로 구속되었다. 5년 동안 네 번이나 걸렸고 한 번은 6개월 징역형을 산 상습범이지만, 무의식법정에까지 올라온 것은 이번이 처음이었다.

그는 마치 처음부터 무의식법정에서 단단히 따지기로 작정하고 마약을 복용한 것처럼 법정에서 판사들과 치열한 설전을 벌였다. 무의식법정에서는 법리적인 해석이 그다지 중요하지 않으므로 변호사를 쓰지 않고 본인이 변호하는 게 허용된다. 사실 심리법원이 창설된 이래로는 법정에서 범죄의 심리가 포괄적으로 이루어지기 때문에 예전처럼 변호사가 많이 필요하지 않고 변호사의 성격도 크게 달라졌다. 어떤 면에서 변호사는 사양 업종이다.

"아시다시피 저는 마약 중독자입니다. 마약을 복용하는 행위는 저 자신도 어쩔 수 없지요. 그러므로 저는 당연히 무의식범으로 취급되어야 합니다."

그는 당당하게 자신의 견해를 밝혔다.

"하지만 지난 3월 7일 밤 11시경 자택에서 마약을 복용한 것은 분명히 본인의 의지로 선택한 행위가 아닙니까?"

진행을 맡은 판사는 젊은이의 너무도 당당한 태도에 불쾌한 감정을 억누르려 애쓰는 기색이 역력했다.

"제가 한 행위인 것은 부인할 수 없지만 제 의지로 선택한 것은 아닙니다. 저는 이미 마약 중독자이기 때문에 마약에 관한 한 제 의지 자체도 제가 통제할 수 없습니다."

"애초에 마약 중독자가 된 것은 피고의 의지 때문이 아닌가요? 처음 마약을 복용한 것부터 본인의 의지와 무관하다는 겁니까?"

"물론 맨 처음에는 제 의지의 선택이 분명했죠. 하지만 그건 이미 4년 전에 구속되었을 때 적법한 죄과를 치른 사안입니다. 같은 사건으로 두 번 처벌되는 건 일사부재리의 원칙에 어긋납니다."

재판장의 눈썹이 흔들렸다.

"피고는 그렇게 처벌을 받은 뒤에도 몇 차례 마약을 복용했습니다. 그게 다 본인의 의지와 무관하다는 건가요?"

젊은이는 딱하다는 표정으로 대답했다.

"판사님은 마약을 해보신 적이 없으니까 잘 모르실 겁니다. 마약은 사람의 판단력을 흐리게 하고 두뇌 기능을 약화시키지요. 더 구체적으로 말씀드릴까요? 혹시 도파민, 세로토닌, 노르아드레날린, 감마아미노낙산 같은 말들을 들어보셨습니까?"

누가 봐도 도발적인 자세였다. 판사는 대답 없이 고개를 끄덕였다.

"그럼 아시겠군요. 신경전달물질의 종류들인데요. 약 100종이 알려져 있습니다. 보통 사람은 그 물질들이 서로 균형 있게 작용해 희로애락의 여러 감정들을 조화시키고 통제하죠. 노르아드레날린은 원래 맹독성 물질로 '분노의 호르몬'이라는 별명을 가지고 있죠. 우울증 환자에게 세로토닌을 투약한다는 건 아시겠죠? 그런데 마약은 그 균형을 깨뜨리는 겁니다. 예를 들어 코카인은 도파민의 흡수를 억제합니다. 남아도는 도파민은 두뇌에서 신경의 전기 자극을 전달하는 기능을 하는 신경접합부에 고이게 되죠. 그러면 흥분이나 쾌감을 통제하지 못하는 상태가 되는 겁니다……."

그때 배석한 다른 판사가 참다못해 말을 끊었다.

"좋아요, 좋아. 그렇게 약리 작용에 관해 잘 아는 사람이라면 마약의 복용이 더 의식적이었다고 볼 수 있지 않을까요?"

젊은이가 미소를 지었다.

"의식을 통제하지 못하는 상태를 의식적으로 선택했다는 말씀인가요? 재미있는 역설이지만 사실이군요. 단, 맨 처음에만 그런 것뿐입니다. 처음 마약의 효과에 대한 호기심으로 접근했을 때는 분명히 그랬습니다. 하지만 이후에는 마약에 이미 중독된 터라 제 의지로 어쩔 수 없었습니다."

"단 몇 번 투약만으로 중독이 가능합니까?"

젊은이가 한번 크게 웃었다.

"그래서 경험해보지 않으면 모르실 거라고 말했잖습니까? 중독자의 심리를 어떻게 비중독자가 알겠습니까? 범죄자의 심리를 어떻게 전과 기록 하나 없는 판사님들이 알겠습니까? 그런 의미에서 저는 심리법원을 운영하는 원칙 자체에 문제가 있다고 봅니다. 완벽한 입장 바꾸기가 불가능한데 어떻게 범죄 심리의 종합적인 판단이 가능할까요?"

아홉 명의 판사들이 일제히 눈꼬리를 치켜올렸다. 방청객으로 참관 중인 나도 등골이 오싹했으니…….

"법정을 운영하는 원칙에 관해선 피고인이 왈가왈부할 게 아니오!"

오른쪽 끝에 앉은 판사가 소리치자 재판장이 그를 제지하며 말했다.

"피고인의 말은 마약을 복용해본 사람만이 마약 범죄를 다룰 수 있다는 뜻입니까? 이 세상 모든 일을 경험해봐야만 구체적인 사안에 대한 판단을 내릴 수 있는 건가요? 그렇다면 판사들은 모두 전과자여야 하지 않겠소?"

그제야 젊은이는 조금 물러서는 몸짓을 보였다. 그러나 태도만 그랬을 뿐 말에서는 전혀 양보하는 기색이 없었다.

"주제넘은 소리라면 죄송합니다. 다른 사람의 운명을 판결하는 지위에 있다면 적어도 상대방의 입장에 서려고 최대한 노력해야 한다는 뜻이었습니다. 저처럼 남의 삶에 개입하지 않고 살아가는 사람이라면 아무래도 상관없지만 판사님들은 직업상 그런 사람이 아니니까요."

재판장은 그의 말 속에 든 뼈를 애써 무시하려 했다. 하긴, 그런 이야기가 길어져야 좋을 게 없었다.

"좋은 충고로 받아들이겠소. 다시 현안으로 돌아갑시다. 피고인은 분명히 마약 복용이 범죄라는 것을 알고 있지요?"

"그렇습니다."

"3월 7일에 마약을 복용할 때는 그 사실을 잊었습니까?"

"그렇지 않습니다."

"그런데 어떻게 무의식범이라고 주장하는 건지요?"

"간단히 대답하자면, 알고 있었지만 어쩔 수 없었습니다. 그렇기 때문에 저는 무의식범이라고 생각합니다."

재판장은 잠시 생각하다가 물었다.

"피고인은 지금껏 사는 동안 얼마나 오랫동안 굶어봤습니까?"

젊은이도 잠시 생각하다가 대답했다.

"사흘 굶어본 적이 있습니다."

"굶주림의 고통과 마약을 참는 고통을 비교한다면 어떤가요?"

"배고픔은 강렬하지 않지만 오래가고 마약을 참는 건 짧지만 강렬한 고통이라서 비교하기가 어렵습니다."

"굶주림은 죽을 수도 있는 고통이고 마약은 안 한다고 해서 죽지는 않는 고통이죠. 아닌가요?"

"아닙니다. 배를 굶주리면 죽듯이 마약을 굶어도 죽습니다."

그 말을 듣자 재판장은 회심에 찬 미소를 지었다. 이제 넌 걸려들었다!

"좋습니다. 비슷한 강도의 고통이라고 칩시다. 그런데 배고파서 음식을 훔치는 건 의식범이고 마약을 복용하는 건 무의식범이라면 형평에 어긋나지 않을까요?"

그러나 젊은이는 눈 하나 까딱하지 않았다. 아마 그는 처음부터 그런 대응을 예상했을 것이다.

"그렇다면 마약 중독자인 저에게 배고파서 음식을 훔친 행위에 해당하는 의식범의 형벌을 내려주시든가요."

오히려 판사들이 한 방 먹었다. 음식 절도죄는 징역 몇 개월일 뿐이지만 마약은 최소한 5년이다! 그 젊은이를 판사석에 앉히면 어떨까 하는 생각이 잠시 내 뇌리를 스쳤다.

사실 마약은 요즘 들어 가장 큰 사회문제가 되고 있다. 단순히 마약 복용자가 증가했다는 정도가 아니다. 마약 중독자들의 수가 늘면서 이들은 그동안 음성적으로 진행되어왔던 마약 합법화 운동을 아예 공식적으로 내걸었다. 작년에는 세계마약중독자회의라는 국제단체까지 나서 각국 정부에 압력을 가하고 있다.

그들의 주장은 간단하다. 그동안 마약 복용이 범죄로 간주된 이유는 네 가지다. 첫째, 마약은 심신의 건강을 해친다. 둘째, 마약 복용은 습성화된다. 셋째, 마약과 관련된 범죄가 많이 벌어진다. 넷째, 마약 거래를 둘러싼 범죄 조직이 국제적으로 형성되어 있다. 마약 복용자들은 그런 주장들을 하나하나 반박한다.

우선 첫째 이유에 관해 그들은 자기 심신의 주인이 자기라고 말한다. 내 신체를 돌보는 책임은 내게만 있다는 것이다. 따라서 마약이든 뭐든 내 건강을 내가 해친다고 해서 범죄가 될 수는 없다. 남의 건강을 해친다면 몰라도 내 건강을 내가 해친다는데 누가 뭐랄 수는 없다. 남을 죽이려 하면 당연히 죄가 성립되지만 자살을 시도했다가 실패했다고 해서 자살미수죄가 성립하지 않는 것과 마찬가지다. 20세기식 위선적 도덕을 21세기에까지 끌고 오면 곤란하다.

둘째 이유 역시 마찬가지다. 마약을 복용할 때 습성화되리라는 것을 알고 있었다면 이것 역시 개인이 판단할 몫이지 법이 개입할 일이 아니다. 각 개인이 자신의 신체를 마음대로 할 수 없다면 법이 무슨 소용이겠는가? 게다가 습성화된다는 것 자체를 범죄시할 수는 없다. 강간은 처벌의 대상이지만 섹스 중독의 경우 강간 범죄로 현실화되지 않으면 그 자체를 법으로 처벌하지는 못한다. 이것 역시 국가기관의 지나친 간섭이다.

셋째 이유는 마약 복용이 다른 범죄와 연관될 가능성이 높다는 것인데,

마약에 반대하는 여론은 이 측면을 가장 주요하게 내세우고 있다. 그러나 이것도 알고 보면 근거가 없다는 게 마약 복용자들의 주장이다. 마약 복용과 범죄행위는 엄연히 다른 문제다. 예를 들어 마약에 취한 상태에서 다른 사람에게 위해를 가했다면 그것은 마약에 관련된 법이 아니라 기존의 다른 실정법으로도 충분히 처벌할 수 있다. 물론 마약이 그 범죄행위의 원인 중 하나라고 볼 수도 있겠지만, 마약의 복용과 범죄의 결과 사이에 필연적인 1 대 1 대응 관계가 있는 것은 아니다. 마약을 복용하고도 남에게 위해를 가하지 않을 수 있으니까. 따라서 마약을 복용하고 남에게 폭력을 가했다고 해서 다른 폭력 사건과 특별한 차이가 있는 건 아니라는 이야기다. 기존의 법으로 다룰 수 있는 일을 굳이 마약과 연관시킬 근거는 없다.

마약 복용을 범죄로 취급하지 않는다면 셋째 이유는 자동적으로 소멸한다. 마약이 합법화되면 음성적이고 불법적인 마약 거래가 사라질 테고 정식 세금까지 매길 수 있을 것이다. 하긴, 예전에는 사실상의 공창(公娼)이 존재하는데도 매춘이 합법화되지 않았던 시대가 있었는데, 법학자들은 그것을 법과 현실이 괴리된 대표적인 사례로 꼽고 있다.

마약 중독자들의 이런 주장은 새로운 게 아니지만 과거 같으면 감히 입 밖에 내지 못했을 것이다. 수십 년 만에 세상이 정말 크게 바뀌었다. 문제는 그들의 주장을 무조건 백안시할 게 아니라 합리적으로 반박할 법적 논리를 구성할 필요가 있다는 것이다. 자식에게 결코 마약을 권하고 싶지 않은 나 같은 사람들에게는 마약을 반대하고 불법화할 만한 더 정교한 논리가 필요하다. 그러나 판사들은 급속히 변하는 세태에 제대로 적응하지도 못하는 실정이다.

딸아이는 서구적 법과 인권의 개념이 모순에 부닥치고 한계에 다다랐다고 말한다. 이성과 자유의지에 기반을 둔 모든 것이 해체될 위기에 처했다고 한다. 이성과 자유의지 자체도 과거와 달리 대단히 모호해졌다고 한다. 나는 잘 이해하지 못하겠지만 무의식법정에서 판사들보다 훨씬 당당하고 논리적인 그 젊은이의 태도를 보면 어떤 분위기인지는 충분히 실감할 수 있다.

젊은이는 결국 무의식범이라는 판결을 얻어냈다. 판사들은 마약을 끊는 고통이 굶주림의 고통보다 덜하다는 것을 '입증'하지 못했다. 무의식범은 재범률이 매우 낮으므로 교도소에 수용되지 않는다. 그는 몇 개월 동안 감호 시설에 있다가 사회에 복귀하게 될 것이다. 판사들이 무능했다기보다는 법과 인권의 관념이 변하고 있는 세태를 반영한 판결이리라. 또 한 사람의 맥머피가 성공을 거두었다. 그의 삶은 영화 속의 맥머피처럼 비극으로 끝나지 않을지도 모른다.

분열된 의식, 붕괴된 동일성

코기토 에르고 숨(Cogito ergo sum).
나는 생각한다, 그러므로 나는 존재한다.

데카르트의 이 철학적 명제는 중세의 신학에서 벗어나 근대 철학의 시작을 알렸다. '생각=존재=주체'의 이 도식은 생각하는 자아, 즉 이성을 철학적 사유의 새로운 출발점으로 정립했다. 종전에는 인간 이성이 신앙에 예속되거나 적어도 신앙에 의해서만 제대로 설명된다고 보았으나, 종교개혁으로 교회가 힘을 잃자 이성은 신앙의 굴레를 벗고 스스로의 주인이 되었다.

서양 철학의 전체 역사는 주체-인식-세계의 구도를 취한다. 문장으로 바꾸면, "(어떤) 주체가 (어떤) 세계를 (어떻게) 인식한다."가 철학의 전통적 논구 대상이었다. 고대 그리스 철학은 세계를 설명하고자 했으며(그래서 자연철학이라고도 부른다), 철학 대신 신학이 지배했던 중세를 거친 뒤 등장한 데카르트의 명제는 철학적 주체를 정립시켰다. 세계와 주체를 거쳤다면 그 다음 철학의 주제는 주체가 세계를 어떻게 인식하는가, 즉 앎의 문제가 된다. 이것이 인식론이다. 데카르트는 인식론의 문을 활짝 열었다.

그런데 인식론이 전개되는 과정에서 경험론은 또다시 근본적인 문제를 제기한다. 주체만 튼튼히 세우면 인식의 문제는 저절로 해결될 줄 알았는데

(데카르트는 인식 작용을 주체의 속성처럼 여겼다), 실상 주체가 세계를 인식하는 과정이 생각했던 것만큼 간단하지 않았던 것이다. 경험론은 인식 주체와 인식 대상이 곧장 연결된다는 보장이 어디 있느냐고 따졌다. 거실에서 노는 개와 책상 위에 놓인 컴퓨터를 우리가 개와 컴퓨터로 인식하는 것은 얼핏 보면 지극히 당연한 듯하다. 그러나 실은 경험적으로만 옳다는 것을 알 뿐 논리적으로 참임을 입증할 수는 없다. 오늘 해가 동쪽에서 떴다고 해서 반드시 내일도 그러리라는 '논리적' 보장은 없다. 경험론은 그 약점을 물고 늘어졌다.

난제를 해결한 사람은 임마누엘 칸트다. 그의 해법은 이성의 기능을 세분하는 것이었다. 그는 인간의 이성 내에 인식 대상을 경험하고 인식할 수 있게 해주는 메커니즘이 내장되어 있다고 주장했다. 마치 볼트와 너트처럼 인식 대상과 인식 주체는 처음부터 요철이 맞도록 되어 있기 때문에 인식이 가능하며 또 참일 수 있다는 게 그의 논지다. 칸트의 견해를 이어받아 에드문트 후설은 의식이 지향성이라는 속성을 가졌다고 주장하며, 주체와 대상은 애초부터 합일되어 있다고 보았다(그는 그것을 억지로 분리하려는 게 실증주의라고 여기고 실증주의에 맹공을 가했다).

이것으로 인식론의 문제는 해결된 듯싶었다. 그러나 정작 커다란 문제는 이때부터 드러났다. 앞의 이야기로 말하면 칸트와 후설의 노력은 심리법원의 설립에 해당한다. 이제 무의식법정이 필요해지는 시기가 닥쳤다.

칸트와 후설이 이성과 의식의 기능을 세분하고 극대화해 경험과 인식의 문제를 해결한 것까지는 나무랄 데 없다. 그러나 그 해법이 통하려면 적어도 이성의 단일함과 동질성이 전제되어야만 한다. 만약 이성과 의식, 즉 인식 주체가 단일하지도 않고 동질적이지도 않다면 어떨까? 데카르트가 확립하고 이후에도 늘 당연시되어왔던 '생각하는 자아'가 인간 정신의 전부가 아니라면 어떨까? 계몽주의 시대 이래로 무소불위의 권위를 누려온 이성이 실은 인간의 생활과 사유에서 일부분의 역할밖에 하지 못하는 것이라면 어떨까?

지크문트 프로이트가 정립한 무의식의 개념은 그런 문제들을 제기하면서 이성 만능주의에 정면으로 도전한다. 인식론의 모든 문제가 해결된 줄 알고 두 다리를 쭉 뻗었던 바로 그 시기에 전통 철학은 갑자기 가장 까다로운 난제에 직면한 것이다.

데카르트 이후 칸트의 시대까지 이성은 늘 인간의 가장 중요한 본질로 간주되었으며, 인간 자체와 거의 동일시되었다. 실제로 인간 이성은 서구의 근대에 눈부신 활약을 보였다. 경험론을 거쳐 칸트의 철학적 종합에 이르는 과정에서도 그랬지만, 철학의 분야보다 산업과 과학의 분야에서의 역할이 컸다. 자본주의와 산업혁명을 이끌고 자연과학을 크게 발달시킨 것은 바로 이성의 힘이었다.

하지만 18세기 말 낭만주의 시대에 이성 이외에 감정의 중요함이 부각되면서 이성의 시대는 정점에 오르자마자 곧바로 내리막길을 타기 시작한다. 이성적으로는 자살이 터무니없는 일이지만 사랑의 '감정'으로 자살할 수도 있다는 걸 보여준 '젊은 베르테르'가 그 시대를 나타내는 전형적인 예다. 이성이 서서히 붕괴하는 흐름의 연장선에서 결정타를 안긴 것이 바로 무의식이다. 낭만주의도 카운터블로였으나, 단순히 인간에게 감정의 영향을 받는 측면이 있다는 점과 전지전능의 이성으로도 알 수 없는 무의식의 어두운 영역이 존재한다는 점은 비교할 수도 없는 엄청난 차이였다.

전통적인 관점에서 이성은 대상을 의식하고 경험하는 주체이지 의식과 경험의 대상이 아니었다. 그 이유는 이성의 존재와 속성이야말로 무엇보다 자명하다고 여겼기 때문이다. 이성이 있다는 것은 너무나 당연하고 그 이성이 의식 작용을 한다는 것도 너무나 당연하지 않은가? 그러나 무의식은 모든 앎의 출발점인 이성이 자명하지 않고 동질적이지도 않으며, 무엇보다 하나가 아니라고 말해준다. 오스트리아의 정신과 의사였던 프로이트는 환자들이 최면에 걸렸을 때 평소와는 다른 면모를 드러낸다는 사실에서 무의식의 존재를 감지했다. 처음에 그는 무의식이 의식의 그림자처럼 존재하는 것으로 여겼으나 본격적인 연구 결과 "의식이 수면 위로 나온 빙산의 일각이라면 무의식은 수면 아래 잠긴 거대한 빙산의 본체"라는 결론에 이르렀다.

무의식은 분명히 존재하지만 평소에는 의식에 억눌려 그 모습을 드러내지 않는다. 그렇다면 무의식의 존재를 어떻게 알 수 있을까? 프로이트는 무의식이 의식 선상에 드러나는 통로를 농담이나 실언이라고 보았다. 농담 속에 진담이 있다는 말처럼 부지불식간에 던지는 농담이나 실언은 평소 같으면 입에 올리지 않았을 내용을 담고 있는 경우가 많다. 프로이트는 이렇게 말한다.

신체적이거나 심리적인 원인으로만 실수를 설명할 수는 없다. 피곤하지도, 흥분하지도, 방심하지도 않은, 모든 면에서 정상적인 사람이라도 실수를 저지를 수 있기 때문이다. 실수는 결코 우연이 아니라 정신적 행위이며, 거기에는 분명 의미가 있고 두 가지 상이한 의도가 상호작용하여 발생하는 것이다.

지나치게 권위적이라 생각했던 담임 선생님이 교장 선생님 앞에서 굽실거리는 모습을 보고 한 학생이 무심결에 "꼴좋다!"라고 말했다고 하자. 그

빈정거림은 평소에 학생이 선생에 대해 가지고 있었던 무의식적 관념이 의식에 의해 억눌려 있다가 실언의 형태로, 자신도 모르게 튀어나온 것이라고 볼 수 있다. 그런데 실수보다 더 적나라하게 무의식이 드러나는 경우는 꿈이다.

꿈을 자기 마음대로 꾸는 사람은 없다. 그러나 꿈을 꾸는 사람이 바로 자신임은 누구도 부정할 수 없다. 그렇다면 '자신'은 하나가 아니라 최소한 둘이다. 꿈을 통제하지 못하는 자신과 꿈을 꾸는 자신. 후자가 바로 무의식이다. 꿈을 자기 마음대로 할 수 없는 이유는 꿈이 무의식의 표출이기 때문이다. 이것으로 인간이 이성과 자유의지를 가졌다는 환상은 여지없이 깨진다. 이성은 분열되어 있을 뿐 아니라 그중 일부—혹은 상당 부분—는 무의식의 지배를 받으므로 전혀 자유롭지 못하다.

프로이트는 무의식을 성적 관념과 연결시키고 정신병 환자의 치료에 응용하는 데 그쳤으나 이후 무의식의 개념은 정신의학과 심리학을 넘어 철학과 사회학을 비롯한 현대의 지적 세계 전반에 지대한 영향을 미쳤다. 인류학자 클로드 레비스트로스는 사회구조를 일종의 사회적 무의식으로 파악했고, 자크 라캉, 루이 알튀세르 등 포스트구조주의자들은 무의식과 언어, 무의식과 이데올로기의 관계를 파고들어 개념의 폭을 더욱 넓혔다.

특히 현대사회에서는 무의식의 개념이 학문만이 아니라 일상생활의 영역으로 점점 넓어지고 있다. 모든 일을 의식으로만 처리한다면 얼마나 불편할까를 상상해보면 쉽게 알 수 있다. 누구나 밥을 먹으면서 다른 생각을 할 수 있고 길을 걸으면서 노래를 들을 수 있다. 숟가락을 어떤 힘으로 들어야 제대로 입을 겨냥할 수 있는지, 두 발을 어떻게 움직여야 앞의 돌부리를 피할 수 있는지 그때마다 계산하고 행동해야 한다면 일상생활은 불가능해진다.

즉 우리의 일상생활은 대부분이 자동적으로 이루어지는 멀티태스킹이다. 이것은 우리가 생존하기 위해서도 필수적이다. 몸 안에 세균이 침투할 때마다 일일이 의식을 동원해 백혈구에게 식균 활동을 명령해야 한다면 생명을 유지할 수도 없을 것이다. 이렇게 우리는 이미 일상생활의 상당 부분을 무의식에 의존한다. 누구나 일상생활의 대부분을 자동적으로 처리할 수 있는 무의식적 메커니즘을 가지고 있다.

프로이트는 무의식이 드러나는 사례를 농담과 실언, 꿈이라고 말했지만 여기에 몇 가지를 더 추가할 수 있다. 예를 들면 술과 마약이다. 술에 만취하면 거의 무의식이 지배하는 상태가 된다. 평소에 소심하던 사람이 술에 취하면 만용을 부린다든가, 보통은 감추고 지내던 본심이 술에 취한 상태에서 겉으로 드러나는 것은 무의식이 작용한 결과다. 술에 취해 '필름이 끊긴' 상태에서도 용케 집으로 돌아오는 것은 무의식 덕분이다(그래서 다음날 의식이 멀쩡한 상태에서는 그 사실을 제대로 기억하지 못하는 것이다). 마약에 취해 환각을 경험하는 것은 꿈과 비슷한 무의식의 활동이다. 다만 꿈은 신체를 움직이지 않고 순전히 정신 활동으로만 경험하는 환각이지만 마약에 취한 상태는 신체 활동이 부수된다는 차이가 있다.

무의식이 있는 한 '나'는 하나가 아니라 둘이다. 아니, 셋이나 넷, 혹은 그 이상일지도 모른다. 하나의 내가 잠들어 있는 동안 다른 나는 꿈을 꾼다. 하나의 내가 쉬고 있는 동안 다른 나들은 호흡하고, TV를 보고, 과자를 먹고, 낮에 하다가 멈춘 생각을 계속 진행한다. 나는 분열되어 있다. 모두가 분열되어 있다. 그렇다면 분열증은 비정상이 아니라 정상이다.

지식
아는 것이 힘이다?

4월 11일

테어나서 첨 일기를 쓴다. 글씨도 첨 써본다.

내글씨가 나처럼 못생겻다.

선생님은 잘써ㅅ다고 햇다.

열여섯살인대 글씨가 똑바로 안덴다.

선생님은 내가 병드러서 그러다고햇다.

약먹으면 더 조아지거라고 햇다.

어렷을대 아파서 그랫다고 햇다.

약먹으면 똑똑해진다고 햇다.

● 이 장은 대니얼 키스(Daniel Keyes)의 소설 〈앨저넌에게 꽃을(Flowers for Algernon)〉에서 모티프를 차용했음을 밝혀둔다.

4월 17일

가끔 머리가 아푸지만 갈수록 조아진다. 선생님은 갈수록 더 조아질 거라고 했다. 아주 마니 더 조아질 거라고 했다.

선생님이 글을 가르쳐주셨다. 글은 쓸수록 늘어난다고 했다. 마니 쓸려고 한다. 나는 글을 아주 길게 쓰고 십다. 선생님을 놀라게하고 십다.

내 머리가 스뻔지 갓다. 선생님이 가르쳐주는 건 머든지 쏙쏙 들어온다.

내 머리가 호수 갓다. 머리속에 흘러들어온 것이 갖춰서 빠저나가지 안는다.

4월 25일

먹는 약이 만아졋다. 한주먹씩 먹는다. 선생님은 내가 아주 똑똑해질 거라고 했다. 아주 큰일을 할 거라고 했다.

약 먹는 게 실치만 똑똑해진다고 하니까 먹고 싶다. 마니 먹고 싶다. 선생님만큼 똑똑해지고 싶다.

선생님은 똑똑하고 친절하다. 언재나 하얀 옷만 입고 다녀서 깨끗하다.

사람들이 날 보고 웃는다. 이렇게 만은 사람들이 날 보고 웃는 것은 처음이다. 때리지도 않고 욕하지도 않는다. 여기 사람들은 침도 뱃지 않는다. 다 깨끗하고 친절하다.

5월 1일 화요일

훨씬 좋아졌다. 이제 머리도 아프지 않다. 입안이 자주 마르지만 큰 문제는 아니다.

머리가 발전기를 단 것처럼 빙빙 돌아간다. 전에는 생각하지도 못했던 일을 지금은 할 수 있다. 캔 뚜껑도 딸 줄 알고, 나무판에 못도 박을 줄 안다. 선생님은 이제 곧 학교에서 하는 공부를 가르쳐주신다고 한다.

공부라니. 나는 학교를 다닌 적도 없고 무엇을 배워본 적도 없다. 공부를 하면 시험도 치겠지. 나는 시험을 쳐보고 싶다. 텔레비전 퀴즈 프로에서 문제에 답을 맞히는 사람들을 보면 늘 신기했다. 어떻게 그 많은 문제의 답을 알고 있을까? 바닷가 모래알처럼 문제는 많고 많을 텐데.

5월 7일 월요일

이 세상 모든 것을 알고 싶다. 모든 걸 머릿속에 넣어서 빠져나가지 않게 하고 싶다. 그러면 아마 늘 배가 부른 것처럼 기분이 좋을 것이다. 아니, 주머니에 늘 돈이 두둑한 것처럼 마음이 편안할 것이다.

나는 언제나 배고팠고 돈이 없었다. 선생님은 공부를 하면 돈을 많이 벌 수 있다고 하신다. 어떻게 돈을 많이 벌 수 있는지는 말하지 않았다. 나처럼 공부를 하지 못한 사람들에게 돈을 받고 공부를 가르쳐주면 될까? 그런데 나처럼 공부는 하고 싶고 돈은 없는 사람들만 만나면 어떡하지? 내일 선생님에게 더 자세히 물어봐야겠다.

5월 10일 목요일

나는 태어날 때부터 병이 있었다. 선생님은 병 이름을 말해주지 않았는데, 내 차트에서 'Trisomy 21'이라는 기록을 보았다. 백과사전을 찾아보니 21번째 염색체가 하나 더 많은 선천적 질환이라고 한다. 더 일반적인 명칭으로는 다운증후군이다.

부모님은 기억에 없고 아주 어렸을 때부터 보육원에서 살았다. 나는 그

저 잠시 그렇게 살았다고 생각했지만, 사람들이 내게 열여섯 살이라고 말하는 걸 들으니 적어도 15년 이상을 보육원에서 살았던 모양이다. 그저 며칠 꿈을 꾼 것 같은데 15년이라니? 그 15년 동안 배운 모든 것보다 요즘 하루에 배우는 것이 더 많다.

일주일 전부터 수학과 과학, 외국어 공부를 시작했다. 지금 수학과 과학은 고등학교 과정에 있고, 외국어는 영어, 프랑스어, 독일어, 일본어, 중국어의 기본 문형과 회화를 익히는 중이다. 물론 독학은 아니고 대학에서 오신 분들이 나를 가르쳐주신다.

선생님을 비롯해 나를 도와주시는 모든 분들은 하루하루 달라지는 나를 보고 매우 흡족해하신다. 이제 복용하는 약의 종류와 양이 줄어든 대신 주사와 각종 장치를 이용한 치료가 늘어났다. 치료의 목적은 유전자의 배열을 재조정하고 기능을 강화하는 것이라고 선생님께서 말씀해주셨다(선생님 말씀을 어느새 내가 잘 알아듣는다는 게 놀랍다). 그 덕분인지 한 달 전에 비해 내 용모도 뚜렷이 달라졌다. 이제는 보육원 아이들보다 TV에서 보는 사람들의 얼굴과 훨씬 더 비슷해졌다. 계속 이렇게 가다 보면 일반 사람들보다 더 미남이 되지 않을까?

5월 25일 금요일

아인슈타인은 정말 대단한 사람이었다는 생각이 든다. 지금의 나만큼도 수학을 알지 못했으면서도 독창적이고 흥미로운 '사고실험'으로 상대성이론을 구상하고 증명했다. 실험과 관찰이 지배하는 자연과학 분야에서도 상상력이 얼마나 중요한지 잘 보여준 사람이다.

고속으로 달리는 열차 바닥에 전구를 놓고 천장에는 거울을 붙인다. 전구의 빛은 천장 거울에 반사되어 되돌아온다. 그때 빛이 달린 거리는 물론 열차 높이의 두 배다. 바닥에서 거울까지가 3미터라면 6미터가 된다. 그런데 열차 바깥에서 이 실험을 본다면 어떻게 될까? 열차가 달리고 있기 때문에 바깥에서 본 열차 안의 빛은 직선으로 천장까지 가지 않고 살짝 포물선을 그리게 된다. 극히 미세한 차이지만, 두 점을 잇는 최단거리는 직선 하나밖에 없기 때문에 그 포물선은 바닥에서 천장까지의 거리인 6미터보다 조금이라도 더 길어진다. 사건은 열차 안에서 보든 밖에서 보든 동일한 하나의 사건이다. 그렇다면 동일한 사건에서 빛이 달린 거리가 달라진다는 건 모순이다. 과학적으로 양립 불가능할 뿐 아니라 고전 논리학의 동일률에도 위배된다.

이 모순을 아인슈타인은 어떻게 해결했던가? 수식 같은 건 조금도 쓰지 않았다. 그 대신 그는 빛의 속도가 불변이라고 못박아버렸다. 시속 70킬로미터로 달리는 자동차에서 전진 방향으로 야구공을 시속 70킬로미터의 속도로 던진다면 바깥에서 보는 공의 속도는 시속 140킬로미터가 된다. 그러나 빛은 야구공과 다르다. 달리는 자동차에서 나오는 빛이든 정지 상태에서의 빛이든 속도는 변함이 없다. 광속은 모든 속도의 한계다. 어떤 속도를 더해도 빛의 속도를 넘을 수는 없다.

이렇게 광속을 불변으로 놓으면 열차 안의 사건이 빛은 모순을 해결할 수 있다. 속도가 불변인데 거리가 달라졌다면 시간이 달라져야만 한다. 즉 열차 안에서 측정한 시간과 열차 밖에서 측정한 시간이 달라야만 하는 것이다. 이 시간과 공간에 관한 상대성의 개념이 바로 상대성이론을 구상하게 한 촉매가 되었다.

"왕이 공사에 착수하면 비로소 일꾼들에게 할 일이 생긴다." 독일의 시

인 실러가 칸트를 염두에 두고 한 이야긴데, 아인슈타인에게도 똑같이 말할 수 있다. 과학적 상상력만으로 과학의 패러다임을 바꾼 아인슈타인은 상대성이론을 수학적으로 증명하고 해석한 20세기의 숱한 과학자들에게 할 일을 준 셈이다.

   요즘은 양자역학을 공부하고 있다. 뉴턴역학-상대성이론-양자역학은 서로 패러다임을 계승한 게 아니라 전복시키면서 탄생한 이론들이다. 뉴턴역학-상대성이론의 전복 관계는 이해가 되지만, 양자역학이 상대성이론을 전복시킨 측면은 아직 나로서는 이해되지 않는다.

   학문의 길은 넓고도 깊다. 하지만 요즘 나는 어려운 학문일수록 오히려 흥미와 도전 의식을 느낀다. 아인슈타인이 상상력을 무기로 했다면, 내게는 그 상상력에다 아인슈타인 이후에 발달한 방대한 과학적 지식이라는 무기가 있다.

6월 17일 일요일

시내 호텔에서 열린 학술 세미나에 참석했다. 원래는 패널로 내정되었다가 나이가 너무 어리다는 이유로 배제되었다. 나는 아직 열여섯 살이니까!

기분이 나빠 참석하지 않으려 했지만 선생님의 간곡한 권유와 주요 토론자의 역할을 맡아달라는 주최 측의 양보에 마음을 바꿔 참석하기로 결정했다. 정부와 기업 단체가 공동으로 후원하는 세미나라서 두 시간 출연료가 무려 200만 원이다. 지식은 과연 돈을 벌어준다. 아는 것이 힘이다! 베이컨 만세! 푸코 만세!

나는 지금 과학만 연구하는 게 아니다. 최근 들어 발견했느니 못했느니 논란이 분분한 힉스 입자를 비롯해 궁극의 소립자를 집중적으로 연구하고 있지만, 그러면서도 역사와 철학, 그리고 특히 지금의 나를 있게 해준 심리학 등 인문학 전반에 관련된 연구도 동시에 진행하고 있다. 내가 지휘하는 연구 프로젝트만 세 개이고 참여하는 프로젝트는 10개도 넘는다.

이번 학술 세미나는 인문학과 관련된 것인데, 과연 정부와 기업들이 후원하고 나설 만한 주제였다. '해외 기업 근무자들에 대한 인문학 교육의 필요성.' 정부와 기업의 해외 파견 인력이 크게 늘어난 요즘 세태에 반드시 필요한 주제다. 세미나에서 나는 대략 다음과 같이 주장했다.

세계화 시대라지만 아직 우리 사회에는 세계화 마인드가 크게 부족하다. 직업상 누구보다도 그런 자세를 갖춰야 할 외교 공관원들도 자질과 의지가 모자란다. 대사나 영사들부터 그러니 누굴 탓할 수도 없다. 세계화는 일단 사회과학의 주제라고 할 수 있겠지만 그 근본에는 인문학이 있다.

인문학의 대표주자인 역사는 알고 보면 경제학보다 더 경제적이다. 그 점을 잘 보여주는 게 외교 분야다. 외교관이라면 무엇보다 자신이 부임하는 국가의 역사를 공부할 필요가 있다. 어려운 일도 아니다. 부임지로 가는 비행기 안에서 몇 시간이면 해당 국가의 고등학교 수준 역사 교과서의 영문판을 읽을 수 있다. 그런데 그 정도도 하지 않는 외교관이 태반이다. 미국이나 서유럽의 큰 국가들에 파견되는 외교관들은 왠지 그 나라 역사를 이미 잘 알고 있다는 착각에 빠져 있고, 아프리카나 동남아시아의 작은 국가들에 파견되는 외교관들은 굳이 그 나라 역사까지 알 필요는 없다고 생각한다. 부임지에 가서도 현지의 업무에 집중하기는커녕 본국의 일간지를 빠짐없이 챙겨 읽으며 중앙 정부의 동태를 수시로 체크하는 형편이다.

기업계는 이익을 창출해야 하는 기업의 생리상 정부 기관보다 좀 낫지만 크게 다르지는 않다. 기업의 해외 지사는 무엇보다 현지 문화에 숙달해야 한다. 물론 문화의 창달을 위해서가 아니라 기업의 최대 목적인 이윤을 증대하기 위해서다. 해외 지사가 이윤을 획득하는 곳은 본국이 아니라 현지다. 일방적인 이익이란 없다. 모든 이익은 주고받는 거래에서 생겨나는 것이다. 설령 일방적인 이익이 있다 해도 그것은 일시적일 뿐이므로 기업 경제가 장기적으로 의존할 수 있는 이윤은 되지 못한다. 그런데 우리 기업의 해외 지사는 현지 사정에 무관심하다. 현지 인력을 고용하고 현지 소비자들을 상대로 하면서도 주지는 않고 얻으려고만 한다. 한국 내의 고용 방식과 기업 문화를 현지에서도 고수하려는 게 그런 태도다. 심지어 어느 기업은 현지 고용인들에게 한국의 명절을 강요하고 사물놀이 공연까지 억지로 관람하게 한다. 엉뚱한 데서 애국주의를 부르짖으면 곤란하다.

이런 폐단을 근절하려면 단순한 경제 논리로는 불가능하다. 해외 파견 자들이 역사, 종교, 철학 등 다방면에 걸친 인문 교양을 쌓지 못한다면 올바른 세계화 마인드가 자리 잡을 수 없다. 세미나의 어느 패널은 과거에 일본 기업이 제품이나 설비를 넘어 기업 시스템까지 해외에 수출하려 했던 것을 강조하면서 세계화의 근저에 내셔널리즘이 깔려 있어야 한다고 강변한다. 그건 옛날이야기고 게다가 실패한 사례다.

지금까지 한 달여 동안 인문학 관련 서적을 읽은 것만도 1천 권이 넘는다. 과학을 공부하면 과학을 파고 싶고 인문학을 공부하면 인문학자가 되고 싶다. 어느 방향으로 공부를 계속할지 생각을 좀 해봐야겠다.

매스컴에선 내게 점점 더 초미의 관심을 보이고 있다. 어느 기자는 〈트루먼 쇼〉라는 영화가 실연되고 있다는 기사를 썼다. 그 영화에서 주인공은 결국 자신의 사생활 전체가 조작된 거라는 사실을 알고 절망하지만 나는 괜찮다. 아니, 과거의 나를 부정하고 현재의 나를 찬양하고 싶다. 온 국민이여, 이 열여섯 살짜리 슈퍼 천재의 진로를 함께 고민하라!

7월 20일 금요일

요즘은 문화를 이해하기 위해 노력하는 중이다. 사회나 경제처럼 딱딱하지 않고 재미있다. 다만 나는 모든 걸 지식의 관점으로 흡수하는 성향을 가지고 있기 때문에 문화나 예술처럼 소프트한 것에 관해서도 나도 모르게 분석하고 해부하는 습성이 작동하는 게 문제다.

오늘은 재미있는 유머를 배웠다(나는 유머가 문화의 핵심이라고 본다).

다른 선녀들은 나무꾼들이 날개옷을 가져간 덕분에 결혼에 골인했지만 유독 한 선녀는 나무꾼을 만나지 못해 노처녀가 되었다. 어느 날 연못가에서 나무꾼을 발견한 선녀는 눈에 띄는 곳에 날개옷을 가져다놓고 연못 한 구석에서 목욕하는 척했다. 그러나 나무꾼은 날개옷을 보고도 가져갈 생각을 하지 않고 연못 속만 뚫어져라 쳐다본다. 참다못한 선녀가 물었다.

"왜 날개옷을 가져가지 않는 거죠?"

나무꾼은 영문을 모르겠다는 표정으로 대답했다.

"전 산신령이 금도끼를 가지고 나올 때까지 기다리고 있는데요."

이 이야기가 유머라는 것을 알려면 '선녀와 나무꾼' 이야기와 '금도끼 은도끼' 이야기를 다 알아야만 한다. 둘 다 나무꾼이 핵심 인물로 나오지만 역할이 전혀 다르기 때문이다. 두 이야기를 모르는 사람은 유머의 내용을 전혀 이해할 수 없고 물론 웃을 수도 없다. 예를 들어 그 두 이야기를 모르는 외국인에게 지금 이 이야기를 통역해서 들려준다면 외국인은 그걸 전혀 유머로 받아들이지 못할 것이다.

유머에는 위상(topology)이 있다. 하나의 유머를 이해하려면 기존의 유머를 알아야만 한다. 나는 마침 며칠 전에 옛이야기 책을 읽었기에 그 유머를 보고 깔깔댈 수 있었다. 그러나 흘러간 영화를 보는 시간에는 그만 밑천이 드러나고 말았다. 여기에도 예상치 못한 위상이 있었다. 수십 년 전에 코미디언으로 인기를 끌었다는 배삼룡이라는 사람이 주인공인 〈운수대통〉이라는 영화인데, 그 당시 생활에 관한 지식이 없으면 이해하지 못할 장면이 나왔다.

'전 산업의 수출화'라는 한자어가 보이고 '근면, 자조, 협동' 같은 표어가 나오는 걸로 미루어 70년대 초반이 배경인 듯했다. 몇 개월 전의 나처럼 일자무식인 배삼룡은 우연히 자동차 설계도를 줍지만 그게 얼마나 중요한 서류인지 모른다. 그는 설계도를 만든 회사로 찾아가 서류를 전해주면서 회사 중역들에게 그걸 '변소 휴지'로 쓰려 했다고 말하면서 이렇게 덧붙인다.

"우린 신문도 안 보거든요."

함께 영화를 보던 아저씨들은 다 껄껄 웃었지만 난 왜 웃는지 알지 못했다. 그들에겐 있는 지식 중에 내겐 없는 게 있었던 것이다. 알고 보니 70년대에는 휴지가 귀해 신문을 화장지 대용으로 사용했다고 한다. 그 사실을 경험하지도, 책에서 읽지도 못한 나는 배삼룡의 그 대사가 왜 우스운지 알 수 없었다.

유머는 지식의 일부분이다. 유머가 전달되는 과정에서 보는 것처럼 모든 지식에도 위상이 있다. 하나의 지식을 이해하기 위해서는 기존의 지식이 필요하다. "저기 나무 한 그루가 서 있다."라는 간단한 진술 형태의 지식이라면 그것을 이해하기 위해 별도의 지식이 필요하지 않지만(물론 나무, 그루 같은 단어 형태의 지식은 필요하다) 대부분의 지식은 그렇게 간단하지 않다.

그런데 나처럼 속전속결로 지식의 토대를 쌓을 경우에는 지식의 내용 자체보다 지식의 위상을 구별하기 어렵다는 단점이 있다. 〈어린 왕자〉의 여우가 말했듯이 익숙해지려면, 길들이려면 시간이 필요한 법이다. 지금 내 경우와 같은 속성재배 방식은 어디까지 통할 수 있을까?

8월 10일 금요일

오늘은 개종한 지 처음 맞는 안식일이다. 지난주까지는 그리스도교도였으므로 일요일이 안식일이었지만 이번주 초에 이슬람교로 개종했으니 이제부터는 안식일이 금요일이다. 지난달에는 불교와 힌두교에 심취했다. 아마 이슬람교도 마지막 안식처가 되지는 못할 것이다.

　요즘은 내 일거수일투족이 모조리 매스컴의 조명을 받고 있다. 이번 개종은 인터넷 각 포털에서 헤드라인을 장식했다. 처음에는 카메라와 기자들이 내 뒤를 졸졸 따라다니는 걸 신기하게 여겼다. 그리고 그다음에는 신기하지는 않더라도 재미있게 여겼다. 그러나 지금은 귀찮고 성가시기만 하다. 내 사소한 일상을 사진으로 찍고 기사를 써서 먹고 사는 가엾은 중생들이라고 보면 딱하기도 하다.

　그래도 내가 이 사회에 빚진 만큼 갚아야 한다는 결심으로 잘 견디고 있다. 특히 외국 기자들과 만날 때는 항상 조심한다. 그들은 나라는 인물보다 내가 어떤 치료를 받고 있는지에 더욱 촉각을 곤두세운다. 지금 나는 세계적인 석학이자 전 세계 사람들의 주목을 받는 세계 최고의 연예인이다!

　참, 네티즌들이 나를 꽃미남이라고 부른다는 사실을 전에 쓴 적이 있었던가?

8월 22일 수요일

정신없이 바쁘다. 프로젝트가 세 개나 걸려 있고 밀린 논문은 대체 몇 편인지도 모른다. 연예인처럼 매니저라도 둬야 할 판이다. 아닌 게 아니라 지난주에는 주요 기획사 몇 곳에서 연락을 해왔다. 두 달 전 내게 에너지 공학의 초보를 가르쳤던 교수가 국가 프로젝트라면서 막아주긴 했지만, 바쁜 일이 끝나면 그쪽 사람들도 만나볼 참이다. 지금은 그 교수가 말하자면 내 매니저 격인데, 매니저로서도 부실할뿐더러 이제는 학문적으로도 전혀 내게 도움이 되지 않는다.

　무척 바쁜 와중에도 짬을 내 오랜만에 나를 처음 이 길로 인도했던 선생님을 만났다. 치료 관계로 자주 보지만 사적으로 본 건 무척 오랜만이다. 지난달부터 정규 진료가 일주일에 한 번으로 줄었고 진료 시간도 5분밖에 안 돼 선생님과 약간 소원해진 느낌이다. 그나마 선생님이 먼저 연락을 취해온 덕분에 모처럼 여유를 내 만났다.

선생님은 왠지 안색이 초췌했다. 할 말이 있는 듯했으나 내 근황만 묻고는 더 이상 말하지 않았다. 헤어지기 직전에 선생님은 뭔가 결심한 표정으로 당분간 매일 병원으로 오라고 했다. 웬만하면 따르겠지만 지금은 너무 바빴다. 나는 10월부터 그러겠다고 대답했다. 선생님은 굳이 반대하지 않고 그렇게 하라고 말했다.

내게 무슨 문제가 있는 걸까? 머리가 아프지도 않고 입안도 마르지 않는다. 하긴, 몸이 둘이라도 모자랄 판이니 설령 머리가 아프다 해도 증세를 자각할 시간조차 없다. 선생님의 말씀도 낮 동안에는 논문 자료를 준비하느라 잊어버리고 있었다. 지금은 조금 걱정되지만 별 일이야 없겠지. 아니, 별 일이 없어야 한다. 내가 속성으로 가지게 된 넓고 깊은 지식은 아직 돈과 명예로 다 바뀌지 않았다.

9월 17일 월요일

나는 이재 별로 바쁘지 않아졌는대 카메라와 기자들이 전보다 더 많아졌다. 전에는 나한테 감히 말도 못 걸더니 지금은 기자들이 시시한 질문을 한다. 밥 먹었냐고, 기분이 어떠냐고.

기자들을 놀려줄려고 그 대답을 스와힐리어로 할려고 했는대 갑자기 스와힐리어가 생각나지 않았다. 그래서 프랑스어로 할려고 했는대 그것도 생각나지 않았다. 할 수 없이 아무 대답도 못했다.

계속 책은 일고 있다. 하지만 잘 이해가 데지 않는다. 독일어를 잊어버리니까 하이데거가 무슨 말을 하는지 모르겠다. 분명히 알던 거였는대…… 안 어려웠는대…… 과학책도 본다. 퀴크? 이상하게 생긴 말이다. 무슨 뜻이지? 역사책도 본다. Third Reich, 이게 머더라?

9월 27일

다시 선생님이랑 병원아저씨들이랑 같이 산다. 깨긋하고 친절한 아저씨들이다. 기자들이 나한테 와서 기찬은걸 물으면 화를 내서 조차버린다.

나는 공부를 마니 해서 돈을 벌어야 한다. 빨리 병원에서 나가야덴다.

10월 7일

책 일기가 실타. 다 기찬타.
며칠 책을 안일었더니 글자도 못알아보겟다.
일기는 게속 쓴다.
글씨는 나처럼 못생겻다.
선생님은 아무말도 안한다.
선생님은 병이 도로 사라낫다고 한다.
병이 죽어야 내가 사는대 내가 먼저 주글거갓다.
내가 병보다 약한가보다.
약을 달라고 햇더니 약이 업다고 한다.
이재 먹을 필요 업다고 한다.
볼팬이 무거워 일기를 쓰기가 실타.

지식은 **선택**하며 **배제**한다

흔히 지식이라고 하면 학문을 연상하지만 학문은 지식의 일부에 불과하다. 영어의 knowledge, 프랑스어의 savoir, 독일어의 Kenntnis는 모두 특별히 학문과 연관되지 않은 지식을 포함하는 개념이다. 역사, 철학, 물리학, 수학 등에 관한 앎도 지식이지만, 자동차를 운전할 줄 아는 것도 지식이고 김치찌개를 끓일 줄 아는 것도 지식이다.

그러므로 지식은 특정한 개인이 소유할 수도 없고 만들 수도 없다. 물이 높은 데서 낮은 데로 흐른다는 지식은 어느 한 사람만 가진 것도, 아는 것도 아니다. 서울시 지하철 노선에 관한 지식은 어느 누구의 발명품도 아니다. 설령 맨 처음에는 어느 개인이 고안해냈다 하더라도 일단 지식 체계로 성립한 뒤에는 기원이 무의미하다.

이런 점에서는 일상적 지식만이 아니라 학문적 지식도 예외가 아니다. 물론 학문적 지식 앞에는 대개 개인의 이름이 붙어 있다. 칸트의 철학, 아인슈타인의 상대성이론, 하버마스의 소통이론, 하이젠베르크의 불확정성 원리, 이런 식이다. 하지만 이름이 붙어 있다고 해서 그 지식 체계를 그 이름의 소유자가 혼자서 ─ 집단이라 해도 마찬가지다 ─ 만들어낸 것은 아니다.

앞 이야기의 주인공이 유머에서도 위상을 찾아내듯이 모든 지식은 앞선 지식을 기반으로 해서 탄생한다. 그다음에는 앞선 지식을 확장하기도 하고 때로는 송두리째 뒤엎기도 한다. 앞선 지식이 뒤의 지식에 지대한 영향을 준다는 의미에서 앞선 지식을 일종의 '재료'로 보면 지식도 '생산'되는 것이라고 간주할 수 있다.

경제적 생산이 그렇듯이 지식의 생산도 사회적으로 이루어진다. 전구를 발명한 사람은 에디슨이지만 그 이전에 그와 직·간접적으로 관련된 많은 지식이 없었다면 전구는 발명되지 못했을 것이다. 흄의 경험론이 없었다면 칸트의 철학은 불가능했다. 아무리 아인슈타인의 상대성이론이 뉴턴 역학의 패러다임을 전면 부정했다 하더라도 뉴턴 역학이 없었다면 상대성이론도 생겨날 수 없었다. 이렇게 새로운 지식은 늘 이전의 지식을 기반으로, 혹은 거름으로 삼아 탄생한다.

지식을 습득하고 이해하는 과정도 마찬가지다. 후설의 현상학을 알지 못하면 하이데거의 실존철학을 이해할 수 없다. 비유클리드 기하학을 공부한다고 해서 수천 년 동안 유지되어온 유클리드 기하학을 생략할 수 있는 것은 아니다. 학문적 지식이 아닌 경우도 마찬가지다. '날개 잃은 천사'라는 문구를 이해하려면 "천사는 날개를 가지고 있다."라는 지식이 선행되어야 한다. "보일러 댁에 아버님 놓아드려야겠어요."라는 말이 유머임을 알려면 "아버님 댁에 보일러 놓아드려야겠어요."라는 광고 문구가 그 전에 있었다는 사실을 알아야 한다.

무릇 지식이라면 객관성을 가정한다. 누가 보거나 들어도 같은 의미로 이해하고 같은 용도로 사용하는 것이 지식이라고 생각한다. 하지만 앞에서 보았듯이 지식을 생산하거나 소비할 때는 또 다른 지식이 반드시 필요하기 때문에 지식은 생각하는 것만큼 객관적이지 않다. 이 점은 지식이 구성되는 원리에서 확인할 수 있다.

지식은 독자적으로 존재하지 않고 항상 전후의 지식과 함께 계열을 이루므로 분류(classification)를 기본으로 한다. 대상들을 특정한 종류(class)로 묶고, 그 종류들 간의 관계를 설정하고 체계화하는 게 지식을 구성하는 원리다. 그런데 분류가 이루어지는 과정에는 항상 배제가 따르게 마련이다. 하나의 지식을 선택하면 동시에 다른 지식이 배제된다(예컨대 반공 이데올로기를 지식으로 택하면 사회주의, 공산주의 지식이 배제되고 탄압을 받는 식이다). 바로 여기에 지식의 힘, 권력이 있다.

미셸 푸코는 지식과 권력을 동등하게 간주한다. 어찌 보면 16세기에 프랜시스 베이컨이 말한 "아는 것이 힘이다."의 연장일 수도 있다. 그런데 지식이 권력이라니? 지식인은 권력에 대한 저항을 생명으로 삼는다지 않는가? 하지만 지식이 반드시 학문적인 지식만을 가리키지 않듯이, 푸코가 말하는 권력은 국가권력이나 정치권력만이 아니라 일상적인 차원에서 행해지는 권력을 가리킨다. 대표적인 예는 의사가 환자에게 가지는 권력이다. 의사는 법적·정치적 의미에서 환자에게 권력을 행사하는 게 아니라 의학이라는 전문 지식을 바탕으로 환자에게 명령을 내리고 복종을 요구하는 것이다. 환자는 법적·정치적으로 자유로운 신분이지만 의사의 권력을 왕조시대의 절대 권력처럼 여기고 자발적으로 따른다.

쉽게 권력과 유착되는 성질과 더불어 지식의 또 다른 특성은 대상과 분리된다는 점이다. 흔히 지식은 대상을 설명하는 것으로 생각한다. '천체'라는 대상을 천체 물리학이 설명하고, '금리 변동이 기업 활동에 미치는 영향'을 금융 경제학이 설명하는 식이다. 대상을 설명하는 것은 지식의 주요한 기능이자 본질이지만, 때로는 지식이 대상으로부터 멀어지면서 다른 지식과의 관계가 더 중요해지는 경우도 있다. 이 경우 대상을 설명하는 데서 지식이 생산되는 게 아니라 지식이 지식을 생산하게 되며, 지식이 대상을 거꾸로 규정하게 된다.

지식의 그 두 가지 특징을 잘 보여주는 것은 푸코가 예로 드는 광기와 범죄다. 광기라는 증상(지식의 대상)은 예부터 늘 그대로 존재해왔지만 광기를 둘러싼 담론 체계(지식의 내용)는 시대마다 달라졌다. 르네상스 시대에는 광기를 예지적인 재능으로 여기고 광인을 숭배했으나, 이성을 중시하는 계몽주의 시대에 접어들면 광기는 비정상적인 상태로 분류되어 사회에서 배제해야 할 대상으로 바뀌었으며, 정신분석학이라는 지식 체계가 탄생한 뒤에는 정신 질환의 하나로, 치료의 대상으로 규정되었다. 또 범죄의 경우 군주제의 체제에서는 사회적 보복의 차원에서 끔찍하게 처벌되었으나, 이성의 시대에는 범죄자도 인간이라는 맥락에서 훈육의 대상이 되었고, 현대사회에서는 교화를 통해 사회에 복귀시켜야 할 대상으로 간주되었다. 사물(대상)은 그대로인데, 사물을 설명하는 말(지식)은 시대에 따라 변한다.

이렇게 지식은 분류와 배제의 메커니즘을 통해 드러나지 않게 권력을 행사하며, 지식과 지식의 관계 속에서 재생산된다. 지식을 바탕으로 하는 권력은 의사의 권력처럼 환자의 치료에 도움이 되기도 하지만 은밀하고 교묘하게 작용하는 탓에 자칫 억압적인 기능으로 빠질 가능성도 크다. 그런데도 지식의 권력에 대한 비판이 노골화되지 않는 이유는 뭘까? 현대사회로 접어들수록 지식이 더욱 중시되고 숭배되는 이유는 뭘까?

그 이유는 지식이 항상 진리를 추구한다는 명분을 내세우기 때문이다. 지식은 진리를 추구한다. 그러므로 지식에 반기를 드는 것은 곧 진리를 포기하거나 부정하는 자세다!

얼핏 보면 진리를 추구한다는 명분에는 누구도 이의를 제기할 수 없을 듯하다. 진리야말로 모든 지식의 궁극적 목표가 아닌가? 그러나 그 당연해 보이는 명분에 실은 맹점이 있다. 중세처럼 신학이 모든 것을 설명해주는 시대가 아니라면, 진리 역시 인간이 이성의 힘으로 규정하고 정의하는 것이다. 그렇다면 누가 진리를 규정하는지가 문제되지 않을 수 없다.

진리란 무엇인가? 이것은 인류의 지성사에서 언제나 중요한 물음이었으나, 프리드리히 니체는 그보다 더 중요한 물음은 누가, 왜, 어떤 의도에서 진리를 묻는가라고 말한다. 진리를 묻는 것은 얼핏 객관적이고 중립적으로 보이지만 실은 특정한 방향으로 논의를 이끌어내려는 '불순한' 의도를 품고 있는 경우가 많다. 때로는 답을 마음속에 정해 놓고서 묻는 경우도 있다.

"인간의 본성은 무엇인가?" 이 물음은 순수하게 인간의 본성에 관한 진리를 알고 싶다는 의미가 아니다. 누가 묻느냐에 따라 답은 달라질 수 있다. 교회의 사제가 이렇게 묻는다면 틀림없이 신의 의지를 끌어다 대려는 의도가 있을 것이다. 학교의 윤리 교사가 그런 질문을 제기한다면 아마 인간의 본성에 관한 옛 철학자들의 사상을 설명하기 위한 사전 포석일 것이다. 중학생 아들이 담배를 피우는 것을 보고 놀란 아버지가 하는 말이라면 그렇게 살지 말라고 훈계하려는 의도일 것이다.

진리 자체의 내용보다 누가, 왜 진리를 묻느냐, 즉 진리를 둘러싼 맥락이 더 중요하다면, 진리 추구를 명분으로 내세우는 지식의 허구성이 드러난다. 사실 모든 지식은 순수함의 외피 속에 지식을 통한 권력 행사라는 지극히 현실적인 목적을 숨기고 있다. 순수예술이 알고 보면 상업성을 포장하거나 은폐하고 있듯이 순수한 지식이란 없다. 지식과 권력은 이란성쌍둥이처럼 형태는 달라도 속성은 똑같다.

하지만 지식에 내포된 의도는 반드시 의식적인 것만이 아니다. 지식의 순수성을 강변하는 사람들이 흔히 빠지는 착각은 바로 이 점과 관련된다. 의사가 의학 지식을 바탕으로 환자에게 명령을 내리거나 국가가 세수 증대를 목표로 세법 지식을 운용하는 것은 의식적인 경우에 해당하지만, 대부분의 지식은 무의식적으로 권력을 행사한다. 핵물리학자는 자신의 연구가 신무기 개발에 이용될 수도 있다는 점을 의식하지 못하고 지식을 축적하며, 증권회사는 이번의 신규 투자가 해외의 주식시장에 미치게 될 영향을 정확히 알지 못하고 투자한다(베이징의 나비 한 마리가 뉴욕의 날씨를 변화시킨다는 말은 인위적인 현상의 무의식성을 강조하는 비유다). 게다가 지식=권력의 무의식성은 지식을 매개하고 전달하는 뚜렷한 행위자가 없이도 관철된다. 니체가 말하는 권력의지가 그런 경우다.

　명칭은 권력 '의지'지만 여기서 인격적인 의미는 고려되지 않는다. "누가 진리를 묻는가?"라고 물을 때 그 '누구'란 사람을 지칭하는 게 아니다. 그 '누구'는 개인이나 인격체를 가리키는 게 아니라 하나의 사건, 즉 그 물음 속에 존재하는 다양한 힘의 관계, 의지와 의도를 나타낸다. 이런 점에서 권력의지는 일종의 무의식이라고 할 수 있다.

자유
자유에 구속되다

"선생님, 1987년 오늘에는 어떤 일을 하고 계셨나요?"

모두들 조용히 자습하고 있는데, 한 아이가 갑자기 손을 번쩍 치켜들며 뚱딴지같은 질문으로 정적을 깬다.

의아해하는 내 표정을 보고 녀석은 뒷머리를 긁적이면서 설명한다.

"아빠가 결혼하시던 해인데요. 결혼식 날 최루가스가 예식장에 스며들어 하객들이 모두 기침하고 눈물바다 속에서 식을 치렀다고 하셔서요. 갑자기 선생님께서는 뭘 하고 계셨나 궁금했어요."

말을 마치고 씩 웃는다. 고3 여름방학을 학교에서 자율학습으로 보내야 하는 처지니 따분하기도 하겠구나. 이렇게 생각하는 순간 퍼뜩 떠오르는 기억이 있었다.

"선생님, 1960년 오늘은 어땠나요?"

내가 고3이던 해의 봄에 우리 반 어떤 아이도 선생님에게 그렇게 물은 적이 있었다. 그날은 바로 4월 19일이었다.

30년 동안 잊고 있었던 기억, 머릿속 가장 깊은 곳에서 그날의 느낌이 바로 어제처럼 가깝게 다가왔다. 시계를 보았다. 그래, 한 시간만 그때 그 선생님이 되어보자꾸나.

* * *

돌이켜보면 그 시대가 오히려 행복했다. 전선이 명확하게 갈리고 양측이 선명하게 나뉘어 날카롭게 대립하던 그 상황이 차라리 속 편했다. 우리 편이 아니면 모두 적, 적의 적은 나의 친구, 이런 논리가 지배하는 시대였다. 이런 걸 흑백논리라고 말하지만 흑과 백이 팽팽히 맞선 바둑판같은 상황이야말로 얼마나 명쾌한가? 모든 것을 승부로 결정짓는다. 쓸데없이 골머리를 앓을 이유가 없었다.

물론 머리를 쓸 데가 없지는 않았다. 여러 가지 쟁점이 있었고 그에 따라 여러 입장이 생겨났다. 1980년대의 한국 사회는 온갖 모순이 중첩된 상황이었다. 어느 시인의 말에 따르면, "한국 사회는 세계사적 모순의 똥거름자리"였다. 우선 자본주의사회의 보편적인 모순이 있었다. 비록 자생적으로 발전하지 못하고 외부로부터 이식된 자본주의지만, 일제강점기에서 해방된 이후 한국 사회는 경제 제도상으로 명백한 자본주의 노선을 걸었다. 따라서 자본주의사회의 기본 모순인 노동자-자본가의 계급 모순이 존재했다.

하지만 서구처럼 정상적인 발전 과정을 거치지 못했기에 한국의 자본주의는 기형성을 내재하고 있었다. 더욱이 국가 경제를 주도한 박정희 군사

쿠데타 정권이 과도한 수출 드라이브 정책을 전개했기 때문에 미국에 대한 의존도가 크게 높아져 경제적 종속이 심화되었다. 이는 수백 년 전 자본주의 초창기에 볼 수 있었던 제국주의의 식민지 침탈과 유사한 현상을 낳았다. 차이가 있다면 종전의 정치적 지배가 이제는 경제적 지배로 바뀐 격이었다. 그래서 한국 사회의 또 다른 모순은 제국주의-식민지의 민족 모순이었다.

이 두 가지 모순에 한국적 특수성에서 나온 또 한 가지 모순이 있었다. 근대화의 역사가 짧은 탓에 아직 한국 사회에서는 현대적 합리화 과정이 충분히 관철되지 못했다. 명색은 자본주의사회였으나 한국 사회는 봉건성을 완전히 탈피하지 못한 반(半)봉건적 속성을 가지고 있었다. 정치와 경제도 그랬지만 사회와 문화도 크게 다를 바 없었다. 정치적 독재와 기업의 족벌 체제, 정경유착과 같은 큰 차원의 봉건성은 물론이고 가정이나 기업, 학교에 남아 있는 가부장제의 관행, 성 차별, 외국인 기피증 등도 반봉건성에 뿌리를 둔 현상이었다.

계급 모순을 강조하면 타도해야 할 대상은 자본가 계급이 되고, 민족 모순을 강조하면 혁명의 적은 미국을 위시한 제국주의 세력이 된다. 여기서 PDR(민중민주주의혁명)과 NLR(민족해방혁명)이 갈렸다. 봉건성에서 탈피하는 문제는 혁명보다 근대화 과정을 추진함으로써 해소해야 하므로 두 혁명론의 공동 과제였다. 크게는 그 두 진영을 기본으로 하고, 그밖에 여러 가지 부수적 입장 차이에 따라 80년대의 혁명운동 세력은 다양한 정파로 나뉘어 한국 사회의 성격과 혁명의 노선을 놓고 치열한 논쟁을 벌였다.

하지만 혁명 세력 내부의 모든 다툼이나 알력은 비적대적이었다. 그 이유는 5공 군사독재정권이라는 공동의 적을 앞두고 있었기 때문이다. 혁명의 대의를 위해서는 모두가 목숨을 걸어야 한다고 여겼고, 반드시 죽여야 할 대상이 있다고 믿었다.

> Imagine there's no countries.
> It isn't hard to do.
> Nothing to kill or die for,
> And no religion too.

존 레넌은 이렇게 노래했지만 그건 제목 그대로 '이매진'일 뿐이다. 'no countries'의 상태를 이상으로 여기는 무정부주의는 좋게 말해 소박하고 나쁘게 말하면 무책임하다. 인간 사회에서 권력이 없을 수는 없다. 당시 우리에게 필요한 것은 '권력의 부재'가 아니라 '선한 권력'이었다.

유신 독재가 내부 폭발로 붕괴한 뒤 어수선한 시국을 틈타 권력을 장악한 신군부 정권은 말 그대로 악의 화신이었고, 유신 독재의 모든 문제를 증폭시키는 데다 새로운 문제까지 더하는, 역사적으로 극히 불필요하고 무의미한 존재였다. nothing은 something으로 바뀌어야 했다. 우리는 죽일 대상과 죽을 목표가 필요했다. 우리의 전쟁은 성전이었으므로, "수단으로 목적을 정당화하지 말라."라는 칸트의 도덕철학 따위는 부르주아적 낭만주의에 불과했다. 그러나 우리가 극복해야 할 진짜 중대한 역설은 칸트가 아니었다.

우리는 살고자 했으나 그 때문에 목숨을 걸어야 했다. 우리는 자유를 원했으나 그 때문에 자유를 내던져야 했다. 기막힌 모순이지만 어쩔 수 없다고 믿었다. 우리는 자유의 이념에 스스로 구속되었다. 자유를 위해 자유를 포기한다! 이 모순에 찬 역설의 가장 적나라한 형태는 바로 반정부 시위를 주동하고 감옥에 가는 것이었다.

나는 아이들에게 여기까지만 말하고, 그 시대의 의식 있는 젊은이들이 이념 때문에 개인적인 삶의 상당 부분을 포기해야 했다는 말은 하지 않았다. 그때의 많은 대학생이 지금 중학생도 하는 미팅 같은 걸 전혀 하지 못했다는 것, 고교 시절 빠져 있던 록 음악이 서양의 부르주아 음악이라는 이유로 스스로 듣지 않았다는 것, TV나 영화 역시 군사정권의 이데올로기를 홍보한다는 이유로 멀리했다는 것은 아이들에게 말하지 않았다.

퇴근하고 전철 안에서 나는 그 이유를 곰곰이 생각해보았다. 이념이 일상생활의 세세한 부분에까지 영향을 미친다는 말로 아이들에게 겁을 주고 싶지 않았다. 옳다. 숭고한 이념에 자발적으로 따랐던 당시 젊은이들의 고결한 자세를 훼손하고 싶지 않았다. 그것도 옳다. 하지만 전철에서 내릴 때 나는 진짜 이유를 깨달았다. 그때 우리가 경멸하고 저주했던 군사정권의 경직성을 우리는 자신도 모르게 모방하고 답습했던 것이다. 그것이 창피해 나는 아이들에게 그때 그 시절의 내밀한 속사정까지는 차마 털어놓지 못했다.

* * *

자유의 반대는 구속이고 해방의 반대는 예속이다. 그럼 자유를 위해 스스로 구속을 택하는 건 뭐라고 불러야 할까? 해방의 이념에 자발적으로 예속되는 건 어떻게 말해야 할까? 자신의 의지로 자신의 삶을 다른 것에 예

속시킨다는 역설이 어떻게 정당화될 수 있을까? 그렇게 보면 자유와 해방은 우리가 생각하는 것만큼 소박한 이념이 아니다.

　어쩌면 자유와 해방은 절대적인 가치가 아닐지도 모른다. 실은 역사적으로도 그렇다. 자유가 구속보다, 해방이 예속보다 올바르고 정의롭다는 생각은 인류 역사 전체를 통틀어 내내 불변이었을까? 나는 그렇지 않다고 본다. 물론 구속과 예속이 자유와 해방보다 나은 이념일 수는 없겠지만, 지금 우리가 생각하는 자유와 해방의 이념은 아마도 근대의 산물일 것이다. 그니마도 20세기 중반까지는 서구에서 발달하고 구현된 이념이다. 그렇다면 수백 년 전 조선의 임꺽정은 어땠을까? 그래, 80년대에 우린 월북

작가의 작품이라는 이유로 금서가 된 홍명희의 〈임꺽정〉도 읽고 토론했다. 소설을 읽는다는 건 당시 우리가 누릴 수 있는 드문 호사였고, 〈임꺽정〉이었기에 가능했다.

천민 출신의 임꺽정이 의적을 일으켜 신분 해방을 실현하려 하지만 결국 수구적 봉건 세력에게 패배하고 마는 안타까운 이야기……. 기층 민중의 혁명적 낙관주의와 건강하고 끈끈한 동지애를 보면서 우리는 어느 시대, 어느 공간이든 인간은 늘 자유와 해방을 꿈꾸었다고 생각했다. 피지배계급은 늘 지배계급보다 도덕적으로 앞선다고 믿었다. 임꺽정보다 400년 전에, 고려 왕조의 실질적 지배자 최충헌의 노예였던 만적은 "왕후장상의 씨가 따로 있더냐."라고 호방하게 말하지 않았던가?

그런데 실오라기 같은 의문의 한 가닥은 계속 남았다. 그 시절의 천민들이 과연 실제로 해방의 이념을 품었을까? 설사 일부는 그랬다 해도 그 이념이 보편적으로 받아들여질 만한 분위기였을까?

경험하지 못한 것을 절대적으로 신봉하기란 어려운 일이다. 플라톤의 동굴 속에 사는 죄수들은 동굴 밖이 어떤지 전혀 모른다. 어둠침침한 동굴을 벗어나면 푸르고 광활한 자연이 펼쳐져 있지만 그들은 동굴 밖을 모르기 때문에 오히려 두려워한다. 오랜 신분제의 역사 속에서 신분의 벽 자체가 무의식적으로 체화된 조선의 천민들이 신분 해방의 이데올로기를 가슴 깊이 각인했을 가능성은 적다.

역사 속에서 이따금씩 보이는 '해방의 반역'은 사실과 달랐을지도 모른다. 혹은 시대착오였거나. 임꺽정과 만적의 이념은 후대의 각색이었을지도 모른다. 그들은 그저 개인적인 동기에서 작당하고 반란을 일으켰고, 그러다 점차 본의와 무관하게 '의적'이 된 것인지도 모른다. 그들보다 훨씬 오래전, 해방 이념의 기수인 마르크스가 반역의 표상으로 여겼던 고대 로마의 스파르타쿠스—마르크스는 스파르타쿠스를 '고대 프롤레타리아의 대표'라고 말했는데, 홍명희와 같은 맥락이다—도 그저 고향에 돌아가고 픈 '글래디에이터'의 소박한 희망으로 봉기했다가 사태가 걷잡을 수 없이 커진 것인지도 모른다.

현대의 관점에서 보면 신분제는 비합리적인 억압이지만, '합리'의 개념이 달랐던 과거에는 충분히 합리적이었을 테고, 질곡이라기보다는 삶의 주어진 조건이었을 것이다. 신분제가 지배하는 시대에는 지금과 같은 자유의 관념이 통하지 않았다. 한 나라의 왕이라고 해서, 절대 권력을 지닌 절대군주라고 해서 무제한의 자유를 누렸던 것은 아니다. 조선의 왕들은 식사와 복식 등 사소한 일상생활에서도 까다로운 궁중 예법을 지켜야 했고, 국정에서도 사사건건 사대부들의 간섭을 받아야 했으며, 경연(經筵)이라는 이름으로 학식이 높은 신하들에게서 유학의 경전을 배워야 했다. 그런 일들을 게을리 하다간 사대부의 책동에 휘말려 목숨을 잃을 수도 있었다. 18세기 사도세자가 그 대표적인 예다.

하층민들의 삶은 국왕이나 양반에 비해 잘 알려지지 않았지만—그들의 생활상을 상상으로나마 구체적으로 그려낸 게 홍명희의 공로다—아무리 노비라 해도 지금 우리가 생각하는 것처럼 자유를 철저히 빼앗겼다는 사실을 각인하고 압제에 시달리는 암울한 삶으로만 일관하지는 않았을 것이다. 오히려 그들은 신분제의 테두리 안에서 나름의 자유를 누리며 살았을 것이다. 아마 신분제는 그들의 삶에 필수적인 '비빌 언덕'이었으리라. 실 끊어진 연의 자유보다는 주인의 손에 매달린 꼭두각시의 삶이 더 낫다고 여겼을지도 모른다.

벌써 수년째 채식주의자로 살아온 나는 앞으로도 계속 그렇게 살 것이지만, 얼마 전에 진화론을 다룬 어느 책에서 채식주의의 근거가 생각만큼 튼튼하지 않다는 걸 깨달았다. 채식주의를 택한 계기는 구제역 파동으로 수백만 마리의 가축들이 생매장당하는 걸 보면서, 인간이 잡아먹기 위해 짐승을 기른다는 데 사무치는 혐오감을 느꼈기 때문이다. 하지만 그 책에서는 소가 인간에게 사육되면서 오히려 맹수나 가혹한 환경에 희생되지 않고 종의 보존에 유리해졌다고 말한다. 감정적으로는 그 주장을 거부하고 싶지만 솔직히 내가 철저히 인간적 관점에 물들어 있다는 것은 부인할 수 없었다. 물론 구제역 상황의 그 비참함은 별도의 감정이다.

매미는 7년 이상을 애벌레로 땅속에서 살다가 밖으로 나와 성충으로 한 여름만 살고는 죽는다. 그걸 두고 매미의 일생을 허무하게 여기지만, 그것 역시 철저한 인간적 관점에 불과하다. 실은 애벌레와 성충이라는 용어부터가 잘못이다. 매미의 입장에선 땅속에서 전 생애를 다 산 뒤, 죽기 직전에 후손을 남기기 위해 밖으로 나와 짝짓기를 한 다음 예정된 죽음을 맞이하는 것뿐이다. 인간이 '애벌레'라고 부르는 형태의 삶이 매미의 일생이나 다름없는 것이다. 매미만이 아니라 대다수 곤충이 짝짓기를 하고 나면 죽는다. 심지어 사마귀는 짝짓기가 끝나는 순간 암컷이 수컷을 잡아먹어 단백질을 보충한다. 포유류는 짝짓기를 여러 회 할 수 있도록 진화되었기 때문에 짝짓기가 곧 죽음이 아닐 뿐이다.

말이 잠시 딴 길로 샜지만, 절대적으로 통용되는 관점은 없다는 이야기다. 동물과 인간의 관점이 다르듯이 오늘의 시각에서 과거 역사를 바라보는 태도에는 항상 위험 요소가 도사리고 있다. 현대사회에서는 신분제가 절대적으로 폐지되어야 할 것이지만, 조선 시대에 신분제는 삶의 조건이

자 기준이었다. 기준이 있으면 살기 편하다. 삶의 상당 부분이 이미 결정되어 있기 때문에 오늘날의 진로 걱정 같은 '쓸데없는 고민'을 하지 않아도 된다. 신분이 자유를 제약하는 것은 사실이지만 신분은 거꾸로 자유를 가능케도 한다. 묘한 역설이지만 사실이다. 자유의 제약은 행복을 가져다주기도 한다…….

지금 우리는 자유의지를 당연하게 여기지만, 자신의 삶을 마음대로 할 수 있다고 해서 반드시 좋은 것만은 아니다. 자유란 긍정적인 가치만 있는 게 아니다. 우리는 청소년기에 "여러분은 장차 무엇이든 될 수 있다."라는 말을 들었고, 또 그게 적어도 논리적으로는 가능하다는 것을 안다. 누구나 원칙상으로는 대통령도 될 수 있고 대기업가도 될 수 있다. 그러나 설사 현실적으로 가능성이 무한하다 하더라도 때로는 그 무한히 열려 있는 미래 자체가 피곤을 안겨줄 수도 있다. 이럴 때 이미 주어진 조건이 있어 가능성의 가짓수를 줄일 수 있다면 차라리 그게 더 낫지 않을까? 일찌감치 종교에 입문하면 삶의 가치관에 대해 크게 고민할 필요가 없는 것처럼. 신성불가침의 기준이 있으면 삶은 제약되기도 하지만 편하기도 하다.

이런 생각이 미리 자유를 포기하는 패배주의적 사고가 아니냐는 주장도 물론 가능하다. 하지만 그것 역시 근대적인 사고일 뿐이다. 근대적 자유의 관념이 생겨나기 전까지 자유는 즐겁고 유쾌한 것이라기보다 부담스럽고 두려운 것이었다. 봉건 영주가 지배하는 중세 장원에서 살면, 영주의 압제를 감내해야 했으나 동시에 생계가 보장되고 사람들과의 관계를 지속할 수 있었다. 반면에 장원을 박차고 도시로 모여는 초기 도시민들은 앞날을 전혀 예측할 수 없는 상황에서 뿌리 뽑힌 자들로 살아야 했다. 중세 말기에 유행한 "도시의 공기는 자유롭다."라는 말은 초기 도시민들 모두의 처지를 대변한 게 아니었으리라. 적어도 그들이 처음부터 자유를 누릴 목적으로 스스로 원해서 자치도시를 만든 것은 아니었으니까.

* * *

소설 속의 임꺽정은 역사 속의 실존 인물이 아니라 바로 우리 자신이었다. 실제의 임꺽정이 어땠는지는 상관없다. 1980년대는 우리 역사에 유일하게 존재했던 계몽주의의 시대였다. 정치와 경제는 물론 역사, 문학, 예술도 뭔가 계몽의 메시지를 주어야 했고 모든 활동이 더 큰 이념과 대의에 복무해야 했다. 독재권력도 대중을 자신의 이념에 순응하도록 계몽하려 했고, 또 우리도 마찬가지였다. 게다가 우리는 대중을 계몽하기 위해 먼저 우리 자신을 계몽해야 했다. 우리의 대학 생활은 온통 자신을 계몽하기 위한 훈련 과정이었다. 사회 전체가 교훈 강박증에 시달렸다. 이런 상황에서 의식 있는 젊은이라면 누구도 자신의 삶이 즐기기 위해 있다고 생각하지 않았다. 아니, 그 생각을 온몸으로 거부했다.

소크라테스가 말했던가? "알고서 악을 행하는 사람은 없다." 계몽의 시대, 주지주의의 시대에는 모두들 그 말을 철석같이 믿었다. 누구나 진실을 알면 행동에 나서리라고 생각했다. 그렇다면 필요한 것은 폭로와 계몽뿐이다. 알게 해야 하니까. 군부독재와 제국주의 미국의 진정한 의도를 폭로하고, 대중이 자각하고 들고 일어날 수 있도록 계몽하는 데 일로매진해야 한다. 모든 투쟁은 폭로와 계몽을 겨냥했고, 이 투쟁을 위해 우리 자신의 자유를 제한할 수 있다면 우리는 그것이 곧 더 큰 자유를 얻고 해방을 이루는 길이라고 생각했다.

소설과 역사에까지 우리의 이념을 투영한 이유는 그만큼 자유의 요구가 절박했고 통시대적으로 보편적이라고 믿고 싶었기 때문이다. 그래서 우리는 자유를 쟁취하기 위해 자유의 이념에 스스로 구속되었고 때로는 자신의 자유의지에 따라 자신의 인신마저 가둘 각오를 다질 수 있었다. 자유를 위해 자유를 내던진다는 말은 우리에게 결코 역설이 아니었다.

우리가 부르짖은 자유는 추상적인 자유가 아니라 현실적인 자유였다. 우리는 자본주의 사회에서 허용되는 자유란 허울에 불과할 뿐이고 오히려 추상적이라고 여겼다. 자본주의는 신분제를 무너뜨림으로써 법적·정치적 자유를 가져왔으나, 최종적이고 궁극적인 자유는 경제적 평등이 실현된 사회주의 사회가 되어야 가능하다고 믿었다. 1987년의 6월 항쟁 이후 그런 믿음이 점차 고조되어 정점에 달했을 무렵 세계사적 대변동이 일어났다.

1990년에 소비에트연방이 해체되면서 현실사회주의권은 역사의 그늘로 사라졌다. 20세기 초 자유와 해방의 거센 함성으로 시작된 사회주의는 불과 한 세기를 버티지 못하고 몰락했다. 아울러 우리가 신봉했던 자유도 물거품이 되어버렸다.

그러나 현실이 그렇다고 해서 이념도 그럴까? 현실사회주의가 붕괴하면서 사회주의 이념도 수명을 다한 걸까? "지금까지 존재했던 모든 사회의 역사는 계급투쟁의 역사다." 인류 역사상 최초로 계급이 철폐된 사회를 실현하려 했던 〈공산당 선언〉의 이념은 결국 역사의 묘지에 묻혀버린 걸까? 그렇지 않다. 마르크스와 레닌의 '이론'은 죽었을지 몰라도 인류 해방을 꿈꾸었던 그들의 이념은 유효하다. 적어도 나는 그렇게 믿는다.

나의 직업인 교사의 용어로 말하면, 문제가 사라지지 않는 한 풀이는 계속되어야 한다. 일시적으로는 틀린 답을 냈다 해도 문제의 답을 내려는 노력은 결코 없어지지 않을 것이다. 혁명의 개념이 달라지더라도, 사회주의라는 명칭이 바뀌더라도, 억압이 존재하는 한 해방의 이념은 죽지 않을 것이다. 나의 학생들이 장차 그 이념을 끝까지 추진해 구현하기를 바라는 마음이다.

자유에 관한 자유로운 담론

자유는 철학보다 사회학이나 정치학에서 많이 다루는 개념이다. 철학에서도 자유는 도덕이나 가치적인 의미가 아니라 주로 인식론적 맥락에서 사용하는 경우가 많다. 상식적으로 자유의 반대는 구속이나 속박이지만, 인식론 철학에서는 자유를 우연으로 해석하므로 반대 개념은 필연이 된다. 그러나 철학의 갈래 중에서 사회철학이나 도덕철학은 인식론적 자유가 아닌 현실적이고 정치적인 자유를 주요한 주제로 삼고 있다.

카를 마르크스는 자본주의 사회로 이행하면서 근대적 자유의 개념이 싹텄다고 본다. 봉건적 신분제에서 해방되면서 인간은 이중의 자유를 얻었다. 영국의 경우 봉건 농민들은 영주들이 시대적 조류였던 중상주의의 기치 아래 양모 생산을 위해 농경지를 목초지로 용도 변경한 탓에 토지에서 쫓겨났다. 이것이 이른바 토지로부터의 자유인데, 농민들은 물론 원치 않는 자유였다.

가장 중요한 생산수단을 잃은 농민들은 도시로 가서 산업 노동자층을 구성했다. 노동자로 일하려면 자본가와 고용 계약을 맺어야 한다. 무릇 계약이란 양 당사자가 평등한 관계에서 체결되는 것이다. 따라서 계약을 위해서는 먼저 농민이 중세적 신분 질서에서 벗어나 법적·정치적 자유를 가져야 한다. 이것이 자본주의가 가져온 또 다른 의미의 자유다.

이중적 자유는 자본주의를 앞당겼으나 자본주의 시대의 자유는 완전하지 않다. 물론 신분제가 해체되었으므로 제도상으로는 완벽한 자유다. 그러나 경제적으로는 모든 사람이 평등한 상태가 아닐뿐더러 자본주의 사회의 생리상 경제적 불평등이 나날이 심화되고 있다. 정치적으로는 대통령도, 농민도 각각 한 표의 투표권을 행사하므로 평등하지만, 경제적으로는 주식회사의 의사 결정에서 보듯이 권리가 개인들에게 평등하게 분배되지 않고 재산의 과다에 비례한다. 이런 근본적 불평등을 해소하려 한 것이 사회주의다.

1917년 러시아 사회주의혁명, 제2차 세계대전 후 동유럽의 사회주의 블록, 1949년 중화인민공화국의 수립으로 기세를 올리던 현실사회주의는 결국 현실의 벽을 넘지 못하고 한 세기도 못 가 주저앉았다. 20세기 최대의 대사건이라 할 사회주의 실험은 실패로 돌아갔다. 하지만 그렇다고 해서 사회주의 이념 자체가 수명을 다한 것은 아니다.

사실 현실사회주의는 처음부터 커다란 문제점을 안고 출발했다. 고전적 사회주의 이론은 자본주의가 충분히 성숙한 상태에서 사회주의로의 이행이 이루어질 수 있다고 주장했다. 자본주의를 거치며 봉건적 신분 질서가 완전히 타파되고 경제적 생산력이 제고된 이후에야 사회주의가 가능하다고 본 것이다. 하지만 정작 '사회주의국가'가 성립된 러시아, 동유럽, 중국은 모두 정상적 자본주의 단계를 생략한 채 사회주의 이행을 서둘렀다.

특히 러시아와 중국은 수백 년 동안 유지되었던 제국적 질서가 무너진 뒤 곧바로 사회주의를 채택했기 때문에 처음부터 반봉건적 속성을 떨쳐버리지 못했다. 명색이 사회주의국가임에도 스탈린-흐루시초프-브레즈네프(소련), 마오쩌둥-덩샤오핑-장쩌민(중국) 등 1인 집권 방식으로 지배 체제가 구축된 이유는 그 때문이다. 게다가 소련은 혁명 이후 불과 4년 만인 1921

년부터 이른바 신경제정책이라는 명목으로 자본주의적 요소를 도입했고, 중국도 사회주의 공화국이 수립되고 얼마 지나지 않은 1958년부터 인민공사를 설립하면서 자본주의의 역사적 부재를 만회하려 했다(인민공사는 거대한 국영기업이므로 자본주의사회에서의 계급적 착취를 국가가 담당한 셈이다). 결국 정치적이고 인위적인 사회주의 수립의 모순을 해소하기 위해 자본주의를 뒤늦게 끌어들인 것이니, 정상적인 사회주의라고 볼 수는 없다.

이렇게 현실사회주의는 처음부터 끝까지 '비정상적 사회주의'였다. 그렇다면 '정상적 사회주의'는 아직 실험되지도 않았고, 따라서 실패하지도 않은 것이다. 하지만 이제 사회주의화 과정은 20세기의 현실사회주의 모델처럼 혁명의 방식을 취할 가능성은 적다. 그 대신 자본주의의 근본적 문제점인 경제적 불평등을 해소하기 위해 사회주의적 요소가 도입되는 방식을 취할 가능성이 높다. 냉전시대에 현실사회주의권에서 사이비 사회주의라며 경멸스럽게 여겼던 북유럽 복지국가의 모델이 아마 정답에 더 가까울 것이다.

노예제→봉건제→자본주의를 거치면서 인간의 자유는 꾸준히 확장되었다. 현실사회주의는 그 자유를 더욱 신장시키는 데 실패했지만 아직 사회주의의 이념은 유효하다. 이와 같은 제도적 측면의 자유 이외에도 현대사상의 지적 흐름에서 자유의 이념은 다양한 관점으로 고찰되고 있다.

실존철학자 장 폴 사르트르는 철학적 자유와 현실적 자유를 결합하려는 독특한 시도를 선보였다. 그에 따르면 자유는 인간이 근본적으로 지니고 있는 숙명이다. 즉 인간은 자신이 원하든 원치 않든 자유로울 수밖에 없는 운명을 지니고 태어났다. 계급이나 신분, 정치·경제상의 위치와 무관하게 모든 인간은 근원적으로 자유롭다. 그 이유는 인간의 의식 자체가 무근거하기 때문이다.

사르트르는 후설의 현상학에서 의식의 지향성이라는 개념을 차용한다. "나는 생각한다, 그러므로 나는 존재한다."라는 데카르트의 명제를 극한으로 밀고 나간 19세기 실증철학은 주체와 객체를 완전히 분리시키면서 동시에 주체를 실체화·응고화시켰다. 그러나 사르트르는 그와 반대로 의식의 존재 방식을 빈 그릇과 같은 것으로 보았다. 안이 비어 있는 의식의 그릇은 필연적으로 뭔가를 채우고자 하는데, 그런 성질이 바로 현상학에서 처음 제기된 지향성이다.

의식은 결핍으로 존재하며 자체의 근거가 없기 때문에 끊임없이 외부를 지향하게 마련이다. 이것은 인간의 조건이고 근원적인 예속이다. 그러나 근거로 삼을 외부 대상으로 무엇을 선택할 것인가는 전적으로 의식의 자유다(여기서 서로 모순적 개념인 예속과 자유는 맞물린다). 즉 의식은 안이 비어 있다는 점에서, 또 마음대로 안을 채울 수 있다는 점에서 자유롭다. 그러나 반드시 뭔가를 채워야 한다는 점에서, 또 채우고 나면 거기서 만족하는 게 아니라 즉각 그것을 부정하고 또 다른 대상을 찾아나서야 한다는 점에서 그 자유는 즐겁고 유쾌한 자유가 아니라 부담스럽고 비극적인 자유다. 실존주의 작가인 알베르 카뮈는 이런 자유의 실존적 본성을 부조리로 파악하고, 부조리를 끌어안을 수밖에 없는 인간의 숙명을, 도로 굴러내릴 것을 알면서도 무거운 바위를 언덕 위로 끌어올리는 형벌을 받은 그리스 신화의 시시포스에 비유했다.

구조주의 철학자 루이 알튀세르는 자유를 직접 다루지 않지만, 이데올로기의 개념을 통해 근대적 자유의지를 부정했다. 전통적으로 이데올로기는 주로 정치적 색채가 강한 이념을 뜻했다. 그러나 마르크스는 사회구성체에서 이데올로기를 경제적 토대 위에 구축된 상부구조의 하나로 간주했다. 즉 이데올로기는 정치, 법, 문화, 예술 등과 함께 경제적 토대에 의해 결정되는 요소다("사회적 존재가 의식을 결정한다."라는 마르크스의 주장은 바로 그 점을 나타낸다). 마르크스에 따르면 이데올로기는 마치 자율적인 신념 체계인 듯 보이지만 실은 토대를 반영하는 의식이며, 때로는 토대의 진정한 성격을 위장하는 허위의식이 된다.

정치적 이념이든, 자율적인 신념 체계이든, 허위의식이든 이데올로기는 일단 의식이라는 게 전통적인 입장이었다. 그러나 알튀세르는 이데올로기에서 정치적 의미를 배제하고, 이데올로기를 의식이 아니라 무의식으로 간주한다. 무의식은 분명히 존재하지만 의식으로 제어할 수 없는 대상이며, 따라서 자유의지가 개입할 수 없는 영역이다.

알튀세르에 따르면 이데올로기는 누구나 쓰고 있지만 누구도 벗을 수 없는 색안경과 같다. 자신의 이름을 자신이 지은 사람은 없듯이 자신이 원해서 이 세상에 태어난 사람은 없다. 인간은 모두 태어날 때부터 정해진 환경이 있고, 부모에게서 이름을 받으며, 자신이 만들지 않은 지식 체계와 언어의 규약을 학습한다. 그것은 모두 개인이 좌지우지할 수 없는 무의식적 과정으로 진행된다. 직업을 선택하고, 지식을 습득하고, 언어를 구사하는 개별 행위들은 모두 의식적 과정이지만, 근본적으로 개인이 선택한 환경이 아니고—예컨대 한국에서 태어나 미국인이 될 수는 없다—완전한 자유의지로 진행되는 것은 아니라는 의미에서 무의식적이다.

물론 오늘 점심으로 뭘 먹을지는 전적으로 자유의지의 영역에 속한다. 그러나 삶에서 더 중요한 판단은 자신도 모르게 이데올로기에 의해 결정되는 경우가 많다. 어쩌면 오늘의 점심 메뉴를 선택하는 사소한 일에도 이미 우리가 모르는 무의식적 메커니즘이 작용하고 있을지도 모른다.

지구상에 신분제가 거의 사라진 현대 세계에서는 자유에 절대적인 가치를 부여하고 자유의지를 거의 당연시한다. 그러나 실상 자유의 이념은 경제적 불평등에 의해 왜곡되어 있으며(마르크스), 공허하고 부담스러울 뿐 아니라(사르트르), 무의식적 이데올로기에 의해 크게 제한되어 있다(알튀세르).

거대 담론

혁명을 꿈꾼 사람들

세상이 잘못되었다고 믿고 세상을 바로잡으리라고 마음먹은 두 사람이 있었다. 한 사람은 세상이 한창 번영을 누릴 때 머잖아 번영의 끝이 닥치리라고 믿었고, 다른 사람은 세상이 미쳐 돌아가기 시작할 때 그 광기의 불길을 더욱 부채질했다. 자본주의의 한복판에서 반(反)자본주의의 기치를 높이 세운 마르크스와, 자본주의의 모순이 적나라하게 드러난 세계대전의 와중에 최초의 사회주의혁명을 성공시킨 레닌이 다른 세상에서 만나 대화를 나눈다.

마르크스 안녕하신가? 레닌 군. 아니, 이제 본명을 따라 울리아노프 군이라고 불러줘야 할까?
레닌 안녕하십니까, 마르크스 선생님. 외람되시만 본명보다는 레닌이라는 이름이 훨씬 익숙합니다.

마르크스 하하, 그래. 우린 명성을 추구하는 사람들은 아니지만 자네가 나보다 더 유명인사지.

레닌 천만의 말씀입니다. 저는 일개 정치가일 뿐이고 선생님은 인류 사회를 변혁하려 하신 분이 아닙니까? 이론에서나 실천에서나 선생님이야말로 존경받아 마땅한 분이죠. 제가 가장 존경하는 분도 바로 마르크스 선생님이고요.

마르크스 하지만 자네는 한 나라에서 혁명을 실현했고 나는 이론적 성과로만 남았을 뿐이잖은가. 이론은 실천되지 않으면 공염불에 불과해.

레닌 똑같은 사실을 두고 저와 생각이 정반대시네요. 정치가는 아무리 위대한 업적을 거두었다 해도 당대에만 그 효과가 미칠 뿐이지만 사상가는 영향력이 훨씬 더 넓은 데다 두고두고 역사에 이름이 남으니 비교가 되지 않죠.

마르크스 말꼬리를 잡는 것 같아 미안하네만 자네가 했다는 말과 다르구먼. 의사는 한 사람의 목숨을 구할 뿐이지만 정치가는 수백만 명의 운명을 좌우한다고 했던가? 그렇기 때문에 정치는 예술이라고 말했다지? 좋은 말이야.

레닌 그건, 정치 분야에 워낙 협잡꾼들이 많아서 정치가 얼마나 중요한지 강조하려 했던 말이고요…….

마르크스 하하, 긴장하지 말게. 그저 농담한 걸세. 정치가 중요하다는 걸 내가 왜 모르겠나? 내가 제1인터내셔널에서 활동하고 유럽 각국의 공산주의자들과 논쟁한 것도 다 정치 활동인데 말이야. 어쨌거나 자네의 분석에 따라 인류 역사에 기여한 정도를 보면 학자가 최고이고 정치가와 예술가가 그다음, 마지막이 의사가 되겠네그려.

레닌 그렇게 되나요? 의사들이 싫어하겠군요.

마르크스 그렇지도 않아. 직업적인 인기도를 보면 그 반대거든. 의사가 최고이고 학자가 바닥이야. 21세기 들어 인문학을 공부하려는 젊은이들이 크게 줄어든 걸 보면 학자의 주가는 더 곤두박질칠지도 몰라!

레닌 또다시 혁명이 필요한 상황인가요?

마르크스 하하, 그래, 혁명은 우리 특기지. 하지만 이번엔 다른 혁명이어야 할 거야. 사회혁명이 아니라 문화나 지성에서의 혁명이겠지.

레닌 혁명 이야기가 나왔으니 말인데요. 선생님께서 활동하실 무렵에는 서유럽이 혁명의 전야였죠?

마르크스 그래. 특히 1848년은 대단했지. 2월에는 독일에서, 또 7월에는 프랑스에서 혁명이 일어났으니 서유럽의 심장부가 온통 혁명의 열기로 들끓을 때였다네. 바로 그 무렵에 나와 엥겔스는 〈공산당 선언〉을 발표했지. 원래 정당에는 강령이 필요하니까 혁명의 와중에서 새로 설립된 공산당의 강령 초안으로 서둘러 작성한 문건인데, 나중에 그렇게 유명해질 줄은 우리도 몰랐네. 실은 엥겔스와 나의 다른 저작에 비하면 내용이 썩 만족스럽지는 않아. 제목이 말해주듯이 선언적인 문헌에 불과하지.

레닌 그렇게 뜨거웠던 혁명의 열기가 식은 이유는 뭘까요?

마르크스 결론부터 말하면 그때는 상부구조의 혼란이었지 토대가 뒤흔들리는 상황은 아니었어. 그러니까 정치가 어지러웠을 뿐 자본주의라는 경제 체제는 아직 젊었다네. 19세기 중반은 유럽의 국가들이 각자 국민국가를 이루어가면서 각축을 벌이던 시대였어. 모든 나라들이 자본주의 체제에 의존해 경제 발전을 노렸지. 그것이 겉으로 드러난 것이 바로 전쟁이야.

레닌 러시아는 유럽에 속하지만 늘 변방에 있었기에 유럽의 질서에 크게 익숙하지는 않습니다. 선생님이 말씀하시는 전쟁이란……?

마르크스 유럽의 역사를 가만히 살펴보게. 16세기 이전까지는 큰 전쟁이 없었어. 백년전쟁과 십자군전쟁이 있지만 전자는 영국과 프랑스의 특수한 이해관계에서 발생했고 후자는 대외 전쟁이었지. 그러나 종교개혁으로 교회가 힘을 잃자 사정이 16세기 100년 동안 유럽은 치열한 종교전쟁이 벌어졌지. 그 마지막이 17세기 초의 30년전쟁인데, 이 전쟁은 종교 문제로 발발했다가 나중에는 영토전쟁으로 성격이 바뀌었다네. 바야흐로 시대의 추세는 정치적으로 의회민주주의의 전 단계인 절대주의였고 경제적으로 자본주의의 전 단계인 중상주의였다네. 그때부터 벌어진 유럽의 전쟁은 수백 년이나 지속되다가 결국 20세기의 두 차례 세계대전이라는 비극으로 연결되었지.

레닌 그중 첫 번째 세계대전은 제가 체험했죠. 그러니까 선생님의 시대는 유럽의 정정이 여전히 전쟁의 기운이 충만했던 때군요.

마르크스 그래서 1848년 당시 나도 혁명의 기회가 온 게 아니냐고 여겼다네. 하지만 섣부른 판단이었지. 그 뒤 나는 자본주의가 충분히 발달한 뒤에야 사회주의혁명이 가능하다는 믿음을 확고히 굳히게 되었어. 그러니까 …… 자네가 등장하기 전까지는 말이야.

러시아의 질곡

레닌 제가 활동하던 시대에도 혁명의 열기가 무척 뜨거웠죠. 20세기 벽두 러시아의 상황은 19세기 중반 서유럽의 상황과 매우 비슷했습니다.

마르크스 하지만 겉으로만 비슷했을 뿐 안을 들여다보면 상당히 달랐지. 우선 러시아는 경제적으로 자본주의가 도입되지 않았고 정치적으로 차르 체제가 아니었나? 부르주아를 대변하는 의회가 없었지. 당연히 부르주아 혁명도 없었고 말이야. 서유럽의 1848년 혁명은 사회주의혁명 이전 단계인 부르주아혁명, 즉 시민혁명이었어. 시민혁명을 거쳐야 시민사회가 확립되고 사회주의가 가능한 시대가 오는 거야. 일단 반동적인 절대왕정 체제를 철폐하고 시민계급이 권력을 장악해야만 사회주의 사회가 도래할 환경을 만들 수 있지.

레닌 부분적으로 인정합니다. 19세기 중반의 서유럽과 20세기 초의 러시아는 혁명의 열기가 달아올랐다는 것 이외에는 사뭇 달랐습니다. 러시아에는 1860년대까지 농노제가 주요한 생산양식이었을 정도로 자본주의가 성숙하지 못했죠. 하지만 혁명에 단계가 있다는 것은 인정할 수 없습니다. 부르주아사회에서만 사회주의혁명이 가능하다고 보지는 않습니다. 저는 오히려 서유럽이 아닌 러시아에서 사회주의혁명의 가능성이 더 높다고 보았습니다.

마르크스 이른바 자네가 주장한 약한 고리 이론인가?

레닌 이론이라니 송구합니다. 그러나 약한 고리가 존재하는 건 사실이었죠. 서유럽 자본주의는 19세기 후반에 이르러 독점화되고 제국주의로 변모했습니다. 저는 이것을 자본주의의 최고이자 최후의 단계라고 보았죠. 게다가 유럽 세계가 국민국가로 분립되면서 국가독점자본주의가 성립되었습니다. 자본이 국가별로 편제된 건데요. 국가독점자본주의의 막대한 생산력을 감당하려면 커다란 시장이 필요하니까 선진 자본주의 국가들은 세계 진출에 나설 수밖에 없는 거죠. 그런데 아시다시피 세계시장은 고정되어 있으니 제국주의 열강 간에 지구상의 분할이 완료되면 결국 자기들끼리 식민지 쟁탈전을 벌일 수밖에 없을 테고요. 그래서 저는 제국주의 전쟁이 필연적이라고 믿었습니다. 그게 바로 제1차 세계대전이었죠.

마르크스 그 분석은 탁월하네. 제1차 세계대전은 후발 제국주의 국가인 독일과 오스트리아가 선발 제국주의 세력인 영국, 프랑스, 미국 등을 상대로 벌인 전쟁이었어. 맹수들이 먹이를 놓고 서로 싸움을 벌인 격이지.

레닌 러시아는 정치적으로는 제국이었으나 경제적으로는 제국주의 국가라고 부르기에도 창피한 수준이었죠. 후발 제국주의 국가 중에서도 후진국이었으니 제국주의 세력의 가장 약한 고리였습니다. 사슬을 끊으려면 가장 약한 고리를 먼저 끊어야 하지 않습니까? 러시아에서 가장 먼저 사회주의혁명이 일어날 수 있다고 본 근거는 바로 거기에 있었습니다. 그 혁명의 과업을 제가 실행한 것이고요.

마르크스 그래, 1917년 러시아혁명은 분명히 성공이었네. 서유럽 열강이 이전투구에 몰두해 있을 때 벼락같이 혁명을 성공시켜 전 세계에 경악을 안겨주었지. 브레스트리토프스크조약으로 재빨리 전선에서 발을 뺀 것도 쇼킹했고.

레닌 선진 제국주의 국가들에게는 경악이지만 전 세계 식민지·종속국의 피억압 민중들에게는 새 시대를 알리는 우렁찬 팡파르였습니다. 러시아혁명이 성공한 뒤 중국과 한반도를 비롯한 아시아 지역에 일제히 공산당이 창립된 것이 그 성과를 증명하는 거 아니겠습니까? 제1차 세계대전에서 연합국으로 참전했다가 혼자 발을 뺀 것은 연합국들에게 좀 미안한 일이었지만, 혁명의 성과를 다지기 위해선 어쩔 수 없었습니다. 그 대가는 종전 후 러시아가 서유럽 열강의 심한 간섭에 몹시 시달린 것으로 충분히 치렀다고 봅니다만.

거꾸로 된 혁명

마르크스 좋네, 좋아. 그 일은 그쯤 해둠세. 이제 본론으로 들어가볼까? 자네가 이룬 혁명은 분명히 경제적 토대의 변혁을 이룬 것은 아니니까 정치혁명이라고 규정해야겠지? 정치혁명이라는 게 과학적인 개념인지 모르겠지만.

레닌 그러나 소비에트가 권력을 장악한 뒤에는 경제구조를 개혁하고 경제성장을 도모했습니다. 경제적 토대가 혁명을 배태해야 한다고 보면 순서는 거꾸로 되었지만 어쨌든 저는 토대의 변화를 꾀하려 한 거죠.

마르크스 그런데 문제는 바로 그 순서야. 자넨 차르 체제를 무너뜨린 뒤 경제혁명에 나선 거야. 즉 상부구조의 변화를 통해 토대, 하부구조를 변화시키려 한 걸세. 그게 가능하다고 본 건가? 혹시 혁명 당시에는 권력을 잡는 데 급급한 나머지 경제는 안중에 없었던 거 아닌가?

레닌 절대 그렇지 않습니다. 스무 살도 되기 전에 선생님의 《자본론》을 읽은 제가 경제적 안목이 없이 정치혁명만을 꿈꾸었겠습니까?

마르크스 그럼 혁명을 이룬 지 불과 몇 년 뒤에 신경제정책을 시행하면서 자본주의적 요소를 도입한 이유는 뭔가? 순서가 거꾸로 된 거 아닌가?

레닌 그건······. 어쩔 수 없었습니다. 신생 사회주의국가를 안정시키기 위해서는 어떻게든 경제 발전을 이뤄야 했습니다. 그래도 소비에트 인민들은 국가의 절박한 사정을 이해하고 열렬하고도 자발적으로 따라주었습니다. 혁명 직후 사회주의 건설기에 인민들이 얼마나 피땀 어린 노력을 했는지 보셨다면 좋았을 텐데요.

마르크스 그래, 그래. 잘 아네. 징말 감동석이었지. 그 애송이 스탈린이 아니었다면 혹시 혁명이 장기적으로 성공했을지도 몰라. 적어도 피비린내 나는 숙청은 없었을 테고 현실사회주의가 21세기까지 연장되었을지도 모르지.

레닌 스탈린의 성향을 잘 알았기에 저는 스탈린을 서기장에서 해임하라는 유언을 남겼는데요. 거기서 더 나아가 트로츠키를 후계자로 지명할 걸 그랬다는 후회가 남습니다. 스탈린이 경제가 취약한 상태에서 신경제정책을 포기하고 서둘러 경제 국유화를 단행할 줄은 예상하지 못했습니다.

마르크스 그 애송이는 그게 사회주의화라고 생각했겠지만 실은 자네의 방책보다도 더 못했지. 좋게 말해 스탈린의 방침은 일국사회주의에 불과해. 트로츠키가 더 사회주의의 원칙에 충실했다고 해야겠지. 프롤레타리아 국제주의라는 용어는 자네가 썼지만 그 이론적 씨앗은 내가 뿌린 거 잘 알지?

레닌 물론입니다. "전 세계 프롤레타리아여, 단결하라!" 이것이 바로 〈공산당 선언〉의 마지막 문구 아니겠습니까? 제가 주장한 프롤레타리아 독재의 이론도 마찬가집니다. 결과적인 평가이긴 하지만, 사회주의혁명의 진정한 성공은 러시아 한 나라에서만 이뤄질 수 없는 것이었습니다. 경제구조 역시 한 나라의 관점에서가 아니라 세계 체제의 관점에서 이해해야만 했습니다. 저도 트로츠키의 영구혁명론이 사회주의의 이념과 원칙에 더 가깝다고 봅니다.

마르크스 역사에 가정은 없다지만 만약 트로츠키가 집권했더라면 어떻게 됐을까?

레닌 글쎄요. 선생님 말씀을 듣고 생각해보니 설사 제가 더 오래 살아 신경제정책을 지속했더라도 혁명의 완성을 장담할 수는 없었을 것 같습니다. 워낙에 태생이 불완전한 혁명이라…….

마르크스 아냐, 아냐. 러시아혁명이 20세기 최대의 사건이라는 점은 누구나 인정할 걸세. 자넨 정말 큰 일을 했어. 실은 나도 세상을 뜨기 직전에 러시아에서 혁명적 분위기가 고조되는 걸 보고 예순의 나이에 러시아어 공부를 시작했다네. 수십 년 만에 찾아온 혁명의 기회에 흥분했던 거지. 나라도 자네 시대에 러시아에 살았다면 자네처럼 행동했을지 몰라. 하지만 모든 역사적 생략에는 치러야 할 대가가 있는 거야. 부르주아혁명의 단계를 건너뛰었다면 그 대가를 각오해야겠지.

레닌 저도 그런 각오는 했습니다.

마르크스 그런데 그 대가가 너무 컸던 거야. 러시아혁명은 첫 단추부터 잘못 끼웠네. 후발 자본주의 국가에서 사회주의혁명은 일어날 수 없어. 수십 년 뒤 1949년의 중국 혁명도 태생의 한계에서는 마찬가지야. 마오쩌둥과 공산당이 권력을 잡기만 했을 뿐 실제로 사회주의국가를 건설했다고 보기는 어렵지. 중국도 1950년대부터는 경제 발전을 위해 자본주의적 요소를 도입하지 않았나? 신생 사회주의국가인 북한이 경쟁 체제를 도입한 것도 사회주의국가에서는 달성하기 어려운 생산력 향상을 위한 것이고.

레닌 …….

혁명은 아직도 진행 중

마르크스 나는 20세기의 거대한 사회주의 실험이 결국 세기말에 실패로 돌아간 이유가 거기에 있다고 보네. 러시아와 중국은 20세기 벽두까지, 그러니까 혁명이 일어나기 직전까지 오랜 제국 체제를 유지해왔네. 중국은 진시황의 대륙 통일부터 잡으면 무려 2300년 동안이나 중앙집권적 제국을 이루어왔어. 러시아 제국의 역사도 수백 년이고. 이런 체제에서 혁명이 일어났으니 온전한 사회주의국가가 건설될 리 없지. 자네가 세상을 떠난 뒤 스탈린-흐루시초프-브레즈네프 등 1인 집권 체제가 지속된 이유도 바로 제국의 역사적 전통을 완전히 버리지 못했기 때문이야. 중국도 마찬가지고. 21세기 들어서는 중국도 무늬만 사회주의국가가 아닌가?

레닌 하지만 선생님, 역사에 비약이 없다면 인간의 역사가 물리적 세계와 다를 게 뭡니까? 진화론에서도 생략과 비약은 허용되잖습니까?

마르크스 개체적인 관점에서 보면 그렇지만 집단적으로는 그렇지 않지. 한 사람의 심리는 꿰뚫어보지 못해도 수많은 사람의 심리는 통계 같은 방식을 통해 이해할 수 있는 법이야. 역사의 일부분에는 생략과 비약이 있는 듯하지만 역사 전반은 늘 법칙적으로 움직인다네. 그래서 나는 일찍이 인류 역사를 자연사적 발전 과정으로 설명했지. 철학적으로는 그것이 바로 유물론의 요체야.

레닌 아! 그러나 생략과 비약이 없다면 역사는 단선적으로 발전하겠지요. 앞선 주자는 영원히 앞서갈 테고…….

마르크스 그렇게 비관적으로만 볼 필요는 없네. 비약까지는 아니더라도 압축은 가능해. 《자본론》에서 나는 내 시대의 자본주의를 분석했지만 서유럽 자본주의의 역사는 수백 년을 거슬러 간다네. 가까이 잡아도 14세기 대항해시대부터 자본주의의 싹이 텄다고 볼 수 있지. 그 오랜 과정을 곧이곧대로 답습할 필요는 없네. 후발 주자는 선발 주자가 빠진 웅덩이를 피해 갈 수 있네. 그게 선발 주자의 벌금이자 후발 주자의 이득이야. 답을 베껴 쓸 수 있다는 거. 그러니까 역사는 완전히 단선적인 것은 아니지. 내가 자연사적 발전이라고 했지 수학적 발전이라고는 하지 않았다는 점에 유의하게. 역사적 법칙은 수학 공식처럼 늘 하나의 정답만 있는 건 아니야.

레닌 한 가지 제가 선생님에게 떳떳이 말씀드릴 수 있는 것이 있습니다. 저는 혁명을 이루기 전이나 그 뒤나 인간 해방을 향한 입장만큼은 한시도 저버린 적이 없습니다. 《독일 이데올로기》에 나오는 선생님의 낭만적이고 서정적인 공산주의 사회의 비전을 저는 늘 가슴에 품고 살았습니다. 졸저인 《국가와 혁명》에서 제가 과도적인 프롤레타리아 독재가 끝난 뒤에는 모든 억압이 폐지되고 계급이 사라진 공산주의 사회가 도래하리라고 말한 것은 그런 맥락이었습니다.

마르크스 알고 있네. 그 점에서 우리가 공감하니까 지금 이렇게 대화를 나누고 있는 거 아니겠나? 20세기 후반 비틀스 출신의 존 레넌이라는 가수가 〈이매진〉에서 노래한 'no countries'의 상황도 바로 그걸 그린 게 아닌가 싶네. 참, 그 친구도 죽었으니 이 자리에 초대할 수 있겠군 그래.

레닌 그러네요. 하하. 그런데 그런 날이 올까요, 선생님? 모든 인간이 가슴 벅찬 해방의 감격을 누리는 그런 날은 현실이 될 수 없는 관념상의 목표에 불과한 걸까요?

마르크스 놀랍구먼. 철의 전사가 나약한 소릴 하다니…….

레닌 역사의 진보란 허구일까요? 어떤 이는 이렇게 말하더군요. 역사는 늘 되풀이될 뿐이다. 다만 세대마다 꿈이 달라질 뿐이다.

마르크스 우린 세상을 바꾸겠다고 마음먹었지. 바꿀 수 있다고 믿었고.

레닌 하지만 크게 바뀐 건 없죠. 지금 21세기는 우리가 꿈꾸던 세상에 조금이라도 더 가까워졌다고 보십니까?

마르크스 바뀌었다고 말할 순 없어. 그저 달라졌을 뿐이지. 세상은 많이 달라졌지만 크게 바뀌진 않았네.

레닌 달라졌다는 것과 바뀌었다는 건 어떻게 다릅니까?

마르크스 글쎄, 달라졌다는 건 어느 누구의 의도와 무관한 변화이고 바뀌었다는 건 특정한 의도에 맞게 변화했다는 뜻이겠지. 세상은 끊임없이 달라지지만 바뀌기란 어려운 법이라네.

레닌 게다가 21세기에는 선생님과 저처럼 혁명을 꿈꾸는 사람도 점점 적어지고 있습니다.

마르크스 그렇다기보다는 보폭이 한결 작아졌다고 해야겠지. 지금은 우리 시대보다 훨씬 다원화되었으니 한 세대에 모든 변화를 이룰 수 있는 시대가 아니잖나? 혁명이 가치를 잃었다거나 모두가 혁명을 포기했다고는 생각하지 않네. 물론 혁명의 개념이 달라져야겠지. 우리는 계몽주의 시대의 끝자락에 살았어. 억압당하는 많은 사람을 위해, 남을 위해 자신을 희생하는 게 미덕으로 간주되는 시대였어. 우리가 품었던 꿈이 21세기에는 거대 담론으로 분류되어 상당히 힘을 잃은 건 사실이네. 하지만 그렇다고 해서 해방의 이념이 사라졌다고 볼 수는 없지. 억압이 있는 한 해방의 혁명은 반드시 필요하네.

작은 것이 아름답다

신, 이데아, 불멸, 진리, 진보, 해방, 이성, 혁명, 인식, 도덕, 진리…… 전통적으로 철학에서 다루던 주제들이다. 지금까지 숱한 철학자들이 이런 주제들에 관해 묻고, 답하고, 해설하고, 주석을 달았다. 그런 주제들을 어떻게 다루느냐에 따라 철학과 철학자들이 이리저리 나뉘고 묶였다. 멋진 대답과 설명을 붙일 수 있으면 많은 사람의 갈채를 받았고 역사에 길이 남는 지성의 거인으로 존경을 받았다.

철학의 이런 특성을 한마디로 요약하면 형이상학적 전통이라고 할 수 있는데, 그 먼 뿌리는 고대 그리스철학에 있다. 철학의 태동기에 최초의 철학자들은 눈에 보이는 세계, 즉 감각 가능한 세계의 배후에 감각 불가능한 본질이 있으리라고 가정했다. 플라톤은 그 본질의 세계를 이데아라고 부르며 그것이 참된 세계라고 주장했다. 플라톤은 좀 심한 경우지만, 그렇게까지는 아니더라도 철학자들은 최소한 가시적인 현실 세계만이 세계의 전부는 아니라고 믿었다(이렇게 보이지 않는 세계—바꿔 말하면 신의 영역—을 설정했다는 것 자체가 훗날 그리스도교의 탄생에 기여했다).

그러나 이성 중심주의, 계몽주의의 시대에 절정에 달했던 형이상학적 전통은 현대에 이르러 강력한 철퇴를 맞았다. 특히 포스트구조주의, 포스트모더니즘 계열의 철학자들은 모든 문제의 깊은 근원을 찾으려는 노력을 더 이상 용납하지 않았다. 물론 눈에 보이는 감각 세계만을 진실이라고 믿는 것은 아니지만, 그들은 모든 것을 포괄하고 설명하는 절대적인 진리나 근본적인 이치 같은 것이 존재한다고 생각하지 않는다. 그런 것을 추구했던 전통 철학의 형이상학적 노력을 그들은 거대 담론이라고 부르며 폄하한다.

근대 철학에서 거대 담론의 대표적인 예는 헤겔이다. 데카르트 이후 무한 질주해온 이성이 정점에 달한 시대에 살았던 헤겔은 그 시대에 걸맞은 엄청난 개념을 만들어낸다. 인류 지성의 역사를 통틀어 '절대'라는 말은 종교 이외의 영역—신은 곧 절대자다—에서는 거의 사용되지 않았다. 그러나 헤겔은 대담하게도 정신 앞에 '절대'를 붙여 '절대정신'이라는 개념을 중심으로 독창적이고 방대한 형이상학 체계를 전개한다.

헤겔은 칸트가 이성의 인식 작용을 훌륭하게 해명했으면서도 물자체의 세계, 본체의 세계를 인식 불가능하다고 믿은 것을 잘못이라고 여겼다. 개별 이성으로는 그 세계를 인식할 수 없지만 총체적으로 추상화된 이성, 즉 절대정신은 어떤 것도 인식 가능하다. 인간의 개별 정신은 감각이나 인식에서 오류를 범할 수 있지만 절대정신은 오류를 범하지 않는다. 게다가 절대정신은 단순히 세계를 인식하는 것을 넘어 세계를 창조하고 통제한다.

헤겔은 절대정신이 발현되는 과정, 자기실현 과정이 곧 역사의 발전이며 진보라고 보았다. 절대정신은 모든 것의 출발점이자 궁극적인 목적이다. 가장 순수한 절대정신에서 순수한 존재가 나온다. 이 순수한 존재는 순수한 비존재, 즉 무(無)를 대립물로 탄생시키며, 순수한 존재(정립)와 무(반정립)가 합쳐져 실재(종합)를 낳는다. 이러한 정립-반정립-종합의 과정을 헤겔은 변증법의 논리로 설명했다. 역사는 변증법적 과정을 통해 영원히 발전한다.

마르크스는 대단히 난해하고 추상적인 헤겔의 사상에서 관념론을 제거하고 변증법과 발전의 개념을 차용했다. 헤겔의 사상에서 절대정신이 있던 자리에 마르크스는 경제구조를 집어넣었다. 역사가 언제나 발전하는 것은 옳지만, 그것은 절대정신이 발현되는 과정이 아니라 생산력과 생산양식으로 이루어진 물질적 관계가 변화하는 과정이다. 이렇게 헤겔의 사상을 전도함으로써 마르크스는 헤겔의 관념론 철학을 극복하고 혁명적 성격을 계승했다. 그러나 형이상학적 발상을 근본으로 한다는 점에서는 달라지지 않았다. 따라서 거대 담론이라는 점에서는 둘 다 마찬가지다.

마르크스주의를 러시아 상황에 적용한 레닌은 혁명을 이론으로서만 주장하는 데 그치지 않고 직접 실천했고 또 성공을 거두었다. 그런 점에서 그의 사상은 일반적인 거대 담론은 아니다. 그러나 혁명 자체는 성공했어도 그가 애초에 의도했던 사회주의·공산주의 사회는 끝내 실현되지 않았고, 삐걱거리던 현실사회주의는 급기야 20세기 말에 이르러서는 좌초하고 말았다. 여기에는 여러 가지 현실적인 이유가 작용했지만, 멀리 보면 레닌의 사상과 이론 역시 거대 담론의 성격을 가지고 있었다는 사실에 기인한다.

헤겔-마르크스-레닌으로 이어지는 사상의 흐름은 기본적으로 관념론에서 유물론으로, 추상에서 구체로 향하는 과정이었다. 헤겔은 혁명적 사상의 방법론을 제시했고, 마르크스는 그것을 전도해 사회혁명의 이론으로 재정립했으며, 레닌은 그 이론적 성과를 러시아라는 구체적인 상황에 적용했다. 이렇게 사상과 이론이 점차 구체화되고 특수화되었는데도 왜 거대 담론의 틀을 벗지 못한 걸까?

근본적인 이유는 이론의 출발점이 설명해야 할 대상에 있지 않고 기존의 또 다른 이론에 있었기 때문이다. 헤겔과 마르크스와 레닌은 다 현실에서 출발하지 않고 이론에서 출발했다. 헤겔은 칸트가 제시한 인식론의 한계를 극복하기 위해 방대한 철학 체계를 구성했다. 마르크스는 헤겔의 사상에 유물론의 관점을 투영시켜 그 자신의 말에 따르면 "헤겔을 거꾸로 세웠다."라고 했다. 또 레닌은 마르크스주의를 받아들여 러시아의 혁명적 상황을 지도하는 이론으로 삼았다.

이론이 만들어지는 데 영향을 주는 것은 두 가지다. 하나는 그 전까지의 이론적 전통이고, 다른 하나는 이론이 설명하는 대상이다. 예를 들면 스토아철학은 에피쿠로스의 사상적 영향과 제정 초기에 혼란스러운 로마의 현실이 맞물려 탄생했다. 두 가지 가운데 어느 것이 우세한가는 사례마다 다르지만, 사회혁명과 연관된 이론이라면 당연히 이론적 전통보다는 구체적인 현실과의 접합이 중요하다. 물론 마르크스와 레닌은 사회혁명을 꿈꾸었던 만큼 처음부터 현실에 밀접한 관심을 가지고 이론을 구성했으나 이론적 전통과 한계에서 크게 벗어나지는 못했다.

그 이론적 전통은 바로 형이상학이다. 멀리 플라톤에서 시작된 서양 철학의 형이상학적 전통은 2천여 년의 세월이 지나면서 더욱 방대해지고 견고해졌다(중세에 발달한 그리스도교 신학도 철학적으로 보면 거대한 형이상학이다). 형이상학의 큰 특징은 모든 철학적 문제와 답을 자체 내에 내장하고 있다는 점이다. 얼핏 생각하면 편리할 듯하지만 그것은 장점이 아니라 결함이다. 마치 한 사람이 문제를 내고 답을 맞히는 경우와 같다. 그럴 때 나올 수 있는 답은 동어반복뿐이다. 새로운 것은 전혀 없다.

또한 형이상학은 근원을 추구하는 성질 때문에 모든 문제를 하나로 환원하려는 경향을 가진다. 불변의 것, 불멸의 것, 진리를 찾으려 했던 고대 그리스철학에서 비롯된 이 경향은 수천 년 동안 숙성해오다가 이성의 시대를 맞아 절정에 이르렀다. 그래서 헤겔은 자신이 철학을 완성했다고 확신했다. 이런 점에서 헤겔이 주장한 절대정신의 관념, 모든 인류 사회에 공통적으로 적용될 수 있는 사회 발전의 법칙을 찾으려 했던 마르크스의 관심은 형이상학의 연장선상에 있다.

그러나 과거에는 어땠을지 몰라도 현대에는 형이상학이 통하지 않는다. 현대는 과거와 같은 통합적인 사회 체계가 아니며, 동질성보다 차이가 훨씬 더 중요한 시대다. 과거에는 사회의 각 부분이 단일한 목적 아래 결집될 수 있었지만 지금은 그런 게 전혀 불가능하다. 부분은 전체를 위해 존재하는 게 아니라 독자적인 존재와 운동의 방식을 가진다. 세계를 하나의 화폭에 담아 거대한 그림을 그리던 시대는 이미 끝났다. 이제는 현대 세계에 관한 올바른 상을 얻으려면 수많은 작은 화폭에 각각의 부분들을 정밀하게 담아내야 한다. 그래서 리오타르처럼 거대 담론에 반대하는 철학자들은 방대한 형이상학으로 세계의 기원과 모든 현상을 설명하려는 기획이 완전히 파산했다고 주장한다.

혁명의 개념이 여전히 유효하다 해도 현대 세계의 혁명은 과거처럼 급진적인 사회혁명의 형태를 취하지 않을 것이며, 또 그럴 수도 없다. 리오타르는 전체적이고 총체적인 것은 모두 무의미하다고 말한다. 전체를 대상으로 하는 시도는 어떤 것이든 역사적으로 실패했고, 현대에는 더욱더 그럴 수밖에 없다. 거대 담론은 항상 '통합'이라는 목적을 전제로 하기 때문에 결국 그릇된 목적론으로 귀결되기 쉽다. 그래서 리오타르는 지배층이 억압을 위해 전가의 보도처럼 사용해온 이데올로기는 물론이고 그 대척점에 해당하는 피지배층의 철학인 마르크스주의조차도 인간 해방의 '신화'이며, 낡은 계몽주의의 기치를 현대에 되살리려는 '환상'이라고 단정한다. 계몽, 자유,

해방 같은 근대의 거창한 이념들은 중세의 신을 대체한 데 불과하다.

"작은 것이 아름답다." 이 말은 단지 한 작가(경제 사상가 슈마허)의 소박한 희망을 보여주는 게 아니라 거대 담론의 허구성과 폐단을 단적으로 지적한다.

모든 존재는 공(空)이며 실체가 없다(《화엄경》).

성인은 아무 것도 하지 않아도 저절로 그렇게 되는 것, 즉 무위자연을 택한다(《도덕경》).

아는 것을 안다고 하고 모르는 것을 모른다고 하는 것, 이것이야말로 제대로 아는 것이다(《논어》).

우리에게 더 익숙한 동양철학의 거대 담론들이다. 하지만 이런 사상을 형이상학으로 받아들이지 않고 삶의 지침으로 여긴다면, 무조건 거대 담론이라는 낙인을 찍어 폐기처분할 수는 없을 것이다.

행복
목숨과 바꿀 수 있는 행복이란

운영자가 알립니다.
  우리 카페에서 큰 인기를 누리고 있는 코너인 '상상하는 삶'의 지난주 주제는 특히 회원님들의 호응이 높았습니다. 분량도 길고—분량은 정성과 비례한다고 봐도 되겠죠?—내용도 참신한 댓글이 모두 75개나 달렸습니다. 일반적으로 아주 많은 댓글은 아니지만 회원수 대비 댓글 올리는 횟수로 따지면 우리 카페가 대한민국 최고 클래스에 속할 겁니다. 자화자찬하자면, 무엇보다 운영자가 좋은 주제를 선정했기 때문이겠죠? ^^
  프로메테우스 회원님들은 다들 댓글을 쓰셨겠지만 에피메테우스 회원님들은 뒤늦게 아시고 주제가 뭐였기에 그렇게 댓글이 많았나 하고 궁금히 여기실 겁니다. 그러니까 프로메테우스와 에피메테우스라는 별명이 붙은 거죠. 아시다시피 그리스신화에서 프로메테우스는 일찍 깨닫는 자이고 에피메테우스는 늦게 깨닫는 자입니다. 쉽게 말해 성질 급한 자와 굼뜬 자인 셈인데요. 그래서 우리 카페의 프로메테우스 회원 중에는 재치가 뛰어난 분들이 많고 에피메테우스 회원 중에는 깊은 성찰이 장기인 분들이 많습니다. 신화에는 성질 급한 프로메테우스가 인간에게 불을 가져다주고 굼뜬 에피메테우스는 열지 말라는 판도라의 상자를 열어 인간세계에 재앙을 가져다주죠. 그렇게 선한 역할과 악한 역할을 구분한 걸 보면 고대 그리스인들 역시 지금 우리 한국인들처럼 '빨리빨리'를 더 긍정적으로 봤나 봅니다. 하지만 저는 개인적으로 에피메테우스에 더 정이 갑니다. 어쨌든 신화에도 둘이 형제로 나오니까, 양측 회원님들은 서로 비적대적인 관계인 거 잘 아시죠?

프로메테우스 중 늦게 주제를 보신 분들, 그리고 에피메테우스의 대다수 회원들을 위해 지난주 주제를 다시 소개합니다. "만약 신과 같은 완전한 능력을 며칠 동안 가질 수 있다면 당신은 나머지 삶을 포기하겠는가?" 이 질문의 원래 취지는 절대적인 행복과 목숨을 맞바꿀 용의가 있는가를 물으려는 것이었지만, 초반에 회원님들이 '며칠 동안'에 필이 꽂혀 "사흘이라도 좋다.", "적어도 한 달은 돼야 한다."라는 식으로 기간에 중점을 두는 의견을 밝히는 바람에 댓글의 방향이 조금 바뀌었습니다.

우리의 일상은 다들 곽곽합니다. 상상 속에서나마 일상에서 탈출해보고자 하는 게 우리 카페에 '상상하는 삶'이라는 코너를 만든 의도인데요. 절대자의 능력을 가질 수 있다면 얼마나 재미있고 행복하겠습니까? 하지만 설사 그런 능력이 주어진다 해도 유효기간이 없다면 행복은커녕 공허하기만 할 겁니다. 인도의 어느 전설에 따르면 원래 인간은 죽지 않았다고 합니다. 그런데 영원한 삶이 지겨워진 인간이 신에게 죽음을 달라고 기원했죠. 그래서 신이 인간에게 죽음을 내려줬는데, 그제야 비로소 인간은 행복을 알게 되었다고 합니다. 그렇게 보면 "영원히 죽지 않고 고통을 겪는다."라는 그리스도교의 지옥 개념은 정말 무의미한 거 아니겠습니까? 죽지 않는데 고통이라뇨? 영원하다는 건 곧 무의미하다는 걸 뜻합니다. 그래서 절대자로 살 수 있는 기간을 정하기로 했습니다. 죽음과 맞바꿀 수 있을 정도의 절대적 쾌락은 얼마 동안일까? 다시 말해, 화끈하게 살다 죽고 싶다면 얼마나 살아야 할까?

고통 이야기가 나왔으니 말이지만 고통을 다스리는 법이 앞으로 첨단 시대의 화두라는 말이 있습니다. 근데 신체의 통증이나 실연의 아픔 같은 고통은 우리가 쉽게 이해할 수 있고, 또 가급적 없앨 수 있으면 좋겠지만, 때로는 고통이 필요한 경우도 있거든요. 그래서 우리네 인생이 복잡한 거죠. 얼마 전에 로봇 강아지에 관한 기사가 났더군요. 애완견을 좋아하는 사람에게 딱이랍니다. 로봇 강아지는 주인도 알아보고 애교도 부립니다. 먹이를 주지 않아도 되고 똥을 치울 필요도 없죠. 귀찮으면 전원을 꺼도 됩니다. 무엇보다 경험 있는 분들은 다 아시겠지만, 강아지가 죽어 슬픈 이별을 하지 않아도 되니 얼마나 좋습니까? 뭐, 제 경우에는 15년 동안 타던 자동차를 폐차시킬 때 그 자동차가 단지 사물에 불과하다는 걸 잊고 눈물을 흘리기도 했습니다만.

그런데 달리 생각하면, 로봇 강아지가 과연 좋은 걸까요? 로봇 강아지는 길들이고 정을 붙이는 과정이 없습니다. 길들이고 정을 붙이기 위해선 고통이 따르죠. 고통은 행복의 이면입니다. 산이 높으면 골이 깊듯이 행복이 높은 만큼 고통은 깊어집니다. 그래서 미래 사회에 아무리 행복의 총량이 늘어난다 해도 고통은 결코 줄지 않죠. 행복과 맞물린 고통은 치유 자체가 불가능합니다. 다만 고통을 길들이고 다스릴 수 있을 뿐이죠. 그래서 앞으로는 고통을 다스리는 방법이 인간 생활에 가장 주요한 문제가 될 것이고, 미래를 지향하는 기업들은 그 방법을 가지고 수익을 올리기 위해 부심할 거라고 생각됩니다.

저의 개똥철학은 이만하겠습니다. 시간을 들여 댓글 전체를 보시면 재미있겠지만 그럴 여유가 없는 회원님들을 위해 흥미로운 댓글 몇 개를 소개할까 합니다. 먼저 늘 진지하고 지혜로운 견해를 보여주시는 '플라토텔레스' 님의 댓글입니다.

20년쯤 됐나요? 예전에 〈델마와 루이스〉라는 영화가 있었습니다. 평범한 가정주부와 그녀의 친구인 평범한 회사원이 주인공이었죠. 두 여자는 어느 날 주말여행을 떠나는데, 처음에는 일상으로부터 며칠 동안 벗어나려 했던 여행이지만 예기치 않게 살인을 저지르게 되면서 일상으로부터의 영원한, 그리고 최종적인 탈출이 되고 맙니다. 며칠 동안 은행도 털고 유조차도 폭발시키며 세속의 굴레에서 벗어나 마음껏 자유를 누리다가 결국 자동차를 절벽 아래로 몰아 자살합니다. 며칠간의 제왕 같은 삶과 목숨을 바꾼 거죠. 두 여자는 후회했을까요? (일단 두 주인공이 저지른 범죄나 도덕 같은 문제는 배제하고 그들의 결단에 관해서만 주목하기로 합시다.)

저는 후회하지 않았을 거라 생각합니다. 강요된 선택이 아니라 자발적인 동의에 따른 결정이라면 후회란 있을 수 없습니다. 물론 델마와 루이스는 그 전까지 일상의 압박에 시달렸으니 계기가 된 사건은 100퍼센트 자발적인 결정이라고 볼 수는 없겠지만, 일단 그렇게 해서라도 일상에서 벗어난 이후의 불꽃같은 삶에 관해서는 완전히 자발적이었고, 또 거기서 분명히 쾌락을 느꼈을 겁니다. 하지만 그건 영화일 뿐이고, 저 같으면 언감생심 그런 결심을 하기가 어렵네요.

절대적인 자유를 얼마 동안 누린다면 기꺼이 목숨을 내놓을 수 있을까요? 저는 차라리 그런 자유를 포기하겠습니다. 만약 제가 그걸 선택한다면 제 참모습이 아니라 일시적인 객기나 흥분 때문일 테니까 틀림없이 후회할 겁니다.

플라토텔레스 님, 용기가 없다는 고백인가요? 아니면 현실적인 생각인가요? 다음은 언제나 특이한 발상을 선보여 우리 카페의 독보적인 인기 리플러로 주목받고 있는 '옥시덴탈리즘' 님의 댓글입니다.

신으로 살 수 있는 기간을 굳이 말하라면 전 사흘이면 족합니다. 첫째 날에는 보기 싫은 놈들을 모조리 처단합니다. 절대적 능력이 있으니 가능하겠죠? 어린 시절 〈파브르 곤충기〉를 읽고 전 조롱박벌을 무척 혐오했습니다. 이놈은 귀뚜라미를 잡다 마취시켜놓고 가슴에 알을 낳아놓습니다. 알이 부화하면 조롱박벌의 애벌레는 귀뚜라미를 산 채로 파먹으며 성장하는 겁니다. 인간의 관점에서 보는 거지만 귀뚜라미가 너무 불쌍하고 조롱박벌이 너무 비열하다는 생각이 들었습니다. 나중에 보니 상당수 기생벌들이 이런 식으로 번식하더군요. 벌을 다 싫어하게 됐습니다. 파리보다도요. 그래서 지금도 꿀을 안 먹습니다. '기생하는 삶'을 무엇보다 혐오하게 된 건 그 때문이었죠. 조롱박벌처럼 사는 놈들, 그런 기생충 같은 자들을 처단하는 데 하루를 기꺼이 사용합니다.

둘째 날은 삶의 쾌락과 기쁨을 만끽하는 날입니다. 마음에 드는 몇몇 사람들과 함께 하루를 완벽하게 즐깁니다. 오전에는 도시의 노천 카페에 앉아 차를 마시며 붐비는 거리와 수많은 사람을 구경하고, 오후에는 교외로 나가 와인과 바비큐로 최후의 만찬을 벌입니다. 몽롱한 상태로 하루 종일 보낼 순 없으니까 술과 마약은 환락의 밤을 위해 아껴둡니다.

셋째 날에는 뭘 하냐고요? 아침에 눈을 뜨자마자 외계에 떠도는 혜성을 불러들입니다. 6500만 년 전 공룡의 최후를 부른 것보다 더 큰, 지구를 박살내버릴 혜성 충돌을 준비하는 겁니다. 내가 죽으면 당연히 세상도 함께 죽어야죠. 지구의 종말을 준비합니다. 이날은 하루 종일 종말을 이야기하고 즐깁니다. 불과 하루 전만 해도 전혀 몰랐던 세상의 종말에 대해 사람들은 어떤 반응을 보일까요? 상상만 해도 흥분됩니다.

어떤가요? 아주 악취미죠? 하여간 평소의 '옥시덴탈리즘' 님다운 발상입니다. 그런데 셋째 날 인류를 멸망시킬 거면 첫째 날의 의로운 행위는 그냥 자기만족을 위해선가요? 그리고 둘째 날 파티에 참석한 친구들은 바로 다음날이면 죽을 테니 과연 파티가 즐거울까요?

그런가 하면 'PurpleHaze' 님은 상당히 논리적인(?) 댓글을 주셨습니다. 온라인 활동은 왕성하지만 오프라인 모임에 한 번도 안 나오신 분인데, 대체 어떻게 생기신 분인지 저도 몹시 궁금합니다.

어렸을 때 짧은 글짓기 숙제 때문에 많이 고생하셨죠? 제겐 비책이 하나 있었습니다. 아무 거에나 척척 들어맞는 끝내주는 다기능 멀티탭입니다. 가령 '행복'이라는 말로 짧은 글을 지으라면 이렇게 짓는 겁니다. "행복이라는 말로 짧은 글을 짓기는 아주 어렵다." 자, 훌륭하지는 않지만 누가 뭐라 할 수 없는 짧은 글짓기가 됐습니다. 변주할 수도 있죠. "행복이라는 말은 함부로 쓰는 게 아니다." 짧은 글짓기가 숙제로 나오면 대부분 주어진 낱말의 뜻을 생각하며 어떻게 지을까 고민하지만, 당면한 숙제를 위해 그건 중요하지 않습니다. 행복이라는 말의 어의를 버리고 형식만을 택하면—좌우간 행복이라는 말이 들어가면 되는 거죠—모든 것은 맞출 수 있습니다. 내용은 고유하지만 형식은 공통적이니까요.

이 형식논리를 적용하면 많은 문제를 해결할 수 있습니다. '세 가지 소원'이라는 동화를 읽으셨을 겁니다. 어느 가난한 부부가 나그네에게 음식을 주었는데 알고 보니 나그네가 마법사였죠. 마법사는 부부에게 감사의 표시로 세 가지 소원을 들어주겠다고 말한 뒤 떠났죠. 먼저 아내가 소시지를 먹고 싶다고 말합니다. 무심결에 첫 번째 소원을 쓴 거죠. 화가 난 남편이 "그 소시지 따위는 당신 코에나 붙여버려!" 하고 말하자 두 번째 소원이 이뤄집니다. 세 번째 소원은 어쩔 수 없이 소시지를 아내의 코에서 떼어달라는 것이었습니다. 허무하죠. 사실 이런 실수는 세 번째 소원에서 만회할 수 있었습니다. 마지막 소원을 "앞으로 세 가지 소원을 더 들어주세요."라고 하면 됩니다. 부부는 영원히 세 가지 소원을 쓸 수 있게 되죠. 뭐, 아예 세 가지가 아니라 백 가지라고 말해도 되겠죠.

쓸데없이 길어졌는데요. 결론은 간단합니다. 신의 능력을 일정한 기간 동안 가지게 된다면 저는 맨 먼저 영원히 신의 자격을 보유하도록 하는 데 그 능력을 쓸 겁니다. 시한이 없다면 오히려 무의미하다고요? 그럴 수도 있겠지만 전 능력 자체는 계속 보유하고, 사용 여부만 그때그때 결정하는 방식으로 그 무의미성을 해소하겠습니다.

명쾌하지만 어딘가 공허합니다. 형식만 중시했으니 주제의 취지와는 어긋난 견해입니다. 그래도 재미있는 발상이죠? 마지막으로 행복의 대가를 (다소 교과서적이고 교훈적이지만) 합리적으로 지적해주신 '녹색꽃'님의 댓글도 소개합니다.

행복이라는 말의 숨은 맥락에는 애초에 영원하고 무한하다는 게 배제되어 있습니다. 즉 영원하고 무한한 것에는 행복이 있을 수 없습니다. 절대적 능력을 가진다는 건 일단 행복이라고 할 수 있겠죠. 그러나 거기에 시한이 걸려 있지 않으면 진정한 행복이라고 할 수 없습니다. 꽃이 아름다운 이유는 일정 기간만 피어 있기 때문이 아닐까요?
아라비아의 동화에 '마법의 양탄자'라는 게 있습니다. 어느 나라의 왕이 세 아들 중 누구에게 왕위를 물려줄까 고민하죠. 세 왕자는 각자 보물을 가지고 있었는데, 첫째 왕자는 천 리를 볼 수 있는 천리경, 둘째는 하늘을 나는 양탄자, 셋째는 모든 병을 고칠 수 있는 사과를 가졌죠. 왕은 가장 큰 공을 세운 왕자에게 왕위를 물려주겠노라고 선언합니다.

그때 첫째가 천리경을 통해 먼 나라의 공주가 몹쓸 병에 걸렸다는 것을 알아냅니다. 병이 위급하니 빨리 가야 했죠. 그래서 삼형제는 둘째의 양탄자를 타고 함께 그 나라로 날아갑니다. 그리고 셋째 왕자가 가진 만병통치 사과로 공주의 병을 고치죠. 자, 누구의 공이 가장 클까요? 사람들은 대개 이 이야기의 결말을 압니다. 왕은 막내에게 왕위를 물려주죠. 그런데 사람들은 셋째에게 왕위를 물려준 이유를 잘 기억하지 못하더군요. 셋 다 꼭 필요한 일을 했으니 누구 공이 가장 크다고 할 순 없죠. 하지만 왕의 판단은 현명했습니다. 천리경과 양탄자는 계속 사용할 수 있다. 그러나 사과는 이미 공주가 먹어버렸으니 셋째는 보물을 잃은 것이다. 그러니까 셋째가 왕국을 차지해야 한다는 것이었죠. 첫째와 둘째가 가진 보물은 영원히 무제한으로 사용할 수 있는 겁니다. 하지만 셋째가 가진 보물은 달랐죠. 아무런 제약이나 희생이 없는 행복은 행복이 아닙니다.

신의 능력이요? 절대적인 능력은 참된 능력이 아닙니다. 조건과 제약이 붙어야만 진정한 능력이고 자유죠. 상상 속의 능력이긴 하지만 저는 상상으로라도 그런 능력을 가졌다고 해서 일시적으로라도 행복해지지는 않을 것 같습니다.

자, 주제 자체를 부정하는 댓글까지 나왔군요. 뭐, 좋습니다. 판단은 여러분의 몫입니다. 사흘간 기간을 연장하도록 하겠습니다. 더 다양한 댓글 부탁드립니다. 댓글이 많을수록 카페 운영자는 행복합니다!

쾌락을 측량하는 방법

일반적으로 행복은 질적인 개념이다. 행복은 각자가 마음속으로 느끼는 감정이지 돈처럼 쌓아두거나 남에게 전해줄 수 있는 게 아니다. 물론 더 행복하거나 덜 행복하다는 말은 가능하지만 행복을 정확한 양으로 측정하거나 비교할 수는 없다. 작년 생일파티보다 올해 생일파티가 정확히 1.7배만큼 더 행복하다고 말할 수는 없다. 지난주에 1만 원 받았던 용돈이 이번 주에 2만 원으로 올랐다고 해서 두 배로 행복해지지는 않는다.

이런 점에서는 상식적인 행복이나 철학적 행복의 관념이나 다를 게 없다. 플라톤은 감정이나 욕망을 철학의 테두리 안에 끌어들이지 않으려 했으므로 행복을 직접 언급하지 않았으나, 아마 가장 이성적인 삶, 정의의 기준에 부합하는 상태를 행복으로 여겼을 것이다. 그에 비해 제자인 아리스토텔레스는 선(善)의 상태에 이르는 것을 행복이라고 말했다. 그리스어로 에우다이모니아(eudaimonia)인데, 이 말은 욕망을 충족시키거나 의도를 실현하는 의미의 행복이라기보다 인간의 모든 삶을 규정하는 궁극적인 가치를 가리킨다. 그렇다면 행복은 누리는 게 아니라 인간이 도달해야 할 목표가 된다.

행복을 주요한 철학적 주제로 삼았던 에피쿠로스는 그 때문에 쾌락주의자로 알려졌으나 그가 말하는 행복 역시 세속적인 의미는 아니다. 그는 육체적 쾌락이 아니라 정신적 쾌락을 중시했고 고통이 없는 상태를 행복으로 보았다. 그런 상태를 그는 아타락시아(ataraxia), 즉 평정한 상태라고 불렀다. 쾌락이 가져다주는 행복은 결핍이 없고 모든 것이 충족된 정적인 균형 상태다.

고대를 지나 중세로 접어들면, 신학이 지배한 중세적 사고에서 최고의 행복은 신을 직접 대면하는 것, 즉 지복직관(beatific vision)이었다. 그리스도교 복음서 저자인 요한은 지복직관의 경지가 아니면 고통이 면제되지 않는다고 말했고, 토마스 아퀴나스는 신의 은총만이 지복직관의 상태를 가져다줄 수 있다고 보았다.

철학사에 등장하는 이와 같은 종교적·철학적 행복은 현실적이고 일상적으로 느끼는 행복과는 거리가 멀다. 철학적 행복이 상식적 행복에 가까워지는 것은 철학과 현실이 훨씬 긴밀해지는 근대에 이르러서의 일이다. 시대의 요구에 걸맞게 이 시기에는 행복을 수치화하고 계량화하려는 노력이 생겨난다. 행복의 양적 측면이 부각되기 시작한 것이다.

산업혁명의 시대에 공리주의를 주창한 벤담은 복잡하고 추구하기도 어려운 철학적 행복의 관념을 버리고 누구나 이해할 수 있는 가장 쉬운 개념을 택한다. 복잡하게 돌려 말할 것 없이 행복은 쾌락이고 불행은 고통이다. 그렇다면 가급적 많은 사람이 행복을 느끼는 게 가장 좋을 것이다. 여기서 '최대 다수의 최대 행복'이라는 공리주의의 원칙이 나온다.

수학에서 '공리(公理)'란 굳이 증명할 필요가 없이 자명한 이치를 뜻한다. 한자는 다르지만 공리(功利)주의 역시 벤담에 따르면 상식적으로 자명한 원칙이므로 증명할 필요가 없다. 증명보다 더 중요한 것은 행복을 가져다주는 쾌락을 객관적으로 계산하는 방법이다. 쾌락에 주관성이 크게 개입된다는 것은 벤담도 잘 알고 있지만, 그의 시대(18세기 말~19세기 초)는 마

5 행복

침 과학의 시대이자 국민국가의 시대다. 각 개인마다의 쾌락은 측량할 수 없다 해도 국민 전체의 쾌락은 과학적으로 측량할 수 있다. 다만 정밀한 측량을 위해서는 쾌락을 범주화해야 한다. 그래서 그는 쾌락의 범주를 일곱 가지로 구분한다. 그 가운데 강도, 지속성, 확실성, 근접성, 이 네 가지는 쾌락을 얼마나 빨리 느끼는가를 판별하는 기준이다. 생산성은 쾌락의 결과로 얼마나 많은 다른 쾌락이 생기는가를 규정하며, 순수성은 쾌락에 따르는 고통이 얼마나 적은가를 말한다. 마지막으로 연장성은 얼마나 많은 사람이 쾌락을 함께 경험하는가와 관련된다. 그는 이 일곱 가지 범주를 기준으로 점수를 매겨 쾌락과 행복을 계산하자고 제안했다.

어찌 보면 깔끔한 논리인 듯하지만 여기에는 문제가 있다. 이렇게 양적으로만 판단하면 쾌락은 설명할 수 있을지언정 행복을 설명하기에는 부족하다. 행복은 쾌락과 달리 쉽게 계량화되지 않는다. 예를 들어 햄버거 한 개를 먹는 쾌락과 두 시간 낮잠을 자는 쾌락은 서로 비교할 수 있지만, 행복은 때로 그런 쾌락을 포기함으로써, 즉 그 햄버거 값을 자선단체에 기부하고 두 시간 동안 독거노인을 위해 봉사 활동을 함으로써 얻을 수도 있다.

그래서 존 스튜어트 밀은 벤담의 공리주의를 계승하면서도 한층 업그레이드하기 위해 '고급한 쾌락'을 행복으로 규정했다. 쾌락은 욕구와 불가분한 관계에 있으므로 주로 개인적인 차원에서 작동하지만, 행복은 사회적인 차원에서 의미를 가지는 경우가 많다. 특히 사회 진보를 위해서는 쾌락보다 행복을 추구하는 활동이 더 큰 기여를 한다. 학문이 좋은 예다. 쾌락만 강조하면 자라는 학생들이 철학, 역사, 수학을 컴퓨터 게임보다 재미있게 여길 리는 만무하니까 학문의 전통이 끊기고 말 거다. 물론 최대 다수의 최대 행복이 민주주의의 주요한 원칙인 다수결주의의 바탕이 된 것은 사실이지만, 누구나 투표권을 한 표씩 행사하는 민주주의와 고급문화가 양립할 수 있을까?

밀은 이런 고민 끝에 질적인 판단을 도입해야 할 필요성을 역설했다. 그는 여러 가지 쾌락들 중에서 '더 나은 쾌락'이 있다고 보았다. 하지만 이것도 말이 쉽지 현실에 적용하려면 많은 문제가 따른다. 무엇보다 '더 나은 쾌락'을 판단하는 기준이 객관화되기 어려운 것이다. 그래서 밀은 사회 지도층 인물들로 위원회를 구성해 그 점을 판단하도록 하자고 주장했다. 무차별적인 다수결주의를 보완하기 위해 전문가의 결정을 중시하고, 때로는 표결 사안에 따라 가중치를 부여하는 현대 민주주의의 여러 가지 장치는 밀의 견해에 뿌리를 두고 있다.

주체

상상 속의 발명

9년 전, 그러니까 초등학교 3학년이었을 때 난 자타가 공인하는 암기의 천재였다. 어느 날 댄스 음악의 랩 파트를 모조리 외워 부르는 걸 본 엄마는 심각한 표정으로 듣다가 이렇게 선언했다.

"우리 딸이 뭐가 돼도 되겠다."

그때부터 엄마는 무지 많은 책들, 그것도 값싸고 양 많은 전집류만 골라서 사다 날랐다. 뭐든지 외우는 데는 자신 있었던 나는 그 내용을 깡그리 외워 엄마를 깜짝 놀라게 해주기로 마음먹었다. 우선 비교적 수가 적은 밤하늘의 1등성 이름들을 외웠고, 그다음에는 세계 각국의 수도를 외웠다. 세계의 높은 산들, 긴 강들을 20위까지 줄줄 외울 때부터 '천재'라는 소릴 들었다. 태정태세문단세, 조선의 왕들은 기본이고 태혜정광경성목, 고려의 왕들을 순서대로 외워 보았을 때는 온 가족이 숙연한 기색이었다.

그런데, 아, 누가 말했던가? 미인은 박명이고 천재는 요절한다고. 나의 암기력은 중학교에 들어가면서부터 쇠퇴하기 시작하더니, 고등학교에 와서는 마이너스 평면의 2차 방정식 그래프와 같은 포물선을 그리며 점점 더 큰 폭으로 추락을 거듭했다. 예전과 같은 암기력을 딱 3개월만 되찾을 수 있다면……. 어디 그런 약은 없을까?

아니, 그보다 더 좋은 약이 있다. 입시만이 아니라 모든 문제를 해결해주는 약. 그건 바로 투명인간으로 만들어주는 약이다. 원래 진짜 좋은 약은 먹어도 되고, 발라도 되고, 주사로 맞아도 되고, 점막을 통해 흡수해도 된다고 한다. 먹거나, 바르거나, 주사로 맞거나, 점막을 통해 흡수하면 몸이 투명해지는 묘약은 언제쯤이나 발명될까? 22세기의 어느 날에 다음과 같은 뉴스가 보도된다면?

지난주 스웨덴의 세계적 생화학자인 구스타프손 박사는 수십 년간의 연구 끝에 드디어 투명인간이 되는 약을 발명했습니다. 오래전부터 전 세계에 호언장담했던 약속을 실현한 것입니다. 20세기를 진화론이, 21세기를 유전학이 지배했다면 22세기는 생화학의 시대를 맞았습니다. 이제 굳이 유전적 처리를 하지 않고도 한 세대 내에서 생체를 변화시킬 수 있는 시대가 개막되었습니다.

누구나 혼자 있고 싶을 때가 있다. 학교에 가고 싶지 않을 때, 세상에서 벗어나고 싶을 때, 소설 〈토지〉에 나오는 강청댁의 말마따나 "이놈의 살림살이 탕탕 뽀사버리고, 그만 머리 깎고 절에나 가야지!" 하는 마음이 들 때가 있다. 이럴 때 투명인간이 되는 약이 있다면 얼마나 좋을까? 어두운 방구석에 숨어 있지 않아도 나를 볼 수 있는 사람은 아무도 없다.

소극적인 도피보다 더 적극적이고 세속적인 용도도 있다. 마음에 들지 않았던 친구를 놀래줄 수도 있다. 양심에 크게 거리끼지 않는 범위에서 가벼운 '범죄'를 저질러볼 수도 있다. 음식점에서 맛있는 음식을 마음껏 먹은 뒤 손님들의 신발을 마구 뒤섞어놓고 태연히 음식점에서 걸어 나오는 거다. 그뿐이랴? 슈퍼마켓에서 잔돈을 가져다 인형 뽑기를 한다든가, 평소에 주차 문제로 늘 아빠와 다투던 이웃집 아저씨의 차를 못으로 긁어놓는다든가. 은행에서 돈을 가져다 가난한 사람들에게 나눠주는 현대판 의적 흉내도 낼 수 있을지 모른다. 도시 뒷골목마다 설치된 CCTV도 아무 소용이 없다.

여기에 또 하나의 발명품이 더해진다면 그야말로 금상첨화다. 다시 22세기의 뉴스다.

> 시간을 일시적으로 정지시킬 수 있는 방법이 개발되었습니다. 인도 뉴델리 대학의 연구팀은 실험실 내부에서 광속에 맞먹는 효과를 체험할 수 있는 환경을 만드는 데 성공했습니다. 이 실험실 안에서는 실험자가 광속 로켓에 탄 것과 똑같은 경험을 할 수 있습니다. 광속으로 달린다면 시간이 정지되므로 실험자 이외의 모든 사물은 정지 상태로 남게 됩니다. 장차 이 환경을 하나의 장치로 소형화할 수 있는 기술이 개발되면 개인적으로 시간을 잠시 정지시킬 수 있게 될 것입니다.

나 이외의 모든 것을 정지시킬 수 있다! 그렇다면 세상을 가지고 놀 수 있을 것이다. 동영상 플레이어를 정지시키는 것처럼 클릭 한 번으로 간단히 세계의 진행을 마음대로 조정할 수 있게 된다. 특히 정신없이 돌아가는 긴박한 상황에서 아주 유용하다. 영화 〈매트릭스〉에서처럼 총알을 피하는 것은 물론이고, 내가 참가하는 반 대항 피구 시합은 백전백승이다. 피구 시합에서 판정 시비가 날 때면 늘 자기 팀에게 유리한 쪽으로 우겨대고 아이들을 못 살게 구는 학교 짱의 왼쪽 뺨은 성할 날이 없을 거다. 일진들은 다 내 밥이다!

투명인간이 되는 약과 시간정지장치, 꿈의 발명품이다. 대학 입시 따위는 준비하지 않아도 된다. 같은 고사실에서 가장 성적이 좋은 아이가 누군지만 알면 그걸로 시험은 끝이다. 아니, 전국에서 가장 공부 잘하는 아이가 어디서 시험을 보는지만 알면 만점까지는 못 받더라도 '최소한' 수능 전국 랭킹 공동 1위는 보장된다. 시험 시간이 끝날 무렵 시간을 정지시켜 놓고 투명인간이 되어 그 아이의 고사실로 가서 답안지를 베껴오면 되니까. 하긴, 그런 엄청난 무기가 있는데 대학은 가서 뭐 하겠는가? 온 세상의 주인이 될 수 있는데 대학 입시 따윌 걱정하는 게 우습다.

사람들이 상상 속에서 얼마나 원했으면 투명인간이나 시간 정지 같은 주제를 다룬 영화가 그리도 많을까? 그런데 곰곰이 생각해보니 부작용도 있다. 나만 투명해진다면 모를까, 투명해지는 약이 널리 보급되어 모든 사람이 투명해진다면 무슨 소용일까? 서로가 서로를 볼 수 없는 탓에 곳곳에서 충돌 사고가 잇따를 것이다. 남들이 나를 보지 못하니 내가 달려오는 자동차를 미처 발견하지 못하면 교통사고가 날 수도 있다. 응큼한 우리 반 남자아이들은 여자 목욕탕이나 화장실에 몰래 들어가려다가 느닷없이 문이 닫히는 바람에 손을 찧고 말 거다. 그래도 남의 눈에 보이지 않으니까 덜 창피하겠지만.

시간정지장치도 마찬가지다. 너도 나도 시간을 마구 정지해버리면 수많은 시계, 아니 세계가 생겨나게 된다. 마치 그리다 만 그림처럼 특정한 상황에서 정지된 세계들이 스틸사진처럼 우주 공간을 떠돌 것이다. 또한 아주 다급한 상황에서는 스톱머신을 작동시킨다 해도 문제 자체가 연기될 뿐 근본적으로 해소되지는 않는다. 예를 들어 자동차가 내 몸을 덮치기 불과 0.1초 전에 간신히 시간을 정지시킨다면 시간이 멈춘 뒤에도 어떻게 해볼 수 있는 수단이 없다. 시간 정지가 해제되는 즉시 나는 사고를 당하고 말 테니까.

물론 둘 다 영화에서나 볼 수 있을 뿐 과학적으로 가능한 발명은 아니다. 그 점은 대학원에 다니는 막내삼촌이 설명해주었다. 삼촌은 전공인 물리학만이 아니라 과학의 여러 분야에 두루 해박하지만, 자신이 아는 것 이상으로 아는 척을 많이 한다는 게 문제다. 어쨌든 삼촌은 적어도 현재의 과학으로는 그런 발명이 불가능하다는 점을 나도 이해할 수 있도록 설명해주었다.

우선 투명인간의 경우, 삼촌은 우리 눈에 보이지 않는 공간에도 물질이 가득 차 있다는 점을 상기시킨다. 삼촌은 완벽한 진공이란 존재하지 않는다고 말한다. 가장 진공에 가까운 우주 공간에도 1세제곱센티미터당 수소 원자 하나꼴로 물질이 있다는 거다. 투명인간이 성립하려면 빛이 신체를 통과해야 하는데, 신체는 진공에 비하면 엄청난 밀도의 물체이므로 불가능하다. 삼촌은 백 번 양보해서 혹시 미래에 몸을 투명하게 해주는 '옷'은 발명될 수 있을지 몰라도 신체 자체를 투명하게 만드는 방법은 아무리 과학기술이 발달해도 안 된다고 말한다. 즉 지금의 과학으로만이 아니라 원리적으로 불가능하다는 거다. 게다가 결정적인 문제섬도 있다. 신체가 투명해질 경우 눈의 수정체마저도 투명해지므로 투명인간 자신도 다른 사물을 볼 수 없게 된다.

 삼촌은 시간정지장치 역시 피실험자를 물리적 한계인 광속으로 운동하게 할 수 없기 때문에 원리상으로 불가능하다고 말한다. 물질을 이온화해서 빛의 속도로 움직이게 하는 것을 상상해볼 수는 있지만, 이온화하기 쉬운 물질, 그것도 아주 소량이라면 몰라도 인간의 신체를 멀쩡한 상태로 이온화할 방법은 없다. 원래 분해하기는 쉬워도 조립하기는 어려운 법이다. 그러고서 삼촌은 '엔트로피 증가의 법칙!'이라고 말하는데, 그건 설명을 들어도 무슨 뜻인지 모르겠다.
 그런데 삼촌의 설명을 들으면서 내 머릿속에는 그렇게 과학적으로 따지지 않아도 그 상상 속의 발명들이 불가능할 거라는 확신이 들었다. 내 나름대로는 철학적 설명이라고 여겨지는데, 과학도인 삼촌은 외려 내 설명을 잘 이해하지 못했다. 평소에도 과학으로 날 놀리던 괘씸한 삼촌, 이제 동점이다! 까먹기 전에 내 설명을 노트에 옮겨놓기로 하자.

 투명인간과 시간정지장치가 가능하려면 무엇보다 경계의 문제를 해결해야 한다. 도대체 투명하다는 건 어디까지냐는 문제다. 만약 내가 투명인간이라면 내 몸의 어디까지 투명한 걸까? 손, 발, 머리는 신체의 일부가 확실하니까 당연히 다 투명할 것이다. 그러나 머리카락이라면 어떨까? 내 머리에 붙어 있는 동안이라면 투명하겠지만 그렇지 않을 경우에는 어떻게 되는 걸까? 가위로 잘라낸 내 머리카락은 투명할까?
 또 있다. 내 몸속엔 피가 흐르고 있다. 소화액, 이자액, 각종 체액도 있다. 이것도 투명할까? 길바닥에 침을 뱉으면 그게 영원히 남의 눈에 보이지 않을까? 그건 좀 웃기지 않을까? 영화에서는 투명인간이 몸에 상처가 나서 피가 나오는 바람에 남의 눈에 발각되는데, 그게 과연 가능한 일일까? 몸속에 있을 땐 투명하다가 밖으로 나오면 보이지 않는다는 건 말도 안 된다. 머리카락, 침, 피, 이런 건 내 몸속에 있을 땐 나의 일부였다가 몸 바깥에 나오면 그냥 사물이 된다. 하지만 구성 요소가 똑같은데, 몸속에선 투명했다가 바깥에선 불투명해질 수는 없다.

시간정지장치의 경우에도 똑같은 경계의 문제가 생긴다. 나 이외에 다른 모든 사람과 사물이 정지된 상태를 가정하려면, 시간정지장치가 작동한 뒤에도 나는 움직일 수 있어야 하니까 나의 경계는 대체 어디까지인지 확정해야 한다. 나를 둘러싼 공기까지 정지해 있을까? 내가 입은 옷은?

완전히 정지되어 있다는 것은 곧 운동이 불가능하다는 뜻이다. 비록 나는 정지되어 있지 않다 하더라도 나를 제외한 세계 전체가 정지된 상태라면, 나는 전혀 움직일 수 없을 것이다. 삼촌 말대로 완벽한 진공이 아니라면 내 주변에는 뭔가 물질이 항상 둘러싸고 있다. 내가 조금이라도 움직이기 위해서는 내 앞에 일정한 밀도로 퍼져 있는 공기층을 뚫어야 하고 발밑의 작은 모래알을 밀어내야만 한다. 하지만 공기도, 모래알도 시간정지장치 때문에 꼼짝하지 않을 것이므로 나의 운동은 불가능하다. 아마 나는 숨조차 쉬지 못할 것이다.

운동의 개념에는 시간이 전제되어 있기 때문에 시간이 정지되면 운동도 정지된다(시간이 없으면 공간도 없다). 운동에 필수적으로 부수되는 속도는 정해진 시간 동안 간 거리로 표시된다($v=m/s$). 우리가 사는 3차원의 세계에서는 시간과 공간이 분리되지 않는다. 시간정지장치는 곧 공간정지장치가 되어버린다.

결국 투명해지는 약과 시간정지장치는 말짱 도루묵이다. 온몸이 투명해겨도 평소에 해보고 싶었던 짓을 하지 못하고, 나 이외에 모든 사람이 눈먼 맹인처럼 서 있다고 한들 미운 놈 뺨 한 번 때려줄 수 없다. 오히려 내가 투명해지면 세계도 투명해지고, 세계가 정지되면 나도 정지된다. 알라딘의 요술램프에 나온 요정 지니는 궁전을 통째로 옮겨다주지만 알고 보면 그 이야기도 엉터리다. 어디까지가 궁전인지를 지시하고 한정하는 과정이 선행되어야 할 테니까.

투명인간과 시간정지장치가 제 기능을 하기 위해서는 '나'를 개체로서 명확히 정의할 수 있어야 한다. 그냥 "이 약을 먹으면 내가 투명해진다."라든가, "시간정지장치를 작동시키면 나 이외의 모든 세계가 정지된다."라는 규정만으로는 부족하다. 어디까지를 '나라는 개체'로 인식할 수 있는지를 칼로 자르듯 명확하게 제한해야 한다. 투명해지는 약이나 시간을 정지시키는 장치는 인식의 기능이 없기 때문에 처음부터 지시가 정확해야만 제 기능을 발휘하게 된다.

그렇다면 개체로서의 나는 어디까지일까? 평소에 나는 외부 세계와 구분된 것처럼 여기며 살아가지만 실은 세계와 뗄 수 없이 연관되어 있다. 나와 세계는 마치 눈에 보이지 않을 만큼 가늘지만 몹시 질긴 끈으로 이어져 있는 듯하다. 결국 나는 독립된 개체이면서도 세계의 한 부분으로 속해 있다는 이야기다.

그런 상상을 계기로 나는 '나'라는 개체를 다시 생각해보게 되었다. 생물학적으로 나는 개체일까, 아니면 하나의 집합체일까? 개체라면 나라는 개체는 하나의 단일한 생명체일까? 내 피부에 빌붙어 사는 미세한 벌레, 배 속에 우글거리는 대장균, 혹시 있을지 모르는 기생충 등 내 의지와 무

관하게 나와 뗄 수 없는 관계에 있는 수많은 개체는 어떻게 봐야 할까?

내 의지에 종속되는 실체를 나라고 가정해보자. 머리, 눈, 코, 팔, 다리는 분명히 내 의지대로 움직인다. 손은 내가 원하는 글씨를 쓰고 발은 내가 지시하는 대로 정확히 움직인다. 그러나 내 심장은 내가 명하기 전에 이미 뛰고 있고, 내 위장은 음식물이 들어가면 자동으로 소화작용을 한다. 핏속의 적혈구는 내가 시키지 않아도 부지런히 산소를 운반하고 백혈구는 내가 하지 말라고 해도 세균이 몸속에 침투하면 처치해버린다. '나'에게는 '내'가 마음대로 할 수 없는 게 너무 많다. 어쩌면 나는 단일한 생명체가 아니라 온갖 생물들이 모여 사는 동물원 같은 존재로 정의해야 할지도 모른다.

베르베르는 〈개미〉라는 소설에서 개미의 개체들을 독립적인 생명의 단위로 보지 않고 개미집 전체를 하나의 생명체로 규정했다. 공동체를 이루어 사는 개미들은 저마다 역할이 분담되어 있다. 집을 지키는 개미는 적이 쳐들어오면 뒷걸음질쳐 자기 머리로 입구를 막아버린다. 적들이 그 머리를 깨부수고 들어올 때까지 시간을 버는 것이다. 그 문지기 개미는 과연 죽음을 의식하고 두려움을 느낄까? "손톱을 깎을 때 우리의 손톱이 두려워할까? 면도를 할 때 우리의 수염이 다가오는 면도기를 보고 전율할까?"

그 개미는 개체가 아니기 때문에 죽음과 두려움을 의식하지 못한다(적어도 인간의 '추측'에 따르면 그렇다). 집을 방어하는 개미는 자신을 버리고 집단을 살리는 거룩한 희생을 한 게 아니라 생명의 '부분 단위'에 유전적으로 각인된 활동을 한 것뿐이다. 새끼를 살리기 위해 제 몸을 던지는 어미의 행위를 모성애와 희생으로 여기는 건 동물의 왕국에 대한 지극히 인간적인 해석일 따름이다.

따지고 보면 나는 신체의 측면만이 아니라 사회적으로나 정신적인 측면에서도 완전히 독립적인 개체가 아니다. 우선 내가 원해서 이 세상에 태어난 게 아니고, 로빈슨 크루소와 같은 처지가 아니라면 나 혼자서 세상을 살아가는 것도 아니다. 일상생활 속에서 나는 무수한 인간관계를 맺고 살아가며, 무수한 역할을 부여받는다. 나는 대한민국의 국민이고, 청주 한씨 가문의 자손이며, 여자 고등학생이고, 지긋지긋한 문지환이라는 놈의 짝이다. 그중 어느 관계도, 어느 역할도 내가 스스로 선택한 것은 없다. 철학에서는 이런 걸 피투성(被投性), 즉 던져진 존재라고 한다던가?

정신적 측면에서도 마찬가지다. 나는 내 머릿속에 든 생각을 내 것이라고 믿지만 엄밀히 따져보면 완전하게 내 것이라고 할 만한 것은 없다. 청보라색을 좋아하지만 그건 언니가 즐겨 입는 옷 색깔의 영향을 받은 결과다. 중학교 때 엄마를 졸라 강아지를 사서 지금까지 키우지만 엄밀히 말하면 그건 내 자유의지에 따른 결정이라기보다 그때 동물이 나오는 TV 프로그램을 보고 자극을 받은 탓이다. 대학을 가야겠다고 생각하지만 그건 부모님의 교육과 나의 미래에 대한 우려 때문이다. 세상 어디에도, 내 안과 밖에도 완벽한 내 것은 없다. 투명인간이 되는 약과 시간정지장치의 발명은 그냥 상상에만 맡겨둘 수밖에 없겠다.

주체와 세계와 인식

나와 내가 아닌 것, 즉 아(我)와 비아(非我)의 구분은 철학만이 아니라 일상적으로도 늘 맞닥뜨리는 문제다. 그 가름 자체는 무척 쉽다. 나는 나고 내가 아닌 나머지는 모두 세계라고 보면 된다. 물론 나조차도 세계의 일부분이지만, 적어도 나에게는 내가 세계를 마주하는 유일한 존재라는 의미에서 '나와 세계'라는 이분법적 사고가 가능하다.

철학에서 나는 주체(주관)이고 세계는 객체(객관, 대상)다. 이 기초적인 구분에서 철학사의 전체를 아우르는 세 가지 구분이 나온다. 주체를 탐구하는 주체철학(북한의 지배 이데올로기인 주체사상과는 전혀 무관), 세계를 탐구하는 자연철학, 그리고 주체와 세계를 잇는 인식론이다.

이런 구도로 보면 철학의 시작은 주체철학이었을 것으로 생각되지만 실은 그렇지 않다. 인간은 자신에게 가장 익숙한 자신을 철학적 사유의 주제로 삼지 않고, 자신을 둘러싼 환경, 세계에 처음으로 철학적 시선을 던졌다. 왜 그랬을까? 어린아이의 인식이 성장하는 과정을 생각하면 알기 쉽다. 아이는 일단 자기 자신을 바라보기에 앞서 주변 세계로 눈길을 돌리게 마련이다. 철학의 초창기 '어린' 철학자들도 자신을 성찰하기에 앞서 주변 세계, 즉 자연에 관심을 품었다. 그래서 고대 그리스의 철학을 자연철학이라고 부른다.

이때는 학문의 구분이 거의 없었으므로 철학은 곧 학문 일반과 동의어였다. 정치학으로 분류되어야 할 플라톤의 국가론이나 자연과학에 속하는 아리스토텔레스의 박물학(피지카)을 모두 철학에 포함시키는 것은 그 때문이다.

자연에 관한 여러 가지 견해가 형성되고 앎이 어느 정도 축적되자 인간은 서서히 자기 자신, 즉 주체에 관심을 돌리기 시작했다. 그러나 주체가 철학의 주요 테마로 떠오르기 전에 자연과 주체를 합쳐 바라보는 단계를 거쳐야 했는데 — 주체는 자연의 일부분이므로 — 그것이 중세에 발달한 신학이다. 신학의 초기에 교회는 자연과 주체가 둘 다 신의 피조물이라고 가르쳤으나 후기에 접어들면서 점차 주체가 지닌 이성이 부각되었다. 중세 신학의 대표적인 쟁점인 이성과 신앙의 문제는 여기서 나왔다.

중세가 지나고 근대에 접어들어 신학에서 철학이 갈라져 나오면서 비로소 주체철학의 단계로 들어선다. 데카르트의 "나는 생각한다, 그러므로 나는 존재한다."라는 유명한 명제가 바로 주체철학의 출발을 알리는 신호탄이다.

주체의 문제가 대두되면 곧바로 주체와 세계의 관계, 즉 주체가 세계를 어떻게 인식하는가 혹은 주체의 세계 인식이 참인가, 거짓인가 하는 문제로 이어질 수밖에 없다. 이것이 곧 인식론이다. 인식론의 쟁점은 19세기 말까지 다양한 형태로 제기되었고, 그 성과를 이어받아 20세기부터 현재까지 현대 철학에 이르러서는 '주체-인식-세계'의 3대 철학적 주제가 뭉뚱그려져 활발히 논의되고 있다. 또한 인식의 도구로서 언어를 주제로 삼은 철학도 있다.

특이한 것은 존재론이다. 20세기 독일의 철학자 마르틴 하이데거는 에드문트 후설의 현상학을 모태로 삼고 독특한 존재론을 전개했다. 그는 자연철학과 주체철학을 아우르는 범주를 인식론이 아니라 존재론으로 설정한다. 우선 그는 인간에게서 생물학적 개체의 이미지를 떼어내기 위해 인간이라는 말 대신 다자인(Dasein)이라는 용어를 사용한다. 다자인을 굳이 번역하자면 '거기(da)-있음(sein)'이라는 뜻이다.

인간존재는 주체와 세계가 분리되기 전에 이미 있는 존재, 세계 속에 처한 존재다. 이런 의미에서 하이데거는 다자인의 속성을 '세계-내-존재(In-der-welt-sein)'라고 말한다. 그러나 인간은 사물처럼 세계 속에 처해 있는 것만이 아니다. 인간은 세계 속에 처해 있으면서도 세계를 마주하고 있으며, 세계의 일부분이면서도 세계에서 벗어나 있는 유일한 존재다. 그러므로 인간은 주체인 것만도 아니고 대상인 것만도 아니다.

근대 철학에서는 주체인 인간이 대상인 세계를 인식하는 과정을 당연한 것으로 여겼다. 그렇기 때문에 주체와 대상과 인식을 각각 독립적인 철학적 범주로서 고찰하고자 했다. 하지만 후설의 현상학은 주체와 대상이 분리되기 전의 원초적이고 근원적인 인식(후설은 실증적 경험 이전의 인식이라는 뜻에서 '선험적' 의식이라고 말한다)을 중시했고, 하이데거의 존재론은 거기서 더 나아가 주체와 대상이 구분할 수 없이 어우러진 상태를 강조했다. 존재론의 관점을 취하면 주체-인식-세계의 전통 철학적 구도는 완전히 붕괴된다. 그런 의미에서 하이데거의 존재론은 현대 철학의 신호탄이다.

여기서 한 걸음 더 나아가면 주체 자체가 붕괴되는 단계로 접어든다. 구조주의 철학에서는 주체를 근대적 형이상학의 잔재로 본다. 데카르트가 애써 정립한 '생각하는 나', 사유하는 주체는 처음부터 존재하지 않는 것이었다. 주체가 먼저 있고 나서 인식 작용을 수행한다는 발상은 편의주의적이고 전도된 사고였다. 물론 주체가 물리적 실재를 가지지 않는다는 뜻이 아니라 사유와 인식의 출발점이 될 수 없다는 의미다.

우선 주체는 단일하지 않다. 전통 철학에 따르면 주체는 마치 두뇌가 신체를 움직이듯, 운전자가 자동차를 몰듯 사유와 인식의 기능을 조정한다고 보았다. 두뇌와 운전자가 한 사람이듯이 주체는 하나뿐이라고 여겼다. 그러나 19세기에 무의식이 발견되자 주체의 단일함은 무너져버렸다. 게다가 프로이트는 의식(주체)이 빙산의 일각이라면 무의식은 수면 아래 잠긴 빙산 자체라면서 의식의 비중을 크게 낮추었다.

무의식의 개념은 현대의 산물이지만, 의식의 단일함과 동일성은 이미 그 이전부터 경험론의 집중 포화를 맞았다. 주체-인식-세계의 구도에서 인식 과정을 해명하려 애쓴 영국 경험론자들은 주체와 세계의 동일성을 경험적으로 확증할 수 없다는 결론에 이르렀다. 데이비드 흄은 "어젯밤 책상 위에 놓아둔 연필이 오늘 아침 책상 위에 놓인 바로 그 연필이라고 절대적으로 단정할 수는 없다."라는 극단적 회의론으로 인식 자체의 불가능성을 주장했다. 인식이 자명하지 않다면 인식의 양 끝에 위치한 주체와 세계의 동일성도 흔들릴 수밖에 없다.

이런 철학적 파국을 해소하기 위해 임마누엘 칸트는 주체 내부에 인식을 가능케 하는 기본 형식이 내장되어 있다고 보는 관점의 전환을 시도했다. 그 자신은 그것을 '코페르니쿠스적 전환'이라고 부르며 자화자찬했으나('인식'에 관한 장 참조), 그 절충적 해법은 결국 주체가 과거처럼 단순하고 자명한 실체가 아니라는 점을 실토하는 결과를 빚었다. 이제 주체는 불변의 단일한 실체가 아님이 분명해졌다.

이런 입장이 후설의 현상학과 하이데거의 존재론으로 이어지면서 주체의 위상은 더욱 추락했다. 주체는 단일하지도 않고, 불변도 아니며, 심지어 실체도 아니다! 급기야 구조주의에서는 그동안 주체의 고유한 특성으로 간주되었던 이성과 자유의지마저 의심하기에 이르렀다.

전통 철학에서 인간은 늘 이성과 동일시되었고, 감정의 측면은 비합리적 요소로 치부되어 배제되었다(reason이 아닌 것은 모두 unreasonable하다!). 그러나 19세기 초 낭만주의 시대를 거치면서 열정과 욕망 같은 감정의 요소들이 인간의 삶은 물론 인식 과정에까지 깊이 개재된다는 점이 부각되었다. 게다가 그동안 이성을 바탕으로 비약적인 발전을 보였던 자연과학에서조차 이성의 아성이 흔들리기 시작했다. 순수하게 객관적인 관찰이란 불가능하고 모든 관찰은 이론이 개입된 관찰일 수밖에 없다. 관찰을 통해 새롭고 객관적인 앎을 찾아낼 수 있다는 자연과학적·실증주의적 환상은 깨졌다. 과학자는 누구나 자신이 관찰하고자 하는 것을 관찰할 따름이다.

이성이 자유의지를 가지고 있다는 것도 그다지 확고한 기반을 지닌 믿음은 아니다. 중세의 신에게서 해방된 이래 근대 이성은 늘 자유로운 사유 활동을 한다고 가정되었으나, 모든 사유는 무에서 출발하는 게 아니라 언제나 주어진 틀 내에서 이루어질 수밖에 없다. 구조주의자들은 그 틀을 '구조'라고 보았다. 구조는 무의식의 차원에 있으므로 경험되지 않는다. 구조는 인간의 개별적 의식과 무관하게 '언제나/이미' 존재하는 것이므로 인간은 구조를 탈피하지 못한다. 자신의 이름을 자신이 지을 수 있는 사람은 없듯이 인간은 날 때부터 자신에게 씌워진 굴레에서 벗어날 수 없다.

하지만 구조를 제약으로만 파악하는 것은 잘못이다. 구조는 한편으로 경험을 제한하면서 다른 한편으로는 경험을 가능하게 한다. 누구나 자기 이름을 짓지 못하지만 이름이 없으면 역할을 부여받지 못하는 것과 마찬가지다. 이렇게 보면 구조는 인간을 속박하는 것만이 아니라 인간을 자유롭게 만들어주기도 하는 셈이다. 구조는 인간의 경험을 위한 배경이 되며, 무의식은 의식 활동이 전개되기 위한 바탕이 된다. 이런 방식으로 주체와 세계의 간극을 메우려는 철학적 시도는 지금도 진행 중이다.

매체
지식과 권력의 스펙트럼

저자 A 씨의 경우

출간이 막바지에 이르면 나는 정신없이 바빠진다. 교정을 보고, 사진 도판의 상태를 확인하고, 삽화 중에서 잘못된 게 있나 점검하고, 소제목들을 다듬어야 한다. 저자의 손을 요구하는 일이 무척 많다. 게다가 내용을 다시 손보기로 한 장을 아직 마무리하지 못했고, 참고 문헌도 작성해야 한다. 무엇보다 성가신 작업은 찾아보기를 만드는 일이다. 찾아보기는 최종 교정지가 나오고 페이지 넘버가 확정되어야 하기 때문에 미리 해놓을 수도 없다. 막판에 가서 밤을 새기 일쑤다.

"도대체 출판사 편집자는 뭘 하는 거야? 저자가 이렇게 허드렛일을 다 해주니 거저먹는 거 아냐?"

결국 부아를 터뜨리고 만다. 편집자가 재교지를 낙서장처럼 어질러놓지만 않았어도 일이 한결 수월했을 것이다. 교열을 보려면 원고 상태나 초교 단계에서 할 일이지 이제 와서 할 게 뭐야? 편집자는 교정지 곳곳에 물음표를 써넣고 고치지 않아도 될 구절을 고쳤을 뿐 아니라 때로는 문장을 잘못 고쳐 쓸데없이 손이 가게 만들어놓았다.

"'잘 알려진 인물'을 '유명한 인물'로 고쳐서 뭐가 어떻게 달라진다는 거야? 샤를은 프랑스 왕인데 독일 왕처럼 카를로 둔갑시켜놓질 않나. 왜, 아예 카를로스라고 하지 그래?"

푸념이라는 걸 알면서도 나는 그 출판사를 소개해준 친구에게 속에 담은 불만을 털어놓는다. 내가 출간을 준비하고 있는 책은 대중 역사서다. 우연처럼 보이는 요소가 실은 필연적인 요소로 작용해 역사의 물줄기를 바꾼 계기가 된 사건들을 소개하는 책이다. 통사로 역사를 공부할 여유가 없는 독자들을 위해 역사의 강물을 징검다리로 건너게 해준다는 게 이 책의 기획 의도다.

"출판사 편집자들이 다 그렇지 뭐. 실력은 없는데 자존심만 내세우고. 책 만드는 일이나 과자 만드는 일이나 다를 게 뭐가 있다고 어깨에 힘을 팍팍 주는지……. 다른 데선 설설 기면서 저자, 역자 앞에서나 큰소리 치고 말이야."

친구도 출판 번역 일을 하기에 출판사의 분위기에 익숙하다.

"출판사가 뭐 하는 곳이야? 원고를 책으로 발간해서 수익을 맞추는 회사잖아? 그렇다면 원고 생산자인 저·역자를 우대해야 하는 거 아냐?"

"말은 옳지만 현실은 안 그러네요. 우린 문화인이라는 자부심을 가지고 있지만 경제구조상으로 보면 출판사의 하청 업자야. 출판사가 책을 발간하기 위해 저·역자와 계약해서 원고를 주문하는 거지. 말하자면 우린 비정규직보다도 못한 처지인 셈이지."

"출판사가 책을 내는 곳이라면 책에 관해 소상히 아는 게 먼저지. 책을 가장 잘 아는 사람은 바로 저·역자잖아."

"이봐, 출판사에서 책은 빙과회사의 빙과와 같아. 그저 제품일 뿐이야. 누가 제품을 구상했는지는 중요하지 않아. 그저 경쟁사의 빙과 제품을 누르고 많이 팔리는 게 장땡이라고."

"그 점에선 저·역자와 이해관계가 같잖아. 책이 많이 팔려야 하는 건 사실이지."

"차이가 있어. 출판사에선 한 명의 저·역자와 관계하는 게 아니라는 거야. 규모가 제법 되는 출판사는 보통 한 달에 단행본을 대여섯 권씩 내는데 그 많은 저·역자를 어떻게 일일이 대우해주나? 편집자 한 명이 여러 권의 책을 진행하는데 어떻게 골고루 정성을 쏟겠어? 저·역자는 자신의 책이 팔리는 게 중요하지만 출판사는 그 책만이 아니라 자기네가 발간하는 모든 책이 팔리는 게 중요하지. 그 차이는 아주 커."

"하지만 적어도 각각의 책에 관해서는 저·역자나 출판사나 관심도 같고 이해관계가 같겠지."

"물론 그렇지."

"그리고 그 책에 관해서는 저·역자가 출판사보다 더 잘 아는 것도 사실이지."

"그래."

"그렇다면 그 책에 관해서는 출판사보다 저·역자가 더 큰 발언권을 가지겠지."

"그래서?"

"그런데 편집자가 제멋대로 원고를 뜯어고치는 건 뭐야?"

"그래야 책이 더 잘 팔린다고 생각하는 거겠지. 편집자는 자기가 독자를 대변한다고 생각한다고."

"생각이 아니라 착각이겠지."

"그래도 넌 저자라서 나은 편이야. 책을 쓰는 게 아니라 번역하는 내 경우는 더 심해. 심지어 내가 원래 쓴 문장이 50퍼센트도 안 되는 상태로 책이 나올 때도 있어."

"책에 관해서 가장 잘 아는 저·역자가 책의 운명을 결정하는 권한에서는 가장 미약하다니 영 씁쓸하군."

편집자 B 씨의 경우

요즘 나는 심기가 몹시 불편하다. 사장에게서는 출간 날짜를 못 맞춘다고 성화를 들었는가 하면 편집장에게서는 원고의 내용이 미진하다고 꾸지람을 들었다. 출판사에서 이번 달에 미는 책인 만큼 심정은 이해하지만 원래 신속과 정확은 배리되는 덕목이 아닌가? 빠르게 진행하면 부족하게 마련이고 내용을 실하게 가져가려면 늦어지게 마련이다.

게다가 저자의 태도도 영 못마땅하다. 최종 교정을 보고, 도판을 확인하고, 찾아보기를 작성하는 것은 저자가 당연히 해야 할 일인데 저자는 불만스러운 기색이 역력하다. 애초에 이렇게 실력 없는 저자에게는 원고를 맡기지 말았어야 했다. 역사의 우연에서 필연성을 찾는다는 기획 의도 자체는 좋았지만 만들기 쉬운 책은 결코 아니다. 외국에서는 대가나 석학이 대중서를 쓴다지 않는가? 스티븐 호킹쯤 되니까 《시간의 역사》라는 과학 대중서를 쓰는 거지, 대중서라고 해서 개나 소나 다 쓸 수 있는 건 아니다.

빈 수레가 요란하다고 이 책의 저자는 지나치게 까다롭다. 단어 하나 바꾼 것까지 꼼꼼히 찾아내 원래대로 돌려놓으니 쓸데없이 중복 작업을 하는 기분이다. 대체 편집자가 하는 일이 뭔가? 저자의 문장 가운데 비문이나 오류를 바로잡고 글의 취지를 제대로 살려주는 역할이 아닌가? 책의 내용에 관해서는 저자의 지식이 더 풍부하겠지만 구성이나 문장에 관해서는 편집자의 견해가 더 중요하다. 무엇보다 편집자는 독자를 대변하는 입장이다. 1차 독자인 편집자가 이해할 수 없다면 대다수 독자들도 이해하지 못한다는 이야기다.

출판이란 중요한 책을 내는 게 아니라 팔릴 만한 책을 내는 일이다. 예전에는 책에 담긴 지식이나 정보가 중요했지만 지금은 신문, TV, 인터넷, SNS 등 다른 매체를 통해 얼마든지 지식과 정보를 얻을 수 있다. 설령 지식과 정보가 무척 중요하다고 해도 읽을 사람이 극소수라면 굳이 책으로 출판하고 판매할 이유가 없다. PC로도 탁상출판을 할 수 있고 제본도 가능하므로 몇 부를 인쇄해 필요한 사람에게 전하면 된다. 심지어 길지 않은 내용이면 트위터 같은 SNS를 활용하면 된다. 오히려 내용이 괜찮으면 책으로 내는 것보다 무수한 리트윗을 통해 엄청나게 확산될 거다.

저자도 자기 책을 많이 팔기 위해 출판사를 통해 책을 내는 거니까 쓸데없이 고집을 부릴 게 아니라 출판사의 의견에 적극적으로 따를 필요가 있다. 그런데 참고 문헌을 수록했으면 좋겠다는 말에 그렇게 귀찮아할 건 또 뭔가? 참고 문헌은 특별히 관심을 가진 사람이 아니라면 거의 보지 않는 부분이지만 그냥 있다는 것만으로도 책의 권위를 세워주는 기능을 하는데. 그게 성가시다고 피하는 저자는 책의 기본도 모르는 사람이다.

생각해보면 편집만큼 무명한 일도 없다. 편집자는 어디서도 빛이 나지 않는다. 영화로 말하면 제작자는 사장이고, 감독은 편집장이며, 배우와 시나리오 작가는 저자다. 편집자의 이름은 엔딩 크레딧에 조그맣게 나오는 소품 담당자 급에 불과하다. 더구나 불합리한 것은 편집자가 잘하면 저자가 칭찬을 듣고 편집자가 잘못하면 편집자가 욕을 먹는다는 사실이다. 잘해도 잘한다는 빛이 나지 않고 못하면 못한다는 태가 나는 것, 그게 바로 빌어먹을 편집 일이다.

그동안 내가 경험한 바에 의하면 문장을 제대로 구사하지 못하는 저자는 원고의 내용도 보잘것없다. 그런데 편집 일선에서 뛰지 않는 사장이나 편집장은 그걸 잘 모른다. 사장은 늘 독촉이나 하고 편집장은 늘 저자의 비위만 맞추려 한다. 저자의 연배가 사장이나 편집장 급이니 내가 나서서 욕할 입장도 아니다. 나이 먹으면 고집만 는다더니, 하고 속으로 혀만 찰 뿐이다.

그래도 저자는 적당히 넘어갈 수 있다. 무엇보다 저자와 출판사는 책이 많이 팔려야 한다는 이해관계가 같기 때문에 기본적인 공감대가 있다. 참을 수 없는 건 신문사 출판 담당 기자다. 신간이 나오면 책을 신문사로 보내지만 출판 면에 기사 하나 따기가 하늘의 별따기만큼 어렵다. 서평 기사 하나 받으려면 출판 담당 기자에게 머리를 조아리고 허리를 굽실거려야 한다. 수많은 출판사가 매주 수많은 신간을 내는데 신문의 신간 안내면에는 기껏해야 몇 권밖에 소개되지 않는다.

기자들은 대개 속물근성이 있다. 유명한 저자가 쓴 책이나 대형 출판사에서 발간한 책이 아니면 거들떠보지도 않는다. 그렇다고 기자들이 책을 식별하는 안목을 가지고 있느냐 하면 그것도 아니다. 나 같은 하급 편집자는 기자를 만날 기회를 잡기도 어렵지만, 기자에게 이 책이 어떤 점에서 독특하고 독자들이 환영할 만한 책이라는 것을 말해준다 한들 소귀에 경읽기다.

　기자들은 책에 관해 잘 알지도 못하면서 책을 재단한다. 책을 다룬 기사의 내용도 대개는 출판사 측에서 보내준 보도자료에 의존하는 경우가 많다. 기사를 읽는 신문 독자들은 그 기사를 쓴 기자가 책에 관해 소상히 알고 있다고 생각하겠지? 어림없는 소리! 기자는 편집자만큼도 몰라. 매주 쏟아지는 모든 신간을 다 읽을 수는 없는 기자의 입장을 이해하면서도, 기자에게 지나친 권력이 몰려 있는 게 부당하다는 생각은 지울 수 없다.

기자 C 씨의 경우

월요일이면 출근이 두려울 정도다. 일간지 출판 담당 기자인 내 책상 위에는 매주 라면 박스 몇 개 분량의 책들이 쌓인다.

　'저 책들이 모두 각각 수천 부씩 발행되었을 테지. 저 많은 책을 사 보는 사람들이 대체 몇이나 될까?'

　이런 생각을 하면 가슴이 턱 막힌다. 그러면서도 나는 이제부터 그 책들 중에서 주말 서평란에 다룰 책들을 골라내려고 책장을 뒤적인다. 수십 대 1의 경쟁률이니 어지간한 대학 입시보다 어렵다. 책은 일반 상품과 달라서 대체재가 별로 없다. 이 과자가 싫으면 저 과자를 먹으면 되고 이 소주가 입에 맞지 않으면 저 소주를 마시면 되지만, 책은 각기 고유한 내용과 특징을 가지고 있으므로 이 책이 마음에 들지 않는다고 저 책을 대신 선택할 수 있는 게 아니다. 그것은 곧 내가 할 일이 엄청나다는 뜻이다.

　책도 새로 출시된 와인을 시음하듯 조금씩 홀짝거리며 감식할 수 있다면 얼마나 좋겠어? 출판 담당 기자가 겪는 고충이다. 최소한 30쪽은 읽어 봐야 책의 내용을 알 수 있다. 하지만 대충 읽으려 해도 30분은 걸리니 그렇게 수많은 신간을 읽으려면 일주일도 모자랄 판이다.

"이봐, 일단 보도자료부터 걸러내. 그다음에 주제와 목차를 보고 다시 골라봐."

출판팀장의 호령, 아니 요령이 뒷덜미를 친다.

나는 그 말대로 일차적으로 보도자료에서 걸러내고, 책들의 제목과 뒤표지에 실린 글, 목차 등을 보고 우선 책들의 3분의 1을 제쳐놓는다. 그다음에는 지난주에 다룬 책과 비슷한 주제거나 최근에 서평으로 다뤄준 출판사에서 발간한 신간들을 제외한다.

'무슨 염치로 또 기사를 써달라는 거야? 신문 기자가 출판사 홍보 직원인 줄 알아? 흠, 이 책은 진짜 비싼 쓰레기군. 3만 5천 원! 종이가 아깝다, 아까워.'

이리 빼고 저리 빼도 여전히 수십 권의 책들이 남는다. 최종적인 낙점은 출판팀장의 몫이다. 팀장과 나는 지루한 일에 재미를 부여하기 위해 매주 월드컵을 치른다. 월드컵 본선 진출국 수에 맞춰 32권을 최종적으로 가려낸다. 그걸 8개 조로 나누고 각 조에서 두 권씩 뽑는다. 그렇게 해서 가려진 16강이 기사에 실리는 거다. 때로는 그중에서 몇 권을 빼기도 하고 더하기도 하지만 그런대로 쓸 만한 16강이 추려진다. 여기서 다시 메인 기사를 타려면 4강까지 올라가야 한다. 조선시대 왕비 책봉보다 어려운 관문이다.

솔직히 출판사에서는 각 권마다 정성을 기울여 만든 책일 텐데, 하는 안타까움도 있다. 하지만 누가 이 자리를 맡아도 마찬가지다. 최대한 공정을 기하기 위해 가급적 출판사 측 인물들은 만나지 않으려 하지만 오래전부터 몇 차례나 만나자고 졸라대는 사람을 마냥 피할 수는 없다. 그래서 지난주에도 몇몇 출판사 사장들과 또 어느 출판사 편집자들을 만났다. 사장들은 출판계와 관련된 방담을 곁들여 점잖게 식사를 같이하는 정도로 끝낼 수 있지만 편집자들은 좀 골칫거리다.

안면이 있는 모 편집자는 자기네 사장에게서 단단히 다짐을 받은 탓인지 무척 끈질겼다. 이번 책을 메인으로 다뤄달라는 노골적인 부탁까지 했다. 역사 대중서인데 내가 보기에는 신통치 않다. 아무리 편견 없이 보려해도 정식 연구자도 아닌 저자가 인문학 분야의 책을 쓰면 별로 권위가 없어 보이는 게 사실이다. 게다가 역사를 재료로 삼아 이리저리 양념을 묻혀버무린 책은 나 개인적으로도 좋아하지 않는다. 조미료 범벅으로 만든 비빔냉면이랄까? 먹기에 좋을지는 몰라도 영양가는 빵점이다.

"내가 카레를 좋아하지 않는 이유를 아십니까? 카레는 왠지 알맹이가 없고 양념만으로 밥을 비벼 먹는 느낌이거든요."

이렇게 말했지만 편집자는 그 고도의 은유를 이해한 건지 못한 건지 계속 고집을 부린다. 자기네 신간이 주요 일간지의 메인을 타본 지가 꽤 되었다는 하소연이다. 예의상 힘을 써보겠노라고 건성으로 약속했다. 메인으로는 못 잡겠고 미들급으로는 다뤄줘야 할 듯하다.

출판사들이 출판팀장도 아닌 내게 접근하려 애쓰는 데는 다른 이유가 있다. 나는 공중파 TV의 책 프로그램에 매주 한 차례 출연한다. 패널 신분은 아니고 '이 주일의 신간'이라는 코너에서 10여 종의 신간들을 간략하게 소개하는 역할이다. 소개할 책을 선정하는 권한은 내 몫이 아니다. 프로그램의 PD가 외부 인물들로 구성한 일종의 선정 위원회가 결정한다. 출판사들도 그런 메커니즘을 알고 있지만 그래도 내가 뭔가 영향력을 행사해주지 않을까 하는 눈치다. 하긴, 내가 굳이 나서서 어느 책을 민다면

PD가 한 번쯤 안 들어줄까도 싶다. 그러나 장기적으로 TV에 얼굴을 들이밀려면 PD의 눈 밖에 나서는 안 된다. 나 역시 눈칫밥을 먹는 처지라는 걸 출판사들은 모르고 있다.

사실 나 자신도 책을 대충 숨어내지만 방송국에서는 책을 더 함부로 다룬다. 내가 출연하는 책 프로그램의 PD 역시 어떤 책은 제목과 목차조차도 제대로 이해하지 못한다. 한마디로 책 프로그램은커녕 다른 프로그램을 맡기기에도 모자랄 만큼 무식하다.

신문사에서는 그래도 인문학 서적이라면 가급적 학문적 권위가 있는 것을 고르고, 소설이라 해도 문학성을 어느 정도 갖춘 작품을 선정한다. 그런데 방송국에서는 애오라지 잘 팔리는 베스트셀러나 세간에 오르내리는 화제의 책에만 관심을 집중한다. 그래도 시청률이 1퍼센트를 밑돈다며 PD는 늘 울상이다. 이렇게 책에 무지한 방송국 PD가 매체의 권력을 장악하고 있는 건 아이러니다.

PD D 씨의 경우

공중파 방송국의 텔레비전 PD라면 남들이 부러워할 만한 직업이다. 그러나 요즘 나는 방송국 PD 경력 15년 이래 가장 골치 아픈 시기를 맞았다. 교양 프로그램을 정해진 비율만큼 편성해야 하는 규정 때문에 매주 목요일에 방송하는 〈TV, 북과의 부킹〉이라는 도서 안내 프로그램을 신설했는데, 이게 이렇게 골머리를 썩일 줄은 미처 몰랐다. 물론 시청률은 애초에 기대하지 않았으니 그게 문제가 아니다(교양 프로그램은 방송국의 체면을 지켜주는 역할이기에 시청률보다 시청자 위원회의 평가가 더 중요하다). 온갖 연줄을 타고 쑤셔대는 출판사들이 견딜 수 없는 골칫거리다.

이해할 수 없는 일은 아니다. 시청률이 1퍼센트라고 해도 공중파 TV라면 수십만 명이 그 프로그램을 시청한다는 이야기니까 출판사들에게는 엄청난 유인이 아닐 수 없다. 더구나 TV 전파를 탄 책이면 온라인과 오프라인 서점에서도 특별히 판매대를 설치해준다고 하니 그것도 놓칠 수 없는 매력일 것이다.

솔직히 나는 책이나 출판에 관해 잘 알지 못한다. 대학 시절 전공도 교육학이어서 인문학이나 문학 서적은 물론 경제서나 실용서도 익숙하지 않다. 그런데 갑자기 출판에 관해 막강한 권력을 쥐게 된 것이다. 전파의 위력이 새삼 실감난다. 하긴, 시청률이 0.5퍼센트만 해도 수십만 명이 본다는 얘긴데, 방송으로선 프로그램을 접어야 할 시청률이지만 책이 그렇게 수십만 부가 나간다면 연간 종합 베스트셀러의 순위에 거뜬히 들 거다.

게다가 내가 나름대로 야심차게 여겼던 부분이 오히려 삐걱거리는 부작용도 있다. 오락 프로그램은 교양의 측면을 강화하고 교양 프로그램은 오락의 측면을 강화하라! 이런 방송 프로그램의 노하우를 지키기 위해 나는 오락적인 측면에 치중한다. 책을 다루는 프로그램인 만큼 교양의 측면은 확보되어 있으니 굳이 신경 쓸 필요가 없다는 생각이다. 그래서 임시 패널로 인기 가수를 섭외하기도 하고, 아예 매주 한 명씩 연예인을 지정해 '요즘 내가 끼고 사는 책'이라는 코너를 꾸미기도 했다. 그러다 보니 프로그램의 정체성을 의문시하는 견해도 일각에서 제기되었다. 홈페이지 시청자 게시판에서도 그런 점이 자주 언급되었다. 하지만 어차피 두 마리 토끼를 다 잡을 수는 없으니까…….

특히 이 주일의 신간 소개를 맡은 신문 기자 C 씨는 매번 은근히 불만의 기색을 내비친다. 선정 위원들이 애써 화제의 신간들을 골라놓으면 그는 그중 몇 가지에 꼭 토를 단다. 때로는 "이건 뭐 책도 아니네." 하고 혼잣말처럼 말하는 게 여간 신경이 쓰이지 않는다. 겉으로 내색하지는 않아도 나는 C 씨를 출판 전문가로 여기지 않는다. '출판사 편집자보다 책을 모르지만 너를 프로그램에 쓰는 이유는 네가 특정한 출판사에 소속되지 않았기 때문일 뿐이란다.' 속으론 이렇게 생각하지만 까짓것 아무 상관없다. 방송에 섭외할 기자는 그가 아니더라도 쌔고 쌨다. 마음에 안 들면 언제든 교체할 수 있다. 기자가 아니라 교수라도 얼마든지 불러 세울 수 있다. 누구든 TV에서 부르면 온다. 이게 바로 전파의 위력이다. 누가 뭐래도 매체의 꽃은 방송이다.

그렇잖아도 가을 개편에서는 성가신 신간 안내 코너를 폐지하고, '시사플러스 역사'라는 코너를 구성할 참이다. 이 코너는 책과 무관하게 시청자들에게 교양과 토막 상식을 전달하는 형식으로 꾸밀 작정이다. 역사 속에서 현재의 상황에 맞는 사건이나 인물을 발굴해 흥미롭게 소개하는 5분짜리 코너다. 내가 진행자로 염두에 둔 인물은 이번에 역사 대중서를 펴낸 A 씨다. A 씨는 그동안 저술 활동을 하면서 간간이 라디오 프로그램의 게스트로 출연한 경험이 있는 터라 여러 모로 적임자다.

문제는 큰 주제만 정했을 뿐 세부 사항은 백지 상태라는 점이다. 실제로 방송국에서는 코너 제목을 정하고 진행자를 선정하는 것 이외에 아무것도 기획할 수 없다. 불과 5분짜리 코너지만 전문가가 없으면 5분도 너무 긴 시간이다. 어떤 전문가도 방송에 불러낼 수 있지만 어떤 전문 지식도 방송국 내에는 없다. 남에게 속 내놓고 할 말은 아니지만, 매체 자체는 막강한 권력을 가졌어도 실체는 참으로 빈약하다는 것을 절감할 수밖에 없다.

다시 A 씨의 경우

"며칠 전에 흥미로운 제의가 들어왔어. TV의 책 소개 프로그램에 고정으로 출연해달라더군."

나는 출판사에 대한 불만을 잔뜩 늘어놓은 뒤 화제를 돌렸다.

"이슈가 되는 책을 놓고 토론하는 거 말이야?"

"그래, 그런 프로그램이지. 그런데 내가 맡은 건 신간을 소개하거나 토론하는 게 아니고 각종 시사 현안의 역사적 뿌리를 캐내는 코너를 진행하는 거야. 예를 들어 중동에서 긴장 상태가 조성되었다는 뉴스 보도가 나오면, 그 사건이 단순히 20세기 중반 이스라엘이 건국되면서 생긴 게 아니라 기원전 13세기에 모세가 이스라엘 백성들을 이끌고 이집트를 탈출한 사건에 뿌리를 두고 있다고 설명하는 식이지."

"평소에 네가 자주 하던 이야기 아냐. 강의처럼 하라는 건가?"

"강의식으로 하든 게스트를 초대하든 맘대로 하래. 5분을 내가 기획해서 메우는 거야. 매주 주제도 내가 정하고."

"재량이 많이 주어졌으니 잘됐네. 이제 명사가 되겠어. 만나기 어려워지겠는걸. 하하."

친구의 농담에 새삼 힘이 솟는다.

생각해보면 우습다. 나는 지식을 가졌으나 그 지식에 걸맞은 권력이 없고, 방송국은 권력을 가졌으나 그 권력에 걸맞은 지식이 없다. 그 사이에 출판사 편집자와 신문사 출판 담당 기자가 지식과 권력의 스펙트럼을 이루며 배열되어 있다. 묘하게도 저자-출판사-신문사-방송사로 갈수록 지식의 농도는 얕아지고 권력의 폭은 커진다.

나는 여전히 씁쓸한 기분을 떨쳐내지 못한다.

'그래서 지식과 권력은 찰떡궁합인가? 아니, 지식의 최대치이자 권력의 최저치인 주체와 지식의 최저치이자 권력의 최대치인 주체가 서로 만났으니 지식과 권력의 부조화인가?'

매체의 역설

권력의 측면 많은 저자가 책을 쓴다. 그보다 적은 출판사들이 책을 발간한다. 또 그보다 적은 신문사들이 책을 비평한다. 또 그보다 적은 방송사들이 책을 소개한다. 권력은 소수의 손에 집중되는 경향이 있다. 따라서 권력의 정점은 방송사다.

지식의 측면 방송사는 수많은 책 중에서 주로 시청자의 흥미를 돋울 만한 것을 골라 방송에 내보낸다. 신문사는 사회적으로나 학술적으로 의미가 있는 책들을 소개하기 위해 노력한다. 출판사는 자사가 발간하는 모든 책들을 양서 또는 베스트셀러로 만들기 위해 심혈을 기울인다. 저자는 자신의 책에 특별한 애착을 가지고 문구 하나하나까지 세심하게 신경을 쓴다. 지식의 정점은 저자다.

저자-출판사-신문사-방송사는 모두 매체다. 매체는 본래 어떤 힘이나 작용을 한 쪽에서 다른 쪽으로 '전달'한다는 뜻이다. 한자의 '媒體'나 영어의 'medium'이나 모두 두 실체의 중간에서 양자를 매개한다는 의미다. 비유하자면 매체는 물자의 운송을 가능케 해주는 도로라고 할 수 있다. 물자의 운송에서 중요한 것은 도로가 아니라 도로를 통해 운송되는 물자다. 도로는 물자를 운송하기 위한 수단에 불과할 뿐 그 이상의 의미는 없다. 그런데 현대사회에서 매체는 전통적인 도로의 용도를 벗어나 그 이상의 의미를 가지게 되었다.

도로가 물자를 소통시킨다면 매체는 메시지를 소통시킨다. 매체도 처음에는 도로처럼 매체를 통해 전달되고 소통되는 메시지의 보조 수단에 지나지 않았다. 전화의 발명이 중요한 이유는 전화 자체에 있는 게 아니라 전화를 통해 메시지를 실시간으로 전달할 수 있다는 데 있었다. 하지만 무엇이든 복잡하게 진화되면 그 자체의 생명력을 지니게 되는 법이다.

매체가 다양하게 발달하면서 점점 메시지보다 매체 자체의 비중이 더 커졌다. 자동차가 처음 발명되었을 때는 빠른 이동을 가능케 해준다는 점에서 환영을 받았다. 그러나 자동차가 널리 보급되면 그다음부터는 다양화되고 고급화되어 부의 상징이라는 역할을 하게 된다(벤츠 자동차는 기능이나 성능보다 상징적인 측면에서 더 중요하다. 벤츠를 소유하고 있다는 사실 자체가 더 큰 의미를 지닌다). 매체와 메시지의 관계도 그와 마찬가지다.

이런 점에 착안해 미디어 학자인 마셜 매클루언은 매체가 곧 메시지라고 말했다. 현대사회에서 매체는 단지 메시지가 오가는 통로에 불과한 게 아니라 메시지 자체에 비견될 만큼 커다란 비중을 차지하게 되었다는 이야기다. 전통적인 관점에서 보면 이것은 완전히 전도된 견해다. 어찌 보면 내용보다 형식, 알맹이보다 껍데기가 더 중요하다는 주장이니까 터무니없는 본말의 전도다(매클루언은 또한 오감을 통해 매체를 접할 수 있게 된다는 의미로 메시지는 마사지라고 말했다. 미디어=메시지=마사지의 등식인데, 그는 아마 두운의 효과도 노렸을 것이다).

하지만 이런 전도 현상은 의외로 널리 퍼져 있다. 사람들은 흔히 "책을 좋아한다.", "영화를 사랑한다.", "드라마에 빠졌다."라고 말한다. 여기서 책, 영화, 드라마는 모두 내용이 아니라 형식 혹은 장르다. "도스토예프스키의 소설을 좋아한다."거나 "《말테의 수기》를 30년째 읽고 있다."라고 말하지 않고 그냥 "책을 좋아한다."라고 말한다면 특정한 책이 아니라 '책'이라는 매체 자체를 좋아한다는 뜻이다. 영화에는 멜로, 예술영화, SF 등 여러 가지 종류가 있는데 그냥 "나는 영화를 사랑해."라고 말한다면 영화를 매체로서 받아들인다는 의미다.

  매체는 이렇게 내용과 형식이 전도되는 현대성의 한 특징을 극명하게 보여주는 사례다. 하지만 형식을 껍데기로, 내용을 알맹이로 보는 전통적인 시각이 수정되었을 뿐 형식의 찬미가 곧 현대성인 것은 아니다. 내용은 고유하고 형식은 보편적이다. 실은 현대사회에서도 내용과 형식의 관계가 역전되었다기보다는 내용의 고유성과 형식의 보편성이 공존하게 되었을 따름이다. 이것은 문화적으로 극단적인 개성화와 대중화의 공존으로 나타난다. 20세기 중반에 활동했던 매클루언은 TV를 예로 들었지만 그 점을 더 잘 보여주는 매체는 지금의 인터넷이나 SNS다.

  인터넷과 SNS는 사람들이 대화하고, 거래하고, 다양한 정보와 서로의 생각을 공유하는 중요한 도구로 이용되고 있다. 그것들 역시 매체이므로 그 자체의 고유한 내용은 없다. 즉 콘텐트가 아니라 콘텐트를 연결해주는 도로에 불과하다. 그러나 인터넷은 광범위한 콘텐트를 매개하고 전 세계의 수많은 사람이 이용하므로 개별 콘텐트에 비할 수 없는 힘을 지닌 매체가 되었으며, SNS는 정보를 다른 어느 매체보다도 빠르게 전달해준다는 장점 덕분에 금세 수많은 사람이 이용하기에 이르렀다. 바로 여기서 그 새로운 매체들의 이중성이 드러난다.

  인터넷과 SNS는 개성과 획일성이 공존하는 마당이다. 그런데 잘 알다시피 개성과 획일성은 서로 대립적인 개념이다. 개성의 본질은 분산화이고 획일성의 특징은 집중화다. 그런데 인터넷과 SNS는 매체를 오가는 정보와 견해를 집중시키는 동시에 분산시킨다. 익명의 유저 개개인이 콘텐트를 제작하고 소통시키는 것은 개성의 발현이지만, 그렇게 소통되는 콘텐트 중에서 특정한 것에 많은 대중의 관심이 몰리는 현상은 획일성의 표현이다.

정보와 견해, 즉 지식은 권력을 낳으므로 인터넷과 SNS는 지식과 더불어 권력도 집중시키는 동시에 분산시킨다. 인터넷과 SNS는 다양한 견해가 표출되는 수단이 될 수 있지만, 동시에 특정한 견해에 힘을 실어주고 권력을 집중시키는 획일화를 빚을 수도 있다. 그런 점에서 새로운 매체는 고전적인 직접민주주의와 고밀도의 파시즘을 둘 다 조장한다. 인터넷과 SNS를 통해 건강한 여론이 조성되는 게 전자의 예라면 특정한 사회적 사건을 놓고 이른바 '마녀사냥'이 벌어지는 것은 후자의 예다.

새로운 매체의 민주적 성격은 개인의 직접적 참여가 얼마든지, 그것도 실시간으로 가능하다는 데 있다. 정치 사건이나 문화 현상이 논제로 떠오르면 유저들은 인터넷의 포털이나 블로그, 스마트폰의 트위터나 페이스북을 통해 그 주제에 관해 자유롭게 토론할 수 있고 토론자에 관해 댓글도 달 수 있다. 이런 사이버 공간은 사람들이 직접 얼굴을 맞대고 토론하는 경우와는 크게 다르다.

우선 관심을 보이는 사람들이 양적으로 엄청나게 많다. 한 지역과 나라를 넘어 말 그대로 전 세계 이용자들이 의견을 청취하고 제시할 수 있다. 또한 대부분 익명으로 참가하기 때문에 제약 없는 솔직한 견해 표명이 가능하다. 같은 이유에서 무책임한 토론이 이루어지고 토론의 질이 떨어질 수는 있으나 유저들이 본질을 식별하는 안목과 기준만 갖춘다면 기본적인 논점과 흐름이 충분히 전달되고 소통될 수 있다. 인터넷과 SNS가 여론조사의 주요한 매체로 자리 잡은 이유는 그런 특성 덕분이다.

그러나 다른 한편으로 그 고도의 민주적 성격은 때로 강력한 획일화를 빚기도 한다. 원칙적으로 인터넷과 SNS 같은 새로운 매체는 신문이나 TV 같은 전통적 매체와 달리 전체를 포괄하는 '관리자'가 없다. 따라서 콘텐트를 특정한 방향으로 몰고 가려는 주체가 존재하지 않는다(이 점은 양면의 칼이다). 그런 상태에서 메시지의 양이 무한대에 가까울 정도로 많아지면 메시지들 간의 평준화가 이루어져 옥석을 가리기가 쉽지 않아진다. 그래서 그 가운데 외형상으로 특별해 보이는 메시지가 있으면 금세 이용자들의 주목을 받게 된다. 바로 이때 새로운 매체의 특징인 센세이셔널리즘이 발동하게 된다. 매체의 뛰어난 전달력 덕분에 센세이셔널리즘은 순식간에 압도적인 힘을 발휘하게 된다. 그 순간 다양성의 원칙은 무너지고 오히려 전통적인 매체가 지배하던 시대보다 더욱 가속적으로 획일화가 일어난다.

물자를 소통시키는 것도 도로지만 탱크가 달릴 수 있는 것도 도로다. 도로와 마찬가지로 매체 역시 본래 목적지가 없다. 그래서 매체를 달리는 정보는 어떤 방향으로든 갈 수 있다. 매클루언이 주목한 TV 매체는 매체를 관리하는 주체가 있었지만(그렇기 때문에 정보의 독점이나 조작이 가능했다), 그런 주체가 없는 인터넷 같은 매체는 언제나 양면성을 가질 수밖에 없다(그렇기 때문에 다른 의미에서 정보의 독점이나 조작이 가능해진다). 그런 점에서 인터넷과 SNS는 지식과 권력의 가장 큰 부조화를 보여주는 매체다.

텍스트
검색되지 않는 정보

이제 한 가지만 하면 끝난다. 도입부도 괜찮고, 기본 논지도 잘 구성했다. 결론은 처음부터 준비해둔 게 있다. "현대 미술가들 중에서 기존의 경향성에 따르지 않고 독자적인 화풍을 선보인 인물을 한 사람 선정해 상세히 논하라." 이 미술사 과제에 딱 어울리는 화가는 바로 마르크 샤갈이다. 그러나 나는 여기에 반전을 설정했다. 미술 평론가들은 샤갈이 늘 독자적인 양식을 추구했고 샤갈 본인도 그렇게 말했지만 실은 그렇지 않았던 것이다. 나는 독자적인 화풍이란 근본적으로 공허한 개념이라는 점을 결론으로 삼을 작정이다.

러시아의 비테프스크라는 촌에서 태어난 샤갈은 젊은 시절 예술의 중심지였던 파리로 이주해 '벌집'이라는 별칭으로 불리는 무명 화가들의 집합소인 라뤼슈에 방을 잡았다. 아마 당시에 샤갈은 주변의 수많은 젊은 예술가와 크고 작은 영향을 주고받았을 것이다. 그러나 그는 훗날 화가로 성공한 뒤에도, 파리의 기존 화단은 물론 벌집에 득시글거리는 이주민 화가들에게서 아무런 영향도 받지 않았다고 말하곤 했다.

소심하면서도 독선적인 그의 성격을 감안할 때 이해할 수 없는 반응은 아니지만, 그것은 지나친 자신감이거나 잘못된 과장이다. 아니면 예술가 특유의 독창성에 대한 집착이거나 고향을 등지고 정체성을 상실한 유대인 화가의 콤플렉스일 수도 있다. 어쨌든 샤갈이 그 자신의 주장과는 달리 파리 시절에 문화적·양식적 세례를 톡톡히 받은 것은 분명하다.

이 점을 입증하려면 그의 독창성과 더불어 그가 시대적인 추세를 따랐다는 점을 잘 드러내는 작품을 예로 드는 게 좋다. 이 적절한 예만 결정하면 미술사 과제의 리포트는 완성이다. 가장 독창적인 화가로 널리 알려진 마르크 샤갈이 실은 은밀하게 다른 화가들의 영향을 받았다는 해석으로 주제를 반전시키는 전략, 이게 제대로 통하면 A^+는 예약한 거나 다름없다.

그런데 마무리 대목에서 문제가 발생했다. 리포트에 수록할 샤갈의 작품을 찾을 수 없는 것이다. 염두에 둔 건 있다. 수염을 길게 기른 한 인물이 도시의 상공을 날아가는 작품이다. 날개도 없이 공중에 붕 뜬 판타지적 인물, 그런데 그 제목이 뭐더라? 리포트의 개요를 구성할 때부터 그 작품을 생각했는데……. 옳지, 인터넷을 검색해봐야겠군. 하지만 제목을 모르니 어떻게 검색하지? 내일 아침에 리포트를 제출해야 하는데. 미처 그림을 챙겨두지 못한 게 화근이었다.

검색창에 '샤갈'이라고 치니 백과사전의 샤갈 항목을 비롯해 샤갈의 작품 세계를 다룬 수많은 텍스트가 나온다. 수천 개의 문서를 일일이 확인할 수는 없다. 이번에는 의미를 좁혀 검색창에 '공중에 뜬 샤갈'이라고 쳐본

다. 샤갈에 관한 각종 블로그와 신문기사가 나오지만, 방대한 정보 속에서 원하는 정보를 찾기란 해변에서 바늘 찾기다. 심지어 '공중부양'에 관한 문서까지 나온다.

　의미를 더 좁혀 '인물이 날아다니는 장면을 그린 샤갈의 작품'이라고 다시 한번 쳐본다. 제법 근접했다. 〈생일〉, 〈연인〉…… SF 영화처럼 인물이 둥둥 떠다니는 샤갈 특유의 그림들이 나온다. 그러나 아직 점찍어둔 그림은 보이지 않는다. 샤갈에 관련된 이미지 검색을 해보았지만 역시 내가 원하는 그림은 없다. 마지막으로 프랑스에 있는 샤갈 미술관 사이트를 들어가보니, 틀림없이 있기는 하겠지만 너무 그림이 많아 밤새 찾아도 못 찾을 지경이다.

어떡하지? 핵심적인 내용과 관련된 게 아니라 논거를 입증하기 위한 하나의 사례에 불과한데도 원하는 것을 찾지 못해 리포트를 마무리하지 못하는 어처구니없는 상황이다. 원하는 정보는 무엇이든 얻을 수 있는 인터넷이 무력한 이유는 뭘까? 더구나 인터넷의 어딘가에 있는 정보임이 틀림없는데도.

인터넷 검색이 자격증까지 달린 버젓한 '기술'이라는 사실이 새삼 실감된다. 얼마 전에 신문기자로 일하는 사촌 형이 말한 이야기가 떠오른다.

"신문사 생활 10년 동안 여러 부서를 옮겼지만 경제부에는 가본 적이 없어. 금리나 환율이 뭔지도 잘 모른다니까. 그래도 어떡해? 일단 경제부에 갔으니 경제부 기자가 돼야지. 그런대로 적응했지. 여차여차해서 부동산 관련 기사를 썼어. 그런데 어느 독자가 문의 전화를 해온 거야. 지금 어느 지역에 부동산 투자를 하면 좋겠느냐고. 경제부 기자가 된 지 겨우 사흘밖에 안 됐는데."

이 대목에서 형은 실소를 금치 못했다.

"독자는 무조건 기사를 쓴 기자를 전문가로 여기는 경향이 있어. 실은 전문 지식을 가진 게 아니라 어디를 찾아가 누구를 만나면 원하는 전문 지식을 얻을 수 있다는 사실을 아는 것뿐인데 말이야. 텍스트에 대한 맹신이랄까? 비유하자면 기자는 서버 컴퓨터가 아니라 인터넷이 연결된 컴퓨터 단말기일 뿐이야."

형의 심정이 이해된다. 실은 현대의 지식이 모두 그럴지도 모른다. 지식은 냉장고에 보관된 음식처럼 방대한 서버 컴퓨터에 몽땅 저장해두고 필요할 때마다 조금씩 꺼내 쓰는 것일지도 모른다. 인스턴트? 그래. 현대의 지식은 인스턴트적인 속성이 있다. 패티와 빵을 구비해놓고 언제든 프라이 팬에 데워 먹을 수 있는 햄버거……. 지식의 대중화는 곧 지식의 인스턴트화다. 인스턴티제이션 같은 영어 단어는 왜 아직 없는 걸까? 맥도널드제이션이라는 신조어도 쓴다던데.

지식과 정보를 교통정리하려면 인터넷 검색 실력은 기본이다. 어느 지식이 어디에 있다는 것만 알면 되니까 예전처럼 백과사전을 두뇌의 용량이 허용하는 정도까지 최대한 머릿속에 집어넣으려 애쓸 필요는 없다. 학교에서는 왜 학생들에게 지식을 가르치려 할까? 지식의 교통지도만 가르쳐주면 다 되는데. 온 국민이 지식과 정보의 민완 기자가 될 수 있는데.

하지만 여기에도 문제가 있다. 인터넷 검색으로 모든 지식을 찾을 수 있는 것은 아니기 때문이다. 원하는 샤갈의 그림을 찾는 일이 만만치 않다는 데서 그 점을 절감한다. 화가의 이름도 알고 머릿속에 그림의 내용도 생생히 떠오르지만, 지금 당장 필요한 것은 리포트에 써넣을 그림의 '제목'이다. 정작 작품 자체는 잘 아는데 단지 제목을 모르는 탓에 작품에 관한 이야기를 할 수 없다? 이거야말로 본말의 전도가 아닌가? 하긴, 지식의 본체보다 경로가 더 유용해진 인터넷 세상이 몽땅 본말의 전도가 아닐까 싶다. 다시 사촌 형의 이야기가 생각난다.

"예전에 고등학생들을 대상으로 한 퀴즈를 풀게 하고 장학금을 주는 TV 프로그램이 있었지. 스탕달의 소설 〈적과 흑〉의 주인공인 쥘리앙 소렐이 존경하는 인물은 누구입니까? 마르틴 루터가 95개 조 반박문을 붙여 종교개혁의 불꽃을 피워 올린 교회는 어디입니까? 이런 단답형 문제를 내고 퀴즈 챔피언을 뽑는 프로그램이었어. 그때도 그랬지만 지금 같으면 어디 그걸 지식으로 치겠냐? 인터넷에 다 나오는 걸."

그렇다. 인터넷은 단답형 문제의 답을 찾기엔 그만이다. 그러나 그 이상의 답을 찾기란 쉽지 않다는 게 문제다. 더구나 텍스트가 아닌 답을 찾기란 더욱 쉽지 않다.

인터넷에서 즉각 검색되지 않는 정보는 그림만이 아니다. 리포트를 쓰다가 잠시 쉬던 중 라디오에서 오래전에 유행했던 귀에 익은 멜로디가 흘러나왔다. 분명히 예전에 알던 곡인데, 제목과 연주자가 생각나지 않는다. 인터넷 검색이 가능할까? 그림 찾기보다 더 황당한 경우다. 검색창에 쳐 넣을 검색어가 아예 없으니까. 콧소리로 멜로디를 흥얼거려 검색어를 대신할 수 있는 컴퓨터가 나오기 전까지는 멜로디의 검색이 불가능하다. 최근에 스마트폰 어플을 이용하면 노래를 검색할 수 있다기에 시험해봤지만 적중률은 높지 않았다.

그나마 흘러간 유행가라면 나중에 제목이 생각나거나 다시 들을 기회가 있겠지만, 몇 년 전에 우연히 들었던 아름다운 기타곡이라면 제목과 연주자를 모를 경우 아무리 곡조가 머릿속에 생생해도 영원히 다시 듣지 못할지도 모른다. 특히 전곡이 아니라 일부분의 선율만 기억에 남아 있다면 더 검색이 어렵다. 그에 비해 그림이나 음악의 제목을 안다면 얼마나 검색이 쉬운가? 그렇게 보면, 인터넷 같은 첨단 매체를 두고도 고전적인 텍스트 위주의 검색만 가능하다는 사실이 왠지 부자연스러운 느낌이다. 결국 인터넷이 주는 지식과 정보는 단답형 문제에 불과한 걸까? 아닌 게 아니라 포털의 지식 코너에 나오는 지식의 설명도 지극히 치졸한 수준인 게 대부분이다.

그림이나 노래와는 달리 문자 정보는 시시콜콜한 것까지 완전한 검색이 가능하다. 이런 것도 인터넷에 올려놓는 유저가 다 있나 싶을 만큼 인터넷은 방대한 정보량을 자랑한다. 장차 전 세계 모든 문헌의 텍스트 정보가 전자적으로 보관되고 인터넷을 통한 서비스가 이루어지면 문헌 속의 한 구절, 한 단어도 검색이 가능해질 것이다. 예를 들어 "가치는 각각의 노동 생산물을 하나의 사회적 상형문자로 전환시킨다."라는 구절을 검색창에 치면 《자본론》 1권(상), 95쪽, 김수행 옮김, 비봉 출판사, 2000'이라는 레퍼런스가 즉각 나올 거다. 그때가 되면 학위논문 쓰기가 얼마나 쉬워질까? 각주도 달기 쉽고 참고 문헌을 작성하는 일도 간단하다. 누군가 풍자적으로 한 이야기지만, 학위논문이란 원래 본문보다 각주와 참고 문헌을 지도교수에게 보여주려는 글이라지 않은가! 하긴, 이것도 역시 본말이 전도된 사례지만.

그런데 아무리 정밀한 검색이 가능하다 해도 텍스트 정보가 아니면 곤란하다. 인터넷 검색을 하려면 반드시 검색창에 텍스트의 일부분을 쳐 넣어야 한다. 그렇다면 텍스트와 무관한 기억 속에 남은 어떤 음악의 한 소절이나 회화의 한 단편을 검색하는 방법은 없다.

컴퓨터의 소프트웨어는 '언어'로 만들어져 있다. 따라서 컴퓨터는 철저히 언어의 영역에 속한다. 이미지조차도 언어적 신호에 의해 소통되고 전달된다. 0과 1로만 조합된 디지털 신호를 통해 분명하고도 명료한 계통에 따라 명령을 수행하고 정보를 전달하는 장치가 컴퓨터다. 컴퓨터는 명령의 '취지'를 수행하는 게 아니라 '언어화된 명령'을 자구 그대로 실행에 옮길 뿐이다. 로봇에게 냉장고 문을 여는 간단한 동작을 시키는 데도 매우 복잡한 명령이 필요한 이유는 로봇이 명령의 의도를 이해하지 못하고 입력된 명령의 결과대로 작동하기 때문이다.

미술이나 음악처럼 언어화될 수 없는 영역에 컴퓨터와 인터넷을 통한 접근이 어려운 이유는 언어와 문자가 동일시되기 때문이다. 컴퓨터가 인식하는 언어는 음성으로서의 언어가 아니라 문자로서의 언어다. 심지어 소리나 이미지마저도 문자화시켜 기억하고 출력한다. 그럴 수밖에 없는 것이, 컴퓨터는 처음부터 소통을 위해 만들어진 장치이기 때문이다. 키보드를 통해 유저와 단말기가 소통하고 인터넷을 통해 유저와 유저가 소통하는 도구가 바로 컴퓨터다. 컴퓨터는 무엇을 생산하는 게 아니라 생산된 것을 전달하고 확산시키는 도구일 뿐이다.

소통을 위해서는 무엇보다 객관성이 필요하다. 자기 혼자 간직하려는 메시지— 예를 들면 일기— 가 아니라면 타자가 인식하고 이해할 수 있는 방식으로 메시지를 만들어야 한다. 즉 객관적으로 메시지를 구성해야 한다. 문자의 가장 큰 특성은 바로 객관성에 있다.

문자 역시 컴퓨터처럼 소통을 목적으로 탄생한 도구다. 문명의 초창기에는 문자를 아는 사람이 극소수였으므로 지금의 인터넷 검색사처럼 전문 기술자로 인정되었을 것이다. 자신의 머릿속에만 존재하는 사유와 자신의 가슴속에만 공명하는 감정을 위해서라면 굳이 문자가 필요하지 않다. 문자는 그 사유와 감정을 최대한 원래의 형태대로 타자에게 전달하기 위한 매체다.

물론 문자가 처음 생겨났을 때는 사유나 감정보다 정보를 전달하는 실용적 목적이 가장 중요했을 것이다(이 점은 아직 인터넷 시대 초기인 현대사회에서 인터넷의 용도가 정보의 전달에 치중되어 있는 현실과 통한다. 머잖아 인터넷 전용선에는 정보만이 아니라 사유와 감정도 흐를 것이다. 아니면 사유와 감정조차 '정보'처럼 취급되거나). 고대 이집트 문자에서 '황소'를 뜻하는 알레

프와 '집'을 뜻하는 바이트가 훗날 알파와 베타라는 말이 되었듯이, 문자는 원래 일상적인 사물을 낱말로 치환하는 과정에서 생겨났다. 문자로 추상적인 내용까지 전달하게 된 것은 문장이 어느 정도 발달하면서부터다.

정보든 아니든 무엇을 전달하려면 객관성은 기본이다. 전달이라는 말 자체가 객관성을 전제로 하고 있다. 자기 혼자 알레프라고 써놓아도 남이 그걸 황소라고 알아주지 않으면 아무 소용도 없다. 문자 정보는 객관성이 보장된다. 문자는 사회적 약속을 기반으로 하므로 그 약속을 알고 그것에 동의하는 모든 사람들이 같은 의미로 인식하고 이해할 수 있다.

인류 문명을 크게 과학과 예술의 두 줄기로 보면, 언어는 의사소통을 가능케 했고 문자는 언어의 객관화를 가능케 했다. 이것들은 기본적으로 과학의 주요한 무기다. 그럼 예술은 어떨까? 예술은 어디까지 객관화될 수 있을까?

그림과 음악의 검색이 어려운 이유는 문자처럼 객관적이지 않기 때문이다. 그림과 음악 역시 텍스트인 것은 마찬가지다. 텍스트는 원래 문자 정보에만 국한되는 용어였지만 지금은 의미가 확장되어 메시지를 담은 모든 기호를 텍스트라고 간주한다. 내가 찾으려 애쓰는 샤갈의 그림과 유행가 가락은 분명히 메시지를 담은 기호이므로 텍스트다. 그러나 문자 텍스트처럼 객관적인 것이 아니다. 반대로 미술과 음악의 메시지는 주관성을 생명으로 한다.

미술과 음악은 객관적인 메시지로 구성되지만 주관적인 해석을 요구한다. 그림과 멜로디의 객관적인 측면은 누구의 눈으로 봐도 똑같은 형태를 취한다는 점이다. 공중에 뜬 인물을 걸어다니는 인물로 보는 사람은 없고, 시끄러운 하드록 리듬을 자장가로 여기고 포근히 잠자는 아이는 없다. 그러나 객관성은 여기까지만이다. 날아다닐 수 없는 인간을 공중에 뜬 모습으로 표현한 것은 화가의 주관성이며, 강한 록 비트에 슬픈 사랑의 이야기를 담는 것은 작곡가의 주관성이다. 게다가 감상자 역시 그림과 음악을 자신의 주관적 잣대에 따라 수용하고 해석할 자유와 권리가 있다.

미술이나 음악 작품만큼은 아니더라도 텍스트 정보에서도 역시 해석은 중요하다. 해석의 힘을 알려면 굳이 어려운 문학작품을 말할 것도 없다. 〈삼년고개〉라는 전설에서 할아버지는 한 번 넘어지면 3년밖에 못 산다는 고개에서 그만 넘어진다. 집에 돌아와 걱정하는 할아버지에게 어린 손자가 해석의 놀라운 힘을 간단하게 보여준다. "할아버지, 뭘 걱정하세요? 그 고개에 다시 가서서 10번 더 넘어지면 30년을 더 사실 수 있을 텐데요." 해석은 죽을 사람도 살려내는 놀라운 창조의 힘이다.

엄밀히 따지면 순전히 객관적인 텍스트는 예상외로 드물다. 일단 그림이나 음악보다는 문자 텍스트가 더 객관적이고, 그중에서도 철학이나 심리학 같은 학문적 텍스트보다는 실용적인 텍스트가 더 객관적이다. 법조문은 다른 해석의 여지를 최대한 줄이기 위해 의도적으로 건조하게 작성된다. 교통 안내 표지판의 기호 텍스트는 운전자가 다른 뜻으로 해석하면 위험하기 때문에 누가 봐도 똑같은 의미를 유추해낼 수 있는 디자인으로 이루어져 있다. 그러나 그렇게 의미가 명백한 텍스트는 일상생활과 직접적으로 관련되는 분야 이외에서는 거의 찾아볼 수 없다. 특히 정보를 구성하는 텍스트와 달리 지식을 구성하는 텍스트는 대부분 중의적이고 때로는 다의적이다.

텍스트는 소통을 위한 수단일까? 흔히 그렇다고 말한다. 하지만 100퍼센트 소통은커녕 처음부터 객관적인 소통의 가능성을 염두에 두지 않는 것처럼 보이는 텍스트는 어떤 의미를 가질까?

실은 소통을 배제한 텍스트는 없다. 광기에 사로잡힌 화가도, 자기만의 주관성에 침잠한 시인도 자신의 텍스트가 누군가에게 전달되기를 바란다(그렇지 않다면 자신의 작품을 굳이 '발표'할 이유가 없다). 심지어 광기와 주관성을 가장해 상업적인 목적으로 이용하려는 불순한 텍스트 생산자들도 있다. 예술의 경우 그런 예가 많은데, 대개 창작자보다 주변 사람들이 그런 추세를 더욱 부추긴다. 단지 정신분열증에 시달렸을 뿐인 반 고흐를 마치 예술적 고통에 못 이겨 자살한 것처럼 꾸며 그의 사후에 작품의 가격을 천정부지로 올려놓은 불순한 미술상들이 그런 경우다.

예술 텍스트를 포함해 모든 텍스트가 소통을 지향하는 것은 당연하다. 문제는 모든 텍스트가 추상적이라는 데 있다. 미술에는 추상화라는 장르가 있지만 구상화도 역시 해석의 여지가 크다는 점에서 추상적이기는 마찬가지다(가장 사실적인 그림이라 해도 추상적 요소가 있다). 음악의 추상성은 말할 것도 없다. 작곡가의 손에서는 추상성이 없었다 해도 그의 손을 떠나는 순간 그 음악은 감상자의 해석에 맡겨지게 된다. 더구나 음악은 시간성에 크게 좌우되므로 동일한 감상자라 할지라도 감상하는 시간과 분위기에 따라 추상도가 더욱 높아지게 된다.

문자 텍스트는 미술과 음악보다 객관성이 크지만 그것 역시 추상적이다. 사실 문자 자체도 추상에 기원을 두고 있다. 대표적 그림문자인 중국의 한자는 사물의 모습이나 성질을 추상하는 방식으로 만들어졌다. '木'은 나무의 모습을, '川'은 시내의 모습을 추상한 기호이고, '女'는 여성의 성질을, '明'은 밝음의 성질을 추상한 기호다. 추상도가 높을수록 객관성에서 멀어지고 해석의 여지가 커진다. 여기에 문장이 더해지면 문자 텍스트의 추상성은 더욱 커진다.

모든 텍스트는 소통을 지향하면서도 추상적이다. 모든 텍스트는 객관성을 추구하면서도 주관성을 확장한다. 이런 모순적인 현상은 현대사회의 텍스트에서 더욱 심화되고 있다. 인터넷과 스마트폰에서 흔히 접하는 UCC에서 보듯이 현대는 누구나 텍스트의 소비자이면서 동시에 텍스트의 생산자인 시대다. 이 시대에 소통(텍스트의 기능)과 추상성(텍스트의 본성)은 어떻게 조화를 이룰 것인가?

텍스트는 소통을 **가능**하게 하는가?

텍스트를 해석하고 평가하는 데 따르는 어려움은 텍스트가 탄생할 때부터 있었다. 그러니까 인류 문명과 수명을 같이하는 무척 오래된 문제다. 텍스트가 단지 문자로 된 정보나 지식만을 가리키는 의미가 아니라고 보면(즉 '텍스트=메시지'라고 보면), 텍스트의 해석은 문자 문명보다 더 이전, 즉 석기시대에 인류의 군집 생활이 시작될 무렵까지 거슬러 올라간다.

기원전 13000년경에 그려진 라스코 동굴의 벽화에는 비교적 사실적으로 그려진 들소가 만화처럼 단순하게 그려진 인물을 들이받는 장면이 나온다. 이 텍스트에 관해서는 다양한 해석이 가능하다. 사냥에 나갈 때 조심해야 한다는 교훈일 수도 있고, 사냥감을 많이 잡기 위한 기원의 의미일 수도 있으며, 고대의 무당이 제사를 지낸 흔적으로 볼 수도 있다. 물론 이것은 현대의 해석이지만, 그림이 그려지던 당시에도 단일한 해석만 있지는 않았을 것이다(물론 작가의 의도가 명확하고 단일할 수는 있겠지만 해석은 단지 작가의 의도만 독해하는 게 아니다). 해석의 여지가 없이 한 가지 의미만 가진다면 굳이 그림으로 표현하지 않고 그냥 언어로—문자가 발명되기 이전이므로 구두로—말해도 되었을 것이다. 이처럼 텍스트는 생각만큼 투명하지 않으며, 언제나 복합적이었다.

본격적인 문자 텍스트의 시대로 접어들면 '수사(修辭)'라는 이름 아래 텍스트에 상징과 추상의 요소가 많이 끼어들어 해석이 더욱 복잡해진다.

"그대들이 나와 함께하는 이유는 돈을 얻기 위해서도 아니고 과거에 키악사 레스에게 충성했던 것처럼 행동하기 위해서도 아니며, 여러분 스스로의 뜻에 따라 행동하는 것이라고 나는 확신하고 있소. 여러분은 나를 존중해서 나와 더불어 기꺼이 야간 행군을 할 것이며 위험을 무릅쓸 것이오."

"고구려는 법령이 가혹하고, 세금이 무거우며, 권신과 호족이 국권을 잡고 온갖 부패를 저지르고, 뇌물이 시장과 같고, 억울한 자는 말을 못하고, 전쟁은 쉴 틈이 없고, 요역은 기한이 없고, 백성들은 죄다 기근에 시달리며 크나큰 고통을 겪고 있으니 누가 가서 좇으랴?"

앞의 텍스트는 기원전 5세기에 페르시아의 키루스가 왕권을 탈취하기 위해 수도로 진격하기 전에 참모들을 모아놓고 한 연설이며, 뒤의 텍스트는 기원후 7세기에 중국의 수 양제가 고구려 원정을 앞두고 신하들에게 한 연설이다. 키루스와 수 양제는 전쟁을 벌이고자 하는 자신의 욕망을 다른 명분으로 위장하고 있다. 이런 수사에 가득 찬 텍스트를 글자 그대로 받아들일 사람은 아무도 없다.

그래도 위의 텍스트들은 창작자의 진짜 의도를 감추는 게 주요한 기능이므로 비교적 해석의 갈래가 많지 않다. 그보다 훨씬 다양한 해석이 가능한 텍스트는 많이 있다. 일단 문학작품은 다른 예술 작품과 마찬가지로 창작자의 의도와는 별도로 다양한 해석이 가능하다. 이 여러 가지 해석 중에 어떤 것도 다른 해석들보다 특별한 우위를 점하지는 못한다. 다시 말해 권위 있는 해석이란 없으며, 따라서 해석의 '정설' 같은 것도 없다. 심지어 해석은 원작자의 의도와도 무관하다.

해석학자인 한스 게오르크 가다머는 문학 텍스트에 한해 해석의 지평을 크게 넓힌다. 문학작품에는 물론 원작자의 의도가 들어가 있지만 작품을 어떻게 읽을 것인가는 전적으로 독자(비평가를 포함한다)의 몫이다. 도스토예프스키의 《죄와 벌》을 도덕이 실정법보다 우월하다는 메시지로 해석하든('전당포 노파 같은 건 죽여도 좋다'), 종교적 원죄 의식을 다룬 작품으로 이해하든('소냐의 맑은 영혼이 라스콜리니코프의 병든 영혼을 구원했다'), 아니면 단순한 범죄 심리소설로 읽든(망치로 노파를 살해하는 엽기적인 장면, 포르피리 페트로비치의 창의적인 범죄관) 아무런 상관이 없다.

가다머에 따르면 비문학 텍스트의 경우에는 해석의 폭이 제한된다. "징역 3년에 집행유예 2년의 형을 선고합니다." 판사의 이 선고를 달리 해석할 여지는 없다. "좌회전 금지" 이런 표지판을 다른 뜻으로 유추할 이유는 없다. 그러나 비문학 텍스트라고 해서 무조건 '해석 및 유추 불허'라는 딱지를 붙일 수 있는 걸까? "나는 생각한다, 그러므로 나는 존재한다." 철학사상 가장 유명한 데카르트의 이 명제도 비문학 텍스트니까 해석의 여지가 전혀 없는 걸까?

비문학 텍스트를 일의적이라고 보는 근거는 그것이 객관적이라고 생각하기 때문이다. 텍스트가 완전히 객관적일 경우에는 저자가 자신의 텍스트에 포함시킨 의도를 파악하면 된다. 이 경우 텍스트는 저자의 의도를 전달하는 매개체의 역할이다. 그래서 가다머는 비문학 텍스트의 경우 저자와 독자가 같은 메시지를 읽어낼 수 있다고 믿고, 이렇게 저자와 독자가 '합의'에 도달하는 과정이 곧 올바른 독해라고 보았다.

언뜻 그럴듯하지만 가다머의 견해는 너무 소박하고 단순하다. 앞에 제시한 키루스와 수 양제의 텍스트에서 보듯이 비문학 텍스트에서도 저자의 의도는 단일하거나 명백하지 않다. 둘 다 침략 원정을 의도하면서도 텍스트에서는 그 의도를 전혀 내비치지 않고 정의로운 전쟁이라는 공감을 끌어내려는 목적뿐이다. 키루스는 원정이 부하들의 자발적 참여인 것처럼 포장하려 하고, 수 양제는 고구려의 지배계급을 비난한다. 즉 두 텍스트는 침략의 의도를 은폐하면서 원정의 정당성을 강조하는 복합적 의미를 가진다. 고대의 텍스트가 그럴진대 현대의 텍스트는 말할 것도 없다.

"여러분은 보다 나은 세상을 위해서 참여정부를 만들었습니다. 그런데 참여정부가 그동안 많이 흔들렸습니다. 지금도 흔들리고 있습니다. 끊임없이 참여정부를 흔들고 깎아내리는 사람도 있고, 여론이 또 이것을 따라가고……. 그러니까 흔들리는 것이지요. 정말 참여정부가 실패했는가, 과연 무능한 정부인가, 정말 한번 따져보고 싶습니다. 설사 실패라는 평가가 나오더라도 남은 기간 동안 참여정부의 성공을 위해서 최선을 다할 생각입니다. 여러분도 함께 도와주시면 고맙겠습니다."

노무현 전 대통령의 이 연설은 언뜻 보면 이해하기 쉬운 메시지를 담고 있지만, 그 맥락 속에는 겉으로 드러나지 않은 여러 가지 층위의 의미가 숨어 있다. 이 숨은 의미는 해석을 거쳐야만 드러난다. 일차적인 해석은 이렇다. "참여정부의 이념은 정당하다. 그런데 여론이 좋지 않아 실패할지도 모른다. 그래도 끝까지 밀고 나갈 것이다." 이차적인 해석은 더 다양해진다. 참여정부의 정당성을 강조하는 것일 수도 있고, 여론에 대한 불만을 호소하는 것일 수도 있으며, 어떻게든 임기 말까지 현재의 체제를 끌고 나가겠다는 각오를 내비친 것일 수도 있다. 어떤 해석을 지배적으로 보는가는 독해자의 처지나 의도에 따라 달라진다.

텍스트 자체의 저자는 분명히 한 사람이지만 다양하고 복합적인 의미가 숨어 있는 이상 텍스트의 성격은 단일하지 않다. 또 텍스트의 독자는 수적으로도 다양할뿐더러 같은 독자라 해도 시간과 상황에 따라 해석이 달라진다. 그렇다면 텍스트의 저자와 독자는 생각만큼 친밀한 관계가 아니다. 게다가 텍스트와 저자, 텍스트와 독자의 거리도 생각만큼 밀접하지 않다.

그래서 철학자 자크 데리다는 메시지의 출발점과 종착점, 즉 메시지의 발신자와 수신자가 모두 존재하지 않는다고 말한다. 물론 저자와 독자의 물리적 실체를 부정하는 것은 아니다. 하나의 텍스트에는 논리적으로 무수한 저자와 독자가 있을 수 있다는 이야기다. 무수하다는 말은 곧 없다는 말과 통한다. 그런 의미에서 보면 저자와 독자는 부재한다. 오직 텍스트만 존재한다.

저자는 텍스트를 만들 때 독자를 염두에 두고, 독자는 텍스트를 읽을 때 저자의 의도를 생각한다. 그러나 일단 텍스트가 공개된 뒤에는 누구의 소유도 아니며, 누구도 우선적인 해석의 권리를 주장할 수 없다. 특별한 하나의 해석이 권위를 가지게 될 때 그 텍스트는 도그마가 된다. 종교의 경전이 대표적인 예다. 그리스도교의 성서는 과거에 교회만이 해석의 권리를 독점했고 교회의 해석만이 권위를 가졌다. 그 권위가 실은 아무런 근거가 없는 도그마에 불과했다는 사실은 종교개혁을 비롯한 역사적 진통이 말해준다.

이제 맨 앞에 제기한 의문으로 돌아가보자. 텍스트는 소통을 가능하게 해주는가? 저자도 독자도 없고, 고정된 의미도 없는 텍스트가 어떻게 소통의 수단이 될 수 있을까? 그 답은 명백하다. 텍스트 자체가 소통의 수단이 되는 것은 아니다. 정작 소통되는 것은 텍스트가 아니라 텍스트의 끝없는 해석이다.

언어
언어학 개론

　여러분, 안녕하세요?

　이렇게 화창한 날씨에 강의실에서 고리타분한 강의를 들어야 하는 여러분에게 심심한 위로를 표합니다. 가능한 한 따분한 강의가 되지 않도록 노력하겠지만 원래 강의라는 게 듣는 사람이 호응해주지 않으면 따분해지게 마련이죠. 그래서 여러분의 분발을 요구합니다. 특히 오늘 강의 주제는 듣는 사람에 따라 흥미로울 수도 있고 지루할 수도 있습니다. 왜 이렇게 처음부터 복잡하게 이야기하냐고요? 오늘의 주제는 바로 언어거든요.

　언어에 관한 이야기라니, 이 말부터 우습군요. 언어를 언어로 말한다는 건 마치 자를 자로 재서 만든다는 말처럼 터무니없게 들립니다. 최초의 자는 뭘로 재서 만들었을까요? 최초의 언어는 어떻게 말했을까요? 기원을 따지고 들어가자면 모든 게 우스꽝스러워질 수 있습니다. 자칫하면 말이 돌고 돌게 되죠. 닭이 먼저냐, 달걀이 먼저냐? 뭐, 이런 겁니다.

언어에 관한 이야기가 얼마나 우스운지 볼까요? 국어사전에서 '법칙'이라는 말의 뜻을 찾아봅시다. 어디 보자. "반드시 지켜야만 하는 규범." 이렇게 되어 있군요. 좋은 말이에요. 하지만 이 정의를 이해하려면 '규범'이라는 말을 또 알아야겠네요. 규범을 찾아볼까요? 규범, 규범…… 여기 있군요. "일정한 이상이나 목적을 이루기 위하여 마땅히 따르고 지켜야 할 법칙." 역시 좋은 말입니다. 그런데 뭔가 이상하지 않습니까? 법칙을 설명하려면 규범이라는 말이 필요하고, 규범을 이해하려면 법칙을 알아야 합니다.

사전의 뜻풀이라는 게 원래 그렇습니다. 흔히 사전은 단어의 정확한 의미를 전해주는 것 같지만, 엄밀히 말해서 정의를 말해주는 게 아니라 표제어를 다른 말들로 치환해놓은 것에 불과합니다. 사전이라는 엄정하고 근엄한 책을 농락하는 거 같아 마음이 좀 언짢군요. 하지만 사실이 그렇잖아요? 언어를 찾으면 말이 나오고, 말을 찾으면 언어가 나오는 식이죠. 돌고 돌아요. 광인은 미치광이이고 미치광이는 광인이에요. 미치는 거죠, 하하.

이런 말장난, 언어의 악순환을 뚝 끊어버리려면 언어 바깥에서 뭔가를 들여와야 합니다. 저기 거리에 광인 한 명이 돌아다니면, 그 사람을 손가락으로 가리키며 '광인!' 하면 되는 거죠. 책상은 사무를 볼 때 앞에 놓는 탁자이고, 탁자는 물건을 올려놓는 책상 모양의 가구다. 이런 식의 정의는 정말 짜증나죠? 이럴 땐 이 책상을 가리키며 "이게 바로 책상이야!" 하면 끝납니다. 그런데 손가락으로 가리킬 대상이 없는 경우가 문젭니다. 규범이나 법칙 같은 말의 경우죠.

예를 들어 남쪽이라는 말은 무슨 뜻입니까? 나침반의 S극이 가리키는 방위. 이게 남쪽의 사전적 정의인데요. 하지만 잘 보세요. 그게 그거 아닙니까? 남쪽은 당연히 나침반의 S극이 가리키는 방위죠. 새로운 게 전혀 없어요. 이런 걸 동어반복이라고 부릅니다. 동어반복은 지식이나 정보를 낳지 않아요. 어머니는 자녀를 둔 여자다. 이 문장에서 새로운 정보가 있습니까? A는 A다, 이런 말이잖아요.

그럼 남쪽을 다르게 정의해볼까요? 남쪽은 북쪽의 반대 방향이다. 일단 그럴듯하죠. 하지만 북쪽과의 관계를 말한 것일 뿐 역시 남쪽의 실체는 없어요. 어머니는 아버지의 반대말이다. 이런 말과 같죠. 꽤 오래전인데 어느 소설에서 엉덩이를 '등이 그 이름을 상실하는 장소'라고 정의해놓은 걸 봤어요. 이건 뭐, 정식 정의가 아니라 오히려 엉덩이의 자체 정의가 없다는 걸 재미있게 표현한 말이죠. 그런 식으로 말하면 등은 '엉덩이라는 이름이 시작되기 전까지의 장소'라고 해야 되나요? 하하.

말로써 내리는 모든 정의는 무용합니다. 대입 논술 시험 같은 데서 흔히 복잡하고 어려운 개념이 많이 나오잖아요. 이것도 실은 마찬가지예요. 개념이란 책의 차례와 같은 겁니다. 개념은 전체의 내용을 요약하는 기능을 할 뿐 그 이상도, 그 이하도 아니에요. 예컨대 자본주의라는 개념에는 자본주의가 형성되고 발전하고 변형되어온 과정, 경제 제도로서 가지는 여러 가지 특성 등이 요약되어 있죠. "의식은 물질을 반영한다."라는 레닌의 이론을 반영론이라는 개념으로 표현한다면, 그것은 그 주제와 연관된 레닌의 다양한 이론을 요약하고 있는 거예요. 동어반복은 아니지만 요약도 역시 새로운 지식을 낳지는 않죠. 게다가 요약에는 늘 생략의 위험성이 내재해 있어요.

여기서 전도가 일어나는 경우가 있습니다. 이처럼 거의 무의미한 개념이 때로 독자적인 생명력을 얻으면서 그 개념으로 요약된 이론이 오히려 개념 아래 굴종하는 현상이 일어나는 거예요. 풍요한 내용이 빈약한 개념으로 요약될 때 이 위험은 더욱 커지죠. 개념을 내세운 주체가 현실적인 권력을 가진 개인이나 집단일 때 특히 그런 현상이 뚜렷합니다. 정부가 정책적으로 내거는 구호나 캠페인 같은 게 그런 경우죠. 정치적 이데올로기가 그런 게 많아요.

물론 학문에도 그런 예가 있죠. 학자들이 공통적으로 싫어하는 것 중의 하나가 '명명'입니다. 세미나에서 "당신은 유물론자야!" 하는 소릴 듣는다면 실제로 유물론적 성향이 있는 학자라도 다들 싫어하죠. 지나친 단순화, 도식화라 이겁니다. 유물론자라는 레이블이 그 학자의 다른 모든 부분, 즉 인격, 학문적 관심과 성과 같은 것들을 규정하는 겁니다. 이건 거의 폭력이나 다름없죠.

그러나 다른 한편으로 보면 개념은 유용한 측면도 있습니다. 과거의 것을 요약하지 않고서 새로운 진전이 있을까요? 고전 문헌 같은 게 그런 엡니다. 문자가 발명된 이래 숱하게 나온 그 수많은 고전을 다 읽는다는 건 현실적으로 불가능하죠. 게다가 꼭 다 읽어야 하는 것도 아니에요. 플라톤의 모든 저작을 읽어야만 플라톤을 이해할 수 있다는 고지식한 입장을 고집하면 지식의 발전이 정체될 가능성이 있어요. 인류 역사상 등장한 모든 사상가들에게도 그 입장을 적용해야 할 텐데, 그렇게 할 수 있는 사람이나 슈퍼컴퓨터가 있을 리 없잖아요? 이럴 때 개념을 통한 요약은 단순히 실용적인 목적을 넘어서 중요한 역할을 하죠.

잠시 이야기가 샛길로 빠졌네요. 다시 언어로 돌아갈까요?

언어의 의미가 생각만큼 구체적이거나 명확하지 않다는 것을 깨닫게 되자 그 약점을 파고든 사람들이 있었어요. 20세기 초에 논리실증주의라고 불리는 학파입니다. 아마 이들은 전통 철학의 형이상학적 성격만이 아니라 문학에도 반감이 컸을 거예요. 아, 물론 그들이 문학 자체를 싫어했다는 건 아닙니다. 논리실증주의자의 대표적 철학자인 버트런드 러셀은 1950년에 노벨 문학상을 받았는데, 문학을 혐오했다면 상을 받지 않았겠죠. 실은 노벨 철학상이 없으니까 문학상을 준 거지만요. 윈스턴 처칠이 제2차 세계대전 회고록으로 노벨 문학상을 받은 것도 노벨 역사학상이 없기 때문이에요.

아무튼 논리실증주의자들은 낭만성을 앞세우는 문학을 싫어했을 거예요. 낭만주의 문학에서 자주 쓰는 과장과 비유가 영 마뜩치 않았겠죠.

> 하늘의 무지개 바라보면 내 가슴은 뛰누나.
> 어렸을 적에도 그러했고 어른인 지금도 그러하네.
> 나이가 들어도 그러하길.
> 아니면 죽어도 좋으리.

19세기 영국의 낭만주의 시인인 워즈워스의 유명한 시구죠. 시인으로서 최고의 명예를 누리며 여든 살까지 산 워즈워스가 설마 무지개를 볼 때 가슴이 뛰지 않는다고 죽을 마음까지 먹었겠습니까? 다분히 과장이죠. 사실 이런 과장과 비유는 일상언어에서도 흔히 볼 수 있어요. 담배를 끊지 않고 줄이는 건 아무 소용도 없다. 이런 말이 있는데요. 25년째 담배를 피우는 저 같은 사람에겐 가슴 아픈 말입니다. 끊을 생각은 없고 좀 줄여볼 의도는 있거든요. 금연을 홍보하기 위한 말이겠지만 왜 줄이는 게 건강에 아무 도움도 안 되겠어요? 많이 피우는 것보단 조금이라도 낫겠죠. 그리고 현실적으로, 즉 실천적으로 담배를 줄이는 게 아주 끊는 것보다는 쉽지 않습니까? 결국 흡연의 폐해를 과장하고 금연을 유도하기 위한 어법이라는 거죠. 취지는 옳지만 과장인 건 분명합니다. 가다가 중단할 바에는 아니 가느니만 못하다? 설마 그럴 리가요? 중단하는 데는 그만한 피치 못할 사정도 있을 테고, 또 비록 목적지까지는 이르지 못했어도 그 경험에서 얻는 것도 적지 않겠죠. 이것 역시 목표를 정했으면 반드시 이뤄야 한다는 걸 과장하기 위한 표현일 뿐이죠. 문학적 향기를 풍기지 않는 우리의 일상 언어에도 알고 보면 과장과 수사가 많아요. '백문이 불여일견'이라는 말이 있죠? 누구나 고개를 끄덕이는 말이지만 실은 백 번 듣는 게 왜 한 번 보는 것보다 못하겠어요? 오히려 한 번 보고 말면 속기가 더 쉽겠죠.

이런 식의 과장과 수사는 일상생활에서 취지를 선명하게 하는 데 도움을 줄 수도 있지만 혐오스러울 때도 있어요. 그런 말이 흔히 교훈으로 위장되면 복장 터질 노릇이죠. 일상생활만이 아니에요. 논쟁에서 상대방의 주장을 본래 의도와 다르게 자기 맘대로 단순화시켜놓고 반박하는 못된 버릇이 그런 거 아니겠어요? 얼마 전에 제가 어떤 모임에서 월급 갖고 살기 힘들다고 하니까 평소에 제게 악감정을 가진 사람이 호통을 치더군요. "그러니까 당신은 돈이 최고라는 거 아냐? 돈이 최고라고 생각하는 사람이 선생 노릇을 제대로 할 수 있겠어?" 이렇게 멋대로 상대방을 규정하고 그 토대 위에 후속 논의를 덧붙인다면 논쟁은 공상과학소설이 되고 맙니다. 그렇다면 과장을 하지 않고 소박하면서도 사실적으로 주장을 펴는 사람은 상대적으로 덜 부각되겠죠. 이것도 현대사회를 지배하는 센세이셔널리즘의 한 단면일 거예요. 목청 큰 놈이 이긴다는 거, 뭐 그런 거죠. 남들 다 쓰는 과장과 수사를 무조건 비난할 순 없겠지만 적어도 우리의 일상 언

어에 문제가 있다는 건 논리실증주의만의 생각이 아니에요.

 구조주의는 다른 측면에서 언어의 문제점을 논하죠. 논리실증주의는 그래도 언어에 지시 대상이 있다는 걸 부인하진 않아요. 아까 말했듯이 광인이라는 말은 실제 광인이라는 지시 대상이 있고 책상이라는 말은 바로 이 앞에 놓인 책상이라는 지시 대상이 있죠. 그렇기 때문에 논리실증주의는 광인이나 책상이라는 말이 유의미하다고 말합니다. 반면 사랑이라든가, 아름다움, 삶, 희망 같은 말들은 구체적인 지시 대상이 없으니까 무의미하다고 보죠. 아, 물론 철학적으로나 논리적으로 그렇다는 뜻이지 그런 말들이 실제 생활에서 무의미하니까 써선 안 된다는 건 아니에요. 사랑이라는 말을 전혀 안 쓰면 학생들은 어디 결혼이라도 할 수 있겠어요? 논리실증주의자들도 철학자 이전에 사람인데 그렇게 황당하고 황폐한 생각을 할 리야 있겠습니까?

그런데 논리실증주의와 달리 구조주의는 언어가 지시 대상과 전혀 무관하다고 봅니다. 불교에 이런 가르침이 있는데요. 사람들은 손가락만 보고 손가락이 가리키는 달은 보지 않는다. 여기서 손가락은 말이고 달은 실체죠. 즉 말에 연연하지 말고 그 말이 실제로 지칭하는 대상에 주목하라는 가르침입니다. 하지만 구조주의에서는 반댑니다. 언뜻 생각하면 말은 형식이고 대상이 내용이니까 말이 중요하지 않은 것 같지만 실은 대상보다 말이 더 중요해요. 구조주의에서는 언어가 지시 대상을 가리키지 않는다고 봅니다. 스피노자가 했던 유명한 말을 흔히 예로 드는데요. "개라는 말은 짖지 않는다." 실제의 개는 짖지만 개라는 말은 짖지 않는다는 뜻이에요. 동그라미라는 말은 둥글지 않다. 사탕이라는 말은 달지 않다. 이런 말들도 마찬가지죠.

그렇다면 개라는 말이 실제 개를 가리키게 된 이유는 뭘까요? 그런 이유는 없습니다. 그건 순전히 우연일 뿐이죠. 이걸 구조주의에서는 자의적 관계라고 말하는데, 말이 좋아 자의적이지 실은 아무런 관계가 없다는 뜻이죠. 언어와 지시 대상은 서로 무관합니다. 그럼 언어의 의미는 어떻게 확정할까요? 지시 대상과 무관한 언어를 쓰는데 우리가 어떻게 서로 대화하고 소통할 수 있는 걸까요? 그 이유는 언어가 약속이기 때문입니다.

언어가 의미를 가지는 이유는 실재와 관계를 맺기 때문이 아니라 사회적 약속이기 때문입니다. 언어는 어느 개인이 우지끈뚝딱 하고 만든 게 아니죠. 어느 개인이 변화시킬 수 있는 것도 아닙니다. 가끔 사전에 새로운 단어를 올린다거나, 맞춤법을 바꿀 때 인위적인 변화가 개입되기도 하지만 그런 건 언어 자체에 근본적인 영향을 주지 않습니다. 그 자체도 실생활의 변화를 반영한 결과일 뿐 아니라 문자 언어의 일부만 바꾼 것이고 언어 구조를 바꾼 건 아니니까요. 언어를 배울 때 우리는 이미 존재하는 언어 구조 속에 동참하는 겁니다.

그래서 구조주의에서는 언어를 일종의 무의식으로 봅니다. 개별 의식이나 의지로써 변화를 줄 수 없다는 의미죠. 만약 자기 마음대로 언어를 쓰려고 마음먹는다면 가능하기는 하겠지만 소통은 불가능해집니다. 한번 해볼까요? "국중을 장필하기 위해 진구한 것은 사영을 어떻게 배류할 것인가이다. 원찬을 정송하는 것도 좋겠지만 그럴 경우에는 구목상필이 지산할 수 있으므로 치문역을 자무해놓고 나서 천용하는 것이 더 나을 법하다." 뭔가 한자어가 잔뜩 들어간 그럴듯한 문장처럼 보이지만 실은 아무런 의미도 없습니다. 그냥 아무렇게나 만든 단어들을 나열한 거예요. 각자 한번 만들어보세요. 재밌습니다. 하지만 이런 건 말이 되지 않죠. 일기에는 써도 되지만 트위터에 쓰면 미친 놈 소릴 듣고 말 겁니다.

언어가 지시 대상을 고스란히 가리키지 못한다는 것은 이제 공공연한 사실이 되었습니다. 게다가 언어는 한 가지 이상의 의미를 가지는 경우가 많아 매우 다의적입니다. 이런 유머가 있죠. 곤충학자가 메뚜기에게 "뛰어라!" 하고 말했더니 펄쩍 뛰었답니다. 그런데 학자가 메뚜기의 뒷다리를 자른 뒤 "뛰어라!" 하고 말했더니 이번에는 뛰지 않았죠. 학자는 보고서에 이렇게 적어 넣었어요. "관찰 결과 메뚜기의 청각기관은 뒷다리에 있음이 밝혀졌음." 우습죠? 언어를 통한 우리의 인식은 이렇게 늘 헛다리를 짚는 것인지도 모릅니다.

언어가 100퍼센트 의사소통을 가능하게 해준다고 순진하게 믿으면 낭패하기 십상입니다. "솔직히 말하면 용서해줄게." 조폭 두목이 여러분을 붙잡아놓고 이렇게 구슬리는 걸 곧이곧대로 믿으면 안 되겠죠. 그 말에는 "진실을 알고 나면 너는 내 손에 죽을 줄 알아."라는 맥락이 숨겨져 있으니까요. 내가 지금 여러분에게 "5분간 야자 타임을 합시다. 내게 무슨 말을 해도 상관없습니다." 하고 말했다고 합시다. 언표상으로는 "무슨 말을 해도 상관없다."라고 했지만 그래도 여러분이 지켜야 할 최소한의 예법은 말하지 않아도 있는 거죠. 여러분 중의 누가 내게 "이보게, 강의 시간이 두 시간이라고 두 시간을 다 채우면 되나?" 이 정도로 말한다면 나도 여러분도 웃어넘기겠지만, "야, 인마. 니가 선생이면 난 니 할애비다!" 이렇게 말하는 건 좀 곤란하죠. 아무리 야자타임이라고 해도 아마 분위기가 싸늘해질 겁니다. 이 자리에서는 나도 일단 그냥 넘어가겠지만 그 학생의 기말성적은 각오해야겠죠.

외국어를 번역해본 사람은 알겠지만 우리말로 온전하게 옮겨지는 문장은 정말 드뭅니다. 가끔 있긴 한데요. Seeing is believing. 앞에 잠깐 말한 백문이 불여일견이라는 말입니다. A beauty is but a skin. 미인도 한 꺼풀. 이런 문구들은 우리말이나 영문이나 뜻도 표현도 똑같죠. 모두 다 이렇게 일 대 일로 번역되면 얼마나 좋겠습니까?

이런 유머가 있죠. "영혼은 건강한데 육신이 병들었다."라는 문장을 컴퓨터 번역기에 집어넣고 영어로 번역하게 한 다음 다시 우리말로 옮기게 했다고 합니다. 그랬더니 화면에 뭐라고 나왔는지 아십니까? "술은 괜찮은데 안주가 신통치 못하다." 이런 문장이 찍혔다는 거예요. 알다시피 영혼은 spirit이고 육신은 flesh가 아닙니까? 하지만 spirit는 술이라는 뜻도 있고 flesh는 고기라는 뜻도 있지요.

　심지어 올바른 번역을 위해서는 오히려 원문을 왜곡하고 훼손해야 하는 경우도 있습니다. 영문의 my mother는 말 그대로 보면 '내 어머니'라는 뜻이지만 우리말로 매끄럽게 옮기면 '우리 어머니'가 되죠. 단어 하나하나를 그대로 정확하게 번역한 것보다 그렇지 않게 번역한 게 더 올바른 경우입니다. 또 있어요. a dozen years는 반드시 '12년'을 지칭하는 게 아니라 그냥 '10여 년'이라는 뜻일 경우가 많습니다. 단어의 뜻은 맞지만 완전히 잘못된 번역도 있어요. trade union을 무역연합이라고 번역한 학생을 본 적이 있는데, 이건 단어 자체보다 단어와 연관된 지식이 부족한 경우입니다. trade에는 무역이라는 뜻이 있고 union에는 연합이라는 뜻이 있지만, 두 단어를 합치면 노동조합이라는 뜻이죠. 수소와 산소는 기체인데 둘이 합치면 전혀 다른 물이라는 액체가 만들어지는 것과 같다고 할까요? 그런데 무역연합과 노동조합이라……. 묘한 역설이군요.

　번역 이야기가 나왔으니 말이지만, 완전한 번역이 아예 안 되는 경우도 있습니다. 해리 포터 소설을 보면 해리 포터가 피브스라는 유령의 말놀음에 넘어가는 장면이 나옵니다. 해리 포터가 피브스에게 그들이 어디로 갔느냐고 물으니까 피브스는 "Shan't say nothing if you don't say please"라고 말합니다. 할 수 없이 해리 포터는 "please"라고 말하죠. 그런데 피브스는 이렇게 받아칩니다. "NOTHING! Hahaaa! Told you I wouldn't say nothing if you didn't say please!" 우리말에는 없는 nothing이라는 말을 이용한 말놀음이에요. 무슨 뜻인지 모르겠다고요? 영어 공부 다시 하세요. 더 쉬운 예를 볼까요? 〈이상한 나라의 앨리스〉에도 번역이 불가능한 표현이 나오죠. 앨리스가 눈이 먼 왕에게 "I see nobody on the road"라고 말하니까 왕은 이렇게 대답합니다. "I only wish I have such eyes to be able to see nobody."

이제야 웃는 학생들이 있군요. 번역이 불가능한 사례라고 말했으니 번역하지 않겠습니다. 그래도 모르는 학생이 있다면 영어 잘하는 학생에게 물어보세요. 자, 이번에는 시를 볼까요?

흔히 시는 가장 자유로운 언어라고 말하지만 시에서도 언어의 한계는 자주 드러납니다. 우리 시에는 대개 운율이 없지만 운율이 중요한 외국 시에서는 운율이 시를 가능케 하는 요소이자 제약하는 요소이기도 하죠. 참, 요즘 유행하는 힙합의 랩 가사를 보면 우리말의 운율을 살리려고 노력한 흔적이 보이더군요. "양심도 없나? 누가 볼까 겁나? 내숭 떨래 땀나? 땀나니 덥나?" 어때요? 내가 비슷하게 불렀나요? stress and strain, policy and principle, sugar and spice, sum and substance, surf and turf …… 이런 어구들은 다 의미보다 운율의 효과를 노린 거죠. Pride and Prejudice나 My Life with a Knife 같은 책 제목, 할로윈에 아이들이 말하는 trick or treat 같은 말도 두운과 각운을 이용한 재미있는 표현입니다. 하지만 운율 때문에 오히려 더 적절한 어구를 만들지 못하는 측면도 있습니다. 자유로워야 할 시의 언어가 운율에 제약된다는 건 사실 모순이에요.

이거 언어에 관한 불신만 잔뜩 늘어놓은 거 같은데요. 따지고 보면 이 말도 우습군요. 언어에 관한 불신마저 언어로 말했으니 말이에요. 커다란 모순 아닌가요? 독일의 철학자 하이데거가 형이상학적 언어의 한계를 느끼고 시적 언어에서 철학을 기술하는 언어를 찾으려 했던 것도 그런 모순 때문일 거예요. 루트비히 비트겐슈타인은 말할 수 없는 것에 관해선 침묵하라고 말했는데요. 침묵하라는 말도 하나의 말이라는 게 역설이죠? 하여간 현대는 말로 할 수 없는 것을 말하려 애쓰고 또 어떻게든 말해야 하는 시댑니다.

휴, 진도를 나가야 하는데 오늘도 샛길로 많이 빠졌네요. 그래도 휴일은 쉬어야죠? 다음 주는 연휴 때문에 휴강입니다. 언어와 지시 대상이 무관하다고 지금 이 말마저 그런 건 아니에요.

기원이 없는 언어

인간의 가장 두드러진 특징은 노동과 언어다(동물도 일하지만 인간 노동과는 다르다). 이 두 가지는 다 직립에서 얻어졌다. 직립 생활을 하면서 인간은 자유로워진 두 손으로 도구를 만들어 노동을 할 수 있게 되었다. 또한 직립으로 성대가 트인 덕분에 인간은 다양한 발음이 가능해졌고 분절화된 언어를 사용하기에 이르렀다. 노동과 언어는 인간에게 자연을 지배하는 힘을 주었으며, 문명을 일구고 발전시키는 데 결정적인 요소가 되었다.

직립에서 비롯되었다는 점 이외에 노동과 언어의 또 다른 공통점은 사회적 성격이다. 노동은 사회관계를 바탕으로 이루어진다는 점에서 짐승의 생존 활동과는 다르다. 또한 노동은 단순히 생존만을 위해서가 아니라 자아실현의 수단이며 목적의식적으로 이루어진다는 특성을 가지는데, 이것 역시 노동의 사회적 성격에서 비롯되는 특성이다.

언어의 사회적 성격은 노동보다 더 명확하다. 언어는 한 개인이 만든 게 아니라 처음부터 사회적 약속으로 출발했고 사회 발전과 궤를 같이했다. 따라서 사회가 복잡해질수록 언어도 복잡해져 언제부터인가 언어 체계 또는 언어 구조로 정립되었다. 언어 구조는 굳이 근원을 찾는다면 개개인의 언어 행위가 장기적으로 누적되어 생겨났겠지만, 기원 자체가 사회적이므로 출발점을 찾는 것은 무의미하다. 예를 들어 '木'이라는 한자어는 나무의 모습을 형상화한 문자지만 어느 한 개인이 만든 것은 아니다. 영어에서 개를 dog로 표기하는 것도 마찬가지다. 이렇게 언어 구조는 개인을 초월하고 개인과 무관하게 '언제나/이미' 존재하는 것이다.

개인은 기존의 언어 구조를 배움으로써 언어생활에 참여한다. 이 과정은 거의 수동적으로 이루어진다. 언어 구조에 관해 개인은 능동성을 발휘할 기회가 없다. 방안에서 혼자 독백하거나 일기장에 자기만 아는 글을 남기는 경우라면 몰라도, 모든 언어 행위는 개인의 의지와 별개로 이미 존재하는 구조를 통해 전개된다.

그러나 근대 이성이 발달하면서 언어가 사회적 약속이라는 사실은 점점 은폐되기 시작했다. 언어는 이성을 지닌 인간이 자신의 의지를 전달하고 발표하기 위해 사용하는 매체이자 수단이 되었다. 언어의 주인은 인간이라는 의식이 싹튼 것이다. 언어가 뭔가를 전달하는 매체이고 언어에 주인이 있다면 당연히 대상도 있을 것이다. 언어가 외부의 지시 대상을 가리킨다는 발상은 여기서 나왔다.

논리실증주의의 대표주자인 비트겐슈타인은 초기에 언어란 세계를 보여주는 그림과 같다고 생각했다. "개가 달린다."라는 말은 실제로 마당에서 개가 뛰어가는 모습을 그림처럼 묘사한다는 견해다. 이런 생각은 논리실증주의의 입장만이 아니라 일반 상식과도 통한다. 뜰에 나무가 서 있으니까 "나무가 서 있다."라고 말할 수 있는 거 아닌가?

물론 비트겐슈타인이 순전히 상식만을 기반으로 그런 주장을 한 것은 아니다. 그는 전통 철학, 즉 형이상학에서 제기하는 수많은 문제가 논리적으로 무의미하다는 점을 강조하기 위해 그림이론을 제기한 것이었다. "나는 누구인가?"(존재론), "앎은 어떻게 가능한가?"(인식론), "어떻게 살아야 할 것인가?"(도덕철학), "아름다움이란 무엇인가?"(미학) 등 전통 철학에서 자주 다룬 이런 물음들은 짐짓 근엄하고 '철학적'인 듯보이지만 비트겐슈타인에 따르면 질문 자체가 잘못되어 있다. 존재, 앎, 삶, 아름다움 같은 개념들은 보기에 그럴듯할 뿐 구체적으로 지시하는 대상이 없다. 그동안 그런 질문이 철학의 주제로 간주되어온 이유는 우리가 일상적으로 사용하는 언어 자체가 왜곡되어 있기 때문이다. 따라서 비트겐슈타인은 논리적으로 정합적인 이상적 언어를 개발해 일상 언어의 오류를 바로잡아야 한다고 믿었다.

논리실증주의는 언어의 주인이 인간 이성이라고 보는 전통적 견해 자체를 거부하지는 않았다. 그러나 구조주의는 다르다. 구조주의는 인간 이성을 단일하고 동질적인 것으로 여기지 않을뿐더러 인간이 언어의 주인이기는커녕 그 반대로 언어 구조가 인간의 주인이라고 본다. 심지어 인간이 언어를 사용하는 게 아니라 언어 구조가 인간을 '사용'한다고 주장한다. 그래서 구조주의는 반(反)인간주의 노선을 천명한다.

여기서 반인간주의란 도덕적인 비인간주의를 뜻하는 게 아니다. 구조주의가 거부하는 것은 인간 주체를 사유의 중심으로 삼는 이성 중심주의다. 언어 구조가 인간을 사용한다는 주장은 언어가 인간을 노예화한다는 의미가 아니라 인간은 '언제나/이미' 존재하는 언어 구조를 바꾸지 못하고 추종하고 참여할 수만 있다는 의미다. 언어는 사회적 약속이라는 언어의 근본적 성격을 부활시킨 것이다.

이 점을 강조하기 위해 구조주의 언어학의 토대를 놓은 페르디낭 드 소쉬르는 언어를 기호로 간주하고 언어기호를 기표와 기의로 구분했다. 기표란 지시하는 것(signifiant), 즉 문자 기호이며, 기의란 지시되는 것(signifié), 즉 의미다. 예를 들면 '나무'라는 단어는 기표이고 실제로 '뜰에 서 있는 나무'

는 기의다.

논리실증주의까지 포함해 전통 철학에서는 기표와 기의가 일치한다는 것을 자명하게 받아들였다(논리실증주의자들은 기표와 기의라는 개념 대신 언어와 지시 대상이라는 개념을 사용했다). 말 그대로, 뜰에 나무가 서 있으니까 당연히 나무라고 부르지 않느냐는 것이다. 그러나 소쉬르는 나무라는 단어와 실제의 나무는 아무런 관계가 없다고 말한다. 개라는 말은 짖지 않듯이 나무라는 말은 뜰에 서 있지 않다.

데카르트 이래로 '생각하는 나', 즉 이성적인 주체는 늘 철학적 사유의 출발점이었다. 이런 입장이 정점에 달한 것이 곧 논리실증주의였다. 그러나 구조주의에서는 상황이 정반대로 역전되어 이성을 기반으로 하는 인간 주체는 철학적 사유의 출발점이 아니라 목적지가 된다. 인간은 구조를 통해 설명해야 할 대상이지 구조를 만들거나 변화시키는 주체가 아니다. 인간이 언어를 통해 세계(구조주의의 구조)를 규정하는 게 아니라 세계가 언어를 통해 인간을 규정하는 것이다. 이렇게 보면 전통적인 인간 중심주의는 근본적인 착각이다!

사실 비트겐슈타인도 후기로 가면 초기의 소박한 그림이론을 버리게 된다. 언어가 세계를 그림처럼 있는 그대로 반영한다고 보는 대신 그가 내세운 것은 언어의 용도다. 모든 언어적 표현이 그것에 상당하는 세계를 가진다면 그림이론은 아무런 문제도 없다. 하지만 그것은 소박하기 짝이 없는 생각이다. 세계는 달리는 개나 서 있는 나무처럼 단순하지 않다. 또한 화가의 모델처럼 그림을 그리기 편하도록 꼼짝하지 않고 자세를 취해주지도 않는다.

아이가 거실을 온통 어질러놓은 것을 보고 엄마가 "잘한다!"라고 말했다면 그 말은 과연 아이가 진짜 잘했다는 뜻일까? 점심을 걸러 "배고파 죽겠다."라는 친구의 말은 정말 배가 고파 곧 죽을 거라는 뜻일까? 이런 식으로 따져보면 세계를 그림처럼 반영하는 언어는 오히려 거의 드물다. 언어에는 대개 드러난 의미와 숨겨진 의미가 있는데, 항상 곧이곧대로 드러난 의미만을 취하다간 왕따가 되기 십상이다. 앞의 이야기에서 교수가 예로 든 '야자타임'은 그런 상황을 가리킨다.

한동안 고민하던 비트겐슈타인은 언어로 표현된 내용 자체보다 언어의 용도가 더 중요하다는 데 착안했다. "난 두꺼운 책이 좋아." 이 말만으로는 두꺼운 책을 읽고 싶다는 뜻인지, 두꺼운 책이 베개로 쓰기에 좋다는 뜻인지 알 수 없다. 이 경우 언어의 의미를 결정하는 것은 언표된 내용이 아니라 그 내용을 둘러싼 맥락이다. 그 말을 한 사람이 며칠 동안 여행할 준비를 하고 있다면 읽을 목적으로 책을 원하는 것일 테고, 소파 위에 누워 졸린 눈을 하고 있다면 베개로 쓸 만한 책을 찾는 것일 터이다.

이렇게 언어의 용도와 맥락을 중시하는 후기 비트겐슈타인의 입장은 논리실증주의를 넘어 구조주의와 통한다. 또한 인간을 늘 세계 속에 처해 있고 세계와 분리될 수 없는 존재, 즉 세계-내-존재로 규정한 하이데거의 현상학적 실존철학과도 통한다. 여기서 후기 논리실증주의, 구조주의, 현상학적 실존철학은 서로 장르가 전혀 다르고 사용하는 개념도 다르지만 같은 시대의 철학임을 알 수 있다. 사상의 동시대성이라는 게 무엇인지 잘 보여주는 사례다.

창작

독창성의 근거

마라톤으로 치면 세 팀은 모두 마의 35킬로미터 지점을 넘어섰다. 선두는 예상대로 인원수가 다섯 명이나 되는 F팀이다. 2위 H팀은 두 사람밖에 안 되지만 탄탄한 팀워크를 과시한다. 그에 비해 우리 M팀은 네 명이지만 다수의 장점도 없고 조직력도 엉성하다.

실은 그럴 수밖에 없다. M(마르크스)의 사상은 H(하이데거)나 F(푸코)에 비해 더 난해하다고는 할 수 없어도 훨씬 폭넓은 분야에 걸쳐 있으니까. 우리 팀은 지난 1년 반의 기간 가운데 꼬박 1년을 M의 학설과 이론을 분류하고 인원을 담당하는 데 투여했다. 그러니까 실제 작업 기간은 반 년 남짓이 고작이다. 네 명이 서로의 작업을 모니터할 필요성도, 여유도 없는 탓에 우리 팀은 그야말로 모래알이다.

지난번 워크숍에서 그 단점이 여실히 드러났다. 합동 토론회를 마치고 H와 M의 연합 팀과 F팀이 족구 시합을 벌였다. F팀은 다섯 명이지만 간사를 붙여 서로 여섯 명으로 맞붙었다. 결과는 연합 팀의 참패였다. 이기고 나서 그들이 "미셸 푸코 만세!"를 삼창할 때 누가 "프랑스가 독일을 이긴 건가?"라고 농담을 했는데, 그건 좀 억지다. 하이데거는 나치에 협력했을 정도로 독일인인 게 확실하지만 마르크스는 유대인이고 민족주의를 배척했을 뿐 아니라 그의 시대에는 독일이라는 나라도 없었으니까.

간사는 세 팀의 작업을 조정하고 진행을 감독하는 역할을 맡은 친구로, 우리 열한 명이 공동으로 기금을 추렴해 정식으로 고용했다. 우리는 얼마 안 가 하인이 아니라 상전을 고용했다며 땅을 쳤는데, 과연 그 친구의 '횡포'는 대단했다.

처음에는 4대 보험도 없고 임금이 쥐꼬리만큼도 안 된다며 혼자서 노동조합을 결성하겠다고 협박을 늘어놓더니, 임금을 올려줄 수 없다면 자기도 작업에 관여하지 않을 수 없다며 세 팀을 들쑤시고 다녔다(월급 50만 원은 도저히 임금이라고 부를 수 없으니 수수료로 부르겠다면서 그때부터 피고용자 대신 서포터라고 자칭했다. 비정규직의 서러움을 너희는 아느냐며 어찌나 너스레를 떨던지). 시도 때도 없이 세미나 장소에 불쑥 나타나 H팀은 잘 나가는데 여기는 왜 이러냐는 둥 F팀은 남자 셋, 여자 둘이라 성비가 그런대로 맞아 언제나 화기가 넘친다며 남자 넷만 모인 우리에게 핀잔을 주었다.

하긴, 족구 시합에서 우리 연합팀이 F팀에게 참패한 건 녀석의 말마따나 성비의 조화가 맞지 않은 탓인지도 몰랐다. 개인 플레이만 능할 뿐 도무지 동료에 대한 배려가 없었다. 그래도 할 말은 있다. 마르크스나 하이데거보다 푸코가 여성에게 더 친화력이 있는 건 우리 탓이 아니다(게다가 '배려'라면 푸코의 전공이 아닌가? 비록 '자기에 대한 배려'지만). F팀의 두 여성 멤버는 문학 전공자다. 마르크스는 말할 것도 없고 하이데거에게서 문학의 향기를 포착하기란 쉽지 않으리라.

1년 반 전에 우리는 일곱 명으로 출발했다. 원래는 마르크스, 하이데거, 푸코의 공동 연구를 지향했는데, 묘하게도 그 세 사람은 공통점이 있었다. 현대사상에 지대한 영향을 미쳤다는 사실이 가장 중요하겠지만, 그밖에도 세 사람은 이론 활동의 목표이자 종착점이 될 최종 저작을 남기지 못했다. 마르크스는 《자본론》을 완성하지 못했고, 하이데거는 《존재와 시간》의 후속편을 약속하고도 끝내 발간하지 못했으며, 푸코는 독자적인 방법론을 구축하고 그것에 따라 차근차근 이론을 체계화했으나 결론은 내리지 못하고 세상을 떠났다.

이 사실을 뒤늦게 착안한 우리는 원래 세 학자의 사상을 비교 검토하려던 종전의 목표를 버리고 곧바로 작업 방향을 수정했다. 새로운 방침은 일반적인 학술 연구와 달랐다. 우리는 어쩌면 학술 연구의 신기원을 이룰지도 모른다고 자화자찬했다. 만약 그 세 사람이 더 오래 살았더라면, 그래서 자신이 정한 연구의 최종 목적지까지 갔더라면 어떤 형태의 이론과 사상이 탄생했을까? 이건 일종의 학술 판타지였다. 공부의 양과 깊이보다도 학문적 상상력이 중요할 수도 있었다. 어쨌거나 그것을 알려면 추측하고 상상할 수밖에 없다. 우선 그들이 남긴 연구를 충분히 이해하고 그 토대 위에서 우리가 후속 연구를 가상으로 진행해보는 거다. 미완으로 남은 세 지적 거장의 연구를 우리가 마무리하는 거다!

어차피 권위 있는 연구 논문이 될 성격은 아니었으므로 우리는 인터넷과 블로그를 통해 취지와 진행 상황을 공개하기로 결정했다. 거기서 얻은 망외의 소득이 바로 새로운 충원이었다. 마르크스 팀, 즉 우리의 M팀은 처음부터 네 명이었고 하이데거의 H팀은 한 명, 푸코의 F팀은 두 명이었다. 원래는 각자 인맥으로 인원을 보충하기로 했는데, 인터넷에 알려지자 자연히 '공모'의 성격을 띠게 되었다. 지원자는 제법 많았다. 우리는 그중에서 선별해 H팀은 한 명, F팀은 무려 네 명이나 보충했다. 이렇게 총 인원이 늘자 공동의 '업무'가 생겼고 그 업무를 담당해줄 사람이 필요했다. 간사이자 피고용자이자 서포터를 자처하는 그 친구는 그렇게 해서 영입되었다.

우리가 모델로 삼은 것은 일종의 인문학적 SF였다. 일반 소설가와 달리 SF 작가는 캐릭터와 플롯만이 아니라 그것들을 담아낼 공간, 즉 배경 자체도 만들어야 한다. 예를 들어 작중인물이 택시를 탈 경우 일반 소설가는 그 사소한 일상 행위의 과정을 자세히 설명할 필요가 없지만, SF 작가는 택시의 외양과 작동 방식, 택시에 타는 절차, 요금 지불, 나아가 도시의 교통 체계와 제도까지 모조리 만들어내야 한다. 그러려면 현재의 현실에서 유추가 가능한 추리와 상상력이 필요하다. 우리는 지성의 분야에서 SF적 사고를 해야 했다.

역사에 가정이 없다는 말은 현실의 역사에서나 통할 뿐 지성의 역사에서는 가정이 가능하다는 게 우리의 입장이었다. 우리는 그런 가정이 상당히 유의미한 결과를 얻을 수 있다고 믿었다. 우선 우리는 가정이라는 말보다 역사적 상상력이라는 말을 쓰기로 했다. 현실의 역사는 변수가 워낙 많으므로 역사적 상상력을 적용하는 과정에서 자의적이고 주관적인 측면을 배제할 수 없지만, 지성의 역사는 한 개인의 지적 세계로 무대가 좁혀지고 어느 정도의 일관성이 담보되므로 그릇된 주관성의 덫에 빠질 염려가 적다.

그러나 구체적인 작업 과정에서 맞닥뜨리는 문제는 결코 만만치 않았다. 개별 사상가의 지적 형성과 전개 과정에 관해서는 여러 차례의 세미나를 통해 우리 내부에 — 적어도 팀 내부에 — 공감대를 만들어낼 수 있었으나, 거기서 한 발자국만 벗어나도 각자 의견이 엇갈렸다. 그나마 우리 M팀은 이견이 덜한 편이었다.

마르크스는 젊은 시절 자본주의의 폐해를 깨닫고 계몽주의적 휴머니즘의 입장에서 공산주의를 구상했다(《독일 이데올로기》,《경제학 - 철학 수고》,〈공산당 선언〉). 이때까지는 아직 체계적인 이론 작업이 아니었다. 이후 그는 현실의 공산주의 운동에 전념하다가(프랑스 혁명 3부작) 자본주의에 대해 더 정교한 이론적 비판이 필요하다는 생각에서《자본론》을 집필한다. 이론과 실천의 양 방면에서 뚜렷한 족적을 남긴 드문 케이스인데, 두 측면이 밀접하게 연관되어 있기 때문에 일관성을 읽어내기가 어렵지 않다.

다만《자본론》은 1권만 마르크스의 생전에 출판되었고 2~3권은 유고를 엥겔스가 출판했다. 그 뒤의 이론 작업이 지속되었다면《자본론》의 후속편을 이루었을지, 아니면 별개의 저작이 되었을지는 알 수 없지만 마르크스의 기획이 완성되지 않은 것은 분명하다. 그래서 우리 팀도 역시 SF적 사고가 필요했다.

우리는 일단 마르크스의 사상 전체를 토대로 삼고 최종적인 목적을 추리했다. 늘 이론과 실천을 병행했던 만큼 마르크스의 이론 작업은 지적 성과보다 실천을 겨냥했을 것이다. 그가 실천의 목표로 삼았던 것은 인간 해방이었다. 그렇다면 철학적으로 유물론을 정립하고 경제학적으로 자본주의를 분석한 뒤 그의 이론적 과제는 해방을 현실화하기 위한 혁명론일 것이다.

유물론과 자본주의 비판의 이론적 결론은 사회주의 이행이 필연적이라는 사실이다. 인간은 정신과 신체, 의식과 존재의 두 측면으로 나뉘는데, 더 인간적인 측면은 정신과 의식이지만 더 기본적인 측면은 신체와 존재다. 쉽게 말해 생물학적으로 생존해야만 더 높은 차원의 사회적인 인간으로서 존재할 수 있다. 그런 의미에서 마르크스는 통속적인 비판에서 보듯이 경제적 토대만을 중시하고 상부구조(정치, 문화, 철학, 예술 등)를 가볍게 본 게 아니라, 그 반대로 진정한 상부구조의 실현을 위해 경제적 토대의 필요성을 강조했다고 볼 수 있다. 자본주의는 사회주의 이행에 필요한 물질적 조건을 마련하기 위한 역사 발전의 단계다. 거꾸로, 자본주의 단계에서 물질적 생산력이 고양되면 사회주의 이행은 필연적이 된다. 이것이 유물론과 자본주의 비판의 결합이다.

우리는 마르크스가 결론만을 남겨둔 상태에서 세상을 떠났고 그 결론의 내용은 사회주의 이행에 관한 이론, 즉 혁명론이라는 데 합의를 보았다. 혁명론이라면 혁명의 주체와 대상을 다루어야 하고, 혁명 이후의 프로그램을 제시해야 한다. 그중에서 혁명의 대상인 자본주의 체제 분석은 《자본론》으로 이루어졌다. 따라서 우리는 나머지인 혁명의 주체와 혁명 이후의 사회체제를 연구 주제로 삼고—즉 마르크스가 더 살았더라면 이 부문에 천착했으리라 믿고—전체 인원 네 명을 두 개의 소그룹으로 나누었다. 혁명의 주체는 계급이므로 계급론을 두 명이 맡았고, 혁명 이후의 체제에서 가장 중심적인 것은 국가이므로 국가론을 다른 두 명이 맡았다.

우리 팀에 비해 H팀은 은근히 난항이었다. 하이데거의 사상은 외형상으로는 철학, 경제학, 사회학, 정치학을 넘나드는 마르크스에 비해 훨씬 단순해 보였지만, 워낙 난해한 탓에—우선 용어부터 하이데거 자신이 만든 온갖 조어들 투성이다—갈래를 잡기가 쉽지 않았다. 게다가 하이데거는 1927년에 《존재와 시간》을 발표하고 50년이나 더 생존했기 때문에 그가 완성하려 했던 사상 체계를 예측하기가 더 어려웠다.

할 수 없이 H팀은 그의 철학을 《존재와 시간》으로 국한하고—책 한 권뿐이니 우리 M팀에 비하면 원전 교재의 부담이 크게 적었다—그것에 의거해 하이데거 자신이 약속했던 후속 저작의 내용을 추측하기로 결정했다. 하이데거는 그 자신의 부인에도 불구하고 실존철학자로 널리 알려졌지만, H팀은 실존철학보다 그의 사상에 지대한 영향을 준 현상학과의 연관성에 집중하기로 했다. 실제로 하이데거는 자신의 철학을 존재론으로 규정했으므로 그것이 올바른 방향이라는 판단이었다.

그렇다면 하이데거가 남긴 숙제는 바로 '존재를 기술할 수 있는 언어'를 개발하는 문제가 된다. 인식론에 바탕을 둔 형이상학의 전통에서는 그런 언어를 생각할 수 없다. 하이데거의 제자로 자처한 데리다는 음성과 기의로부터 완전히 해방된 새로운 언어로 에크리튀르(Écriture)를 제안했으나 이름만 붙였을 뿐 그 언어가 어때야 하는지 구체적인 내용을 담지는 못했다. 시어(詩語)에서 대안을 찾으려 했던 하이데거에게로 돌아가야 한다. 존재의 언어, 철학을 말하는 시는 어떻게 가능할까? 이것이 H팀의 연구 주제였다.

그러나 H팀은 거기서 더 나아가 한층 야심찬 기획을 구상했다. 그들은 언어와 관련해 하이데거가 논리실증주의와 구조주의의 언어 개념에 관심을 가졌다고 가정하고, 그것을 하이데거의 후속 사상에 수용하기로 했다. 현상학적 존재론, 분석철학, 구조주의를 뭉뚱그려 고찰하는 것은 제대로만 된다면 획기적인 성과일 게 틀림없었다. 솔직히 말해 인적 구성으로 보나, 테마로 보나 H팀은 전체 인원 중에서 가장 정예 멤버들이었다.

F팀은 나머지 두 팀에 비해 별 무리 없이 작업을 진행하고 있었다. 연구 주제라는 측면에서만 본다면 푸코는 마르크스와 하이데거의 장점만을 갖춘 대상이다. 마르크스처럼 정체성을 파악하기 용이하고 하이데거처럼 관심의 폭이 좁다. 비록 이해하기 쉬운 철학자는 아니지만 자기만의 독특한 방법론부터 정립하고, 그에 따라 일목요연하게 이론을 전개한 덕분에 푸코는 주제를 설정하기에도 좋고 인원을 분담하기에도 편하다.

무엇보다 푸코는 저작별로 분류가 가능하다. 초기 저작들인 《임상의학의 탄생》,《광기의 역사》,《감시와 처벌》은 방법론을 다듬는 과정에 해당한다. 각 저작의 주인공처럼 보이는 의학, 광기, 징벌은 실상 조연에 불과하며, 그의 방대한 이론 체계를 입증하기 위한 사례일 뿐이다. 이 사례들을 통해 푸코는 두 가지 이론의 축을 정립하는데, 그 결과가 바로 《말과 사물》,《지식의 고고학》이다.

사물은 그대로인데 사물을 규정하는 말은 달라진다. 광기는 언제나 있었던 증상이지만 시대에 따라 광기를 규정하는 담론은 끊임없이 변화했다. 푸코는 늘 사물에만 고착되어 있었고 사물보다 후순위로 간주되었던 전통적인 관점을 완전히 뒤집어 사물보다 말에, 대상보다 담론에 주목하라고 촉구한다. 사물은 그 사물에 관한 담론을 내포하지 않는다. 마치 지시 대상 속에 그것을 가리키는 언어가 들어 있지 않은 것과 마찬가지다.

또 한 가지 이론적 축은 담론이 체계화되면 지식이 되고 그 지식은 권력을 가진다는 사실이다. 근대에 들어 범죄자를 처벌하는 방식이 처형에서 훈육으로, 훈육에서 교화로 바뀐 것은 단순히 계몽주의와 인간주의의 영향이 아니다. 진짜 이유는 범죄와 범죄자를 바라보고 설명하는 안목과 지식이 바뀐 탓이다. 지식은 분류하고 배제하는 속성을 가진다. A에 대한 지식의 본질은 A가 B나 C와 다르다는 차이의 인식이다. 여기서 배제가 나오고 이 배제를 뒷받침하기 위해 권력이 동원된다. 지식과 권력은 한 몸이다. 역시 아는 것은 힘이다!

이렇게 방법론과 이론을 구축한 뒤 푸코는 그 이론을 실제에 적용하려 했다. 그 첫 신호탄이 바로 유작이 된 《성의 역사》 시리즈다. 푸코는 그 저작을 남기고 에이즈로 죽었다. 수십 년간 건축학을 열심히 공부하고 대규모 기초공사를 벌이고 무수한 설계도를 작성한 끝에 결국은 집 한 채 짓고만 격이다. 그렇다면 그가 남긴 완벽한 설계도에 따라 아파트 단지 하나쯤은 지어야 하지 않을까?

그래서 F팀은 독특한 연구 방식을 취했다. 우선 전원이 푸코의 방법론과 이론을 공유한 다음, 이론의 적용(이론적 실천)에서는 여섯 명의 멤버가 각자 독자적으로 분야를 정하는 것이다. 푸코가 '성(性)'을 택했다면, 멤버들은 정치, 문화, 예술, 제도 등 푸코의 설계도에 따라 자신이 지을 수 있는 건축물을 정했다. 팀 전체가 공동 연구를 진행하기보다 각자가 동등한 위상에서 '또 한 명의 푸코'가 되어 이론적 실천을 담당하는 방식이었다.

위대한 사상가들이 미완으로 남긴 사상을 후대에 완성한다는 우리의 기획은 우리가 봐도 획기적이고 참신했다. 어차피 학문적 근거 따위는 필요하지 않았으므로 연구의 객관성에 매달릴 필요가 없었으며, 자유롭고 상상의 여지가 풍부한 기획이었다. 하지만 작업이 어느 정도 진행되자 우리는 새로운 문제에 봉착했다. 우리의 연구를 근본적으로 제한하는 것은 아니었으나 어떻게든 해소하지 않으면 계속 찜찜하게 남을 문제, 그것은 바로 창작과 표절의 관계였다.

한 개인이 완성하지 못한 일을 다른 개인이 마무리한다면 그것은 창작일까, 표절일까? 물론 완전한 창작도, 완전한 표절도 아니지만 과연 어느 정도까지 독창적이라고 해야 할까?

문제는 여기서 그치지 않는다. 우리 세 팀이 기적을 일궈낼 만한 능력을 가진 것은 아니지만 그래도 기분 좋은 가정은 가능하다. 만약 우리가 기대 이상의 뛰어난 성과를 만들어냈다면 어떨까? 다른 사람이 마무리한 일이 원래의 창작자가 구상한 것보다 더 훌륭한 결과를 낳았다면 창작의 명성과 권리는 누구의 몫이 되어야 할까?

F팀의 한 멤버는 연극 음악을 담당했던 경력을 가지고 있었다. 그런데 그 작업 과정이 무척 흥미로웠다. 세 명이 팀을 이루어 한 건에 100만 원씩 받고 일주일에 연극 한 편의 음악을 모조리 다 만들었다고 한다. 일주일에 한 편이라……. 놀라운 스피드다. 그러나 사연을 듣고 보니 절반만 창작이었기에 가능한 일이었다.

의뢰를 받으면 그들은 일단 리듬부터 찾았다. 리듬을 만드는 게 아니라 찾았다는 건 뭘까? 피아노와 드럼, 베이스로 기본 리듬을 수백 가지 연주해놓은 컴퓨터 프로그램이 있었다. 그것도 각 악기의 전문 연주자들이 녹음한 프로그램이었다. 그들은 그것을 사서 리듬을 따 쓰는 것이었다. 그야말로 샘플러조차 필요 없는 샘플링이었다. 적절한 리듬을 고른 다음 거기에 얹힐 멜로디만 작곡하면 되었다. 물론 멜로디를 만드는 일이 쉽지는 않았으나 리듬이 정해지면 반 이상은 작곡한 거나 다름없었다.

이렇게 남이 만들고 연주해놓은 리듬에 멜로디를 얹힌 곡은 누구의 창

작물이라고 해야 할까? 리듬이 시판된다는 것은 곧 누구나 그것을 구입해 작곡에 이용할 수 있다는 뜻이다. 똑같은 리듬으로도 수많은 곡을 만들 수 있다. 그 형제 곡들의 어머니는 누굴까? 아니, 그 곡들은 각기 고유한 독창성을 가졌다고 말할 수 있을까? 독창성이 없다면 표절이다. '인간이 만든 최고의 리듬'이라는 극찬을 받는 보사노바를 사용한 곡은 근본적인 의미에서 모두 다 표절일까?

 미완성으로 남은 작품을 다른 사람이 완성시켜 원래보다 더 훌륭한 작품을 만들 수도 있을 것이다. 또한 완성된 작품이라 해도 그 가운데 일부분 혹은 상당 부분을 변형시켜 더 나은 작품을 만들어낼 수 있을지도 모른다. 베토벤의 〈에그몬트 서곡〉은 괴테의 비극을 격정적인 음악으로 표현한 훌륭한 작품이지만 그 수천 개의 음표들 중에서 몇 개를 수정하면 더 완벽한 작품이 될 수도 있지 않을까? 베토벤은 과연 그 곡에서 모든 음표마다 똑같은 긴장도로, 똑같은 예술혼을 투입했을까? 마르크스는 《자본론》을 쓸 때 정말 문장 하나하나마다 혼신의 힘을 기울였을까? 《자본론》 1권 후반에 근로감독관의 비슷비슷한 보고들을 열거한 대목은 공들여 썼다기보다는 폭로의 열정에 사로잡혔거나, 아니면 집필의 긴장감이 좀 해이해진 상태에서 작성된 부분이 아닐까? 이런 부분을 적당히 줄이고 보태면 더 완벽한 저작이 되지 않을까?

사진의 경우는 그림이나 음악보다 더 창작과 표절의 관계가 모호해진다. 앵글은 처음 찍은 사람만이 가지는 권한이지만 그 외의 측면에서는 얼마든지 왜곡과 변형이 가능하다. 어떤 사람이 찍은 사진을 트리밍 작업으로 원래 의도와 다른 부분을 부각시킨다면 그 변형은 또 다른 창작일까, 아니면 단순한 표절일까? 트리밍은 그래도 고전적인 수법이다. 거기서 더 나아가 포토샵으로 사진을 만져 색조와 분위기를 딴판으로 만들면 새로운 사진 작품이 되는 걸까, 아니면 원작의 초라한 아류일까?

애초에 우리 세 팀이 뭔가를 창작하겠다는 거창한 야심을 품은 것은 아닙니다. 저작권 따위를 주장할 생각도 없다. 하지만 우리의 작업이 성공할 경우 탄생하게 될 이론과 학설은 누구의 것이라고 해야 할까? 새로운 계급론과 국가론은 마르크스의 이론인가, M팀의 이론인가? 새로운 존재론의 언어는 하이데거의 작품인가, H팀의 작품인가? 고고학과 계보학적 접근을 통해 재구성된 예술의 역사는 푸코의 결실인가, F팀의 결실인가?

창작, 표절, 편집

건축물의 경우에는 설계도를 만든 건축가에게 저작권이 주어지고, 시공을 맡은 건축회사는 용역을 수행한 것으로 간주된다. 음악의 경우에는 곡을 쓴 작곡자가 저작권을 소유하고, 연주자는 연주에 관한 권리밖에 가지지 못한다. 미술의 경우는 약간 다르다. 지금은 미술품의 창작자가 분명하지만 근대 이전까지만 해도 미술품의 실제 제작자는 은폐된 사례가 많았다. 당시 유명 화가들은 대규모 공방에서 많은 도제와 일꾼을 거느리고 작품을 생산하는 방식을 취했다. 말하자면 오늘날 유명 만화가의 화실 같은 분위기였다. 여기서 제작된 '제품'은 공방의 주인인 유명 화가의 이름으로 발표되었다. 기를란다요의 도제였던 미켈란젤로처럼 도제 출신으로 스승보다 더 큰 성공을 거둔 화가도 많았다.

개인적 성격이 가장 강한 창작은 텍스트의 창작, 쉽게 말해 책을 쓰는 경우다. 건축가는 설계도까지, 작곡가는 악보까지 책임지지만 텍스트의 창작자는 책 한 권에 인쇄된 모든 텍스트를 창작한다. 르네상스 시대의 미술 창작처럼 도제를 고용하는 경우는 드물고 다른 저자와 공동으로 작품을 제작하는 경우도 거의 없다.

하지만 그렇다고 해서 텍스트의 창작이 명료한 것만은 아니다. 한 개인이 모든 텍스트를 지어냈다고 해서 그 저작이 그 개인만의 것일까? 100퍼센트 순전한 독창성의 발현일까? 잘 따져보면 그렇지는 않다. 신문 기사는 사건을 전달하려는 목적에 종속되므로 창작이 아니다. 학술 문헌은 특정한 목적에서 특정한 주제를 다루기 위한 글쓰기 방식이므로 역시 순전한 창작은 아니다. 순수한 창작에 가장 가까운 것은 문학이다. 하지만 이 경우에도 플롯과 인물, 사건을 모두 현실에 의존하므로 순전히 작가의 머릿속에서 나온 창조물은 아니다. 스토리만이 아니라 무대와 배경마저 작가가 꾸며내는 SF라 해도 마찬가지다.

물론 창작자가 있기에 창작물이 있는 것은 사실이다. 재료들이 다 구비되어 있다고 해도 전혀 손을 대지 않았는데 저절로 재료들의 조립이 이루어지지는 않는다. 세계 최대의 고물상에 번개가 무수히 친다고 해서 점보 비행기가 만들어지는 것은 아니고, 수십 년 동안 침팬지가 타자기를 가지고 논다고 해서 "난 침팬지다."라는 텍스트가 생산되는 것은 아니다. 그러나 모든 창작 행위는 창작자의 외부에 존재하는 대상을 끌어들여야 하므로 절대적인 의미에서의 창작은 아니다. 심지어 대상에 의존하지 않는 창작도 순수한 창작은 아니다. 엄밀하게 말하면 순수한 창작은 애초부터 성립하지 않는 개념이다.

외부의 대상과는 관계없는 창작, 이를테면 순전한 말놀이나 정신병 환자의 무의미한 발언도 창작이 될 수 없다. 모든 창작에는 근원적인 한계가 있다. 하나의 문장을 지을 때 창작자는 단어를 생각하고 문법을 고려한다. 그런데 그 단어와 문법은 창작자가 만든 게 아니다. 만들기는커녕 창작자는 전혀 개입할 수조차 없다. 단어와 문법, 즉 언어 구조는 개별 창작자와 무관하게 '언제나/이미' 존재했다. 창작자는 문장 하나를 지을 때 무에서 단어를 끄집어내는 게 아니라 기존의 언어 구조에 뛰어들어 그것을 사용할 뿐이다.

자동차를 제작하는 게 아니라 운전하는 데 그칠 따름이다.

작곡가가 곡을 쓰려면 자신이 만들지 않은 음계와 화음을 동원해야 한다. 화가가 그림을 그리려면 자신이 만들지 않은 화구와 기법에 의존해야 한다. 여기에 예술 특유의 양식적 차용도 있다. 아무리 독창적인 예술가라 해도 그런 기본 조건에서 벗어날 수는 없다. 전통과의 단절을 선언한 예술 양식도 마찬가지다. 쇤베르크의 무조음악은 기존의 음조를 부정했으나 기존의 음조가 없었다면 탄생할 수 없었다. 칸딘스키의 추상화는 기존의 구상화를 거부했으나 기존의 구상화가 없었다면 새롭게 각광을 받을 수 없었다. 새롭다는 말 자체가 새롭지 않은 기존의 것이 있기에 가능하다.

인간은 늘 주어진 것을 토대로 새로운 것을 창조할 수밖에 없다. 엄밀히 말해서 모든 창작물은 모방이며 표절이다. 바이올린의 격렬한 현은 폭풍과 파도 소리를 모방하고, 풍경화가의 유려한 붓은 들판과 숲을 표절한다.

자크 데리다는 모든 메시지에 발신자와 수신자가 없다고 말했는데, 이는 곧 창작의 한계와 통한다. 창작물의 발신자, 즉 창작자는 존재하지 않는다. 존재하는 것은 창작물뿐이다. 그렇다면 창작물의 개별성은 어떻게 담보될까? 독창성의 여지는 어디서 찾을 수 있을까?

전통적으로 창작물의 독창성은 그 기원에서, 즉 창작자나 창작물 자체에서 찾았다. 이를테면 창작자의 의도와 구상, 솜씨, 그리고 그것들이 구현된 작품에 독창성의 근원이 있다고 믿었다. 그러나 창작 행위의 근본적 한계를 인정하면 창작물의 독창성은 기원과 무관해진다. 창작물을 독창적으로 만드는 것은 창작물 자체에 내재하는 게 아니라 다른 창작물과의 관계, 즉 차이다. 한 창작물은 다른 창작물과 다르다는 점에서 독창적이다. 개가 개인 것은 소나 말이 아니기 때문이며,《부활》은《전쟁과 평화》나《안나 카레니

나》가 아니기 때문에 《부활》이다.

　모든 창작 행위는 기존의 것을 토대로 새로운 것을 만들어내는 행위다. 새로운 것은 기존의 것과 다른 것, 즉 차이다. 창작은 차이에서 비롯되며 차이를 빚어낸다. 창작의 처음과 끝은 바로 차이다. 차이란 하나의 실체 안에 담겨 있는 성질이 아니라 한 실체와 다른 실체를 비교할 때 생겨나는 성질이다. 그래서 차이는 실체적 개념이 아니라 관계적 개념이다.

　창작물의 독창성은 창작자나 창작물 같은 실체가 아니라 관계에 의해 규정된다. 한 단어의 의미를 결정하는 것은 그 단어와 연관된 지시 대상이 아니라 다른 단어들과의 차이라는 것과 같은 논리다. 그렇다면 여기서 창작 행위의 진정한 주체를 발견할 수 있다. 그것은 창작자가 아니라 바로 관계와 차이다. 창작자는 그 관계와 차이를 하나의 개별 창작물로 구현한 대리자(agent)일 뿐이다.

　창작을 위한 재료는 '언제나/이미' 존재했다. 창작의 양식 또한 '언제나/이미' 존재했다. 이렇게 '언제나/이미' 존재해온 창작의 요소들이 창작자를 매개로 해서 구현된 게 바로 창작물이다. 이런 의미에서 창작은 곧 요소들의 '편집'과 같다. 편집자가 바로 창작자다!

　예술의 창작은 편집이다. 현실에서 주제와 모티프를 끌어낸다는 점에서도 그렇지만 그보다도 구체적인 창작 과정 자체가 하나의 편집이다. 음악의 작곡은 음표를 발명하고 화음을 고안하는 데서부터 시작하는 게 아니라 기존의 음표 체계를 이용하고 이미 만들어져 있는 화음들을 끌어다 쓰는 과정이다. 화가의 작업은 전에 없던 양식을 정립하고 캔버스와 물감을 제작하는 데서 시작하는 게 아니라 오랜 전통을 지닌 양식들 가운데 하나를 선택하고 이미 개발되어 있는 화구들을 사용해 그림을 그리는 과정이다. 작가가 소설을 쓰는 일은 문법과 어휘를 만드는 데서 시작하는 게 아니라 이미 존재하는 단어와 어구들을 적절히 연결하는 과정이다. 창작자가 비교적 순수하게 선택할 수 있는 것은 단지 주제뿐인데, 실은 이 주제마저도 현실에서 차용해야 한다. 그러므로 종합적으로 볼 때 창작은 편집이다. 창작 과정은 기존의 건축물을 이루고 있던 자재들을 해체해 재구성하는 작업과 같다. 마치 예전에 다 쓴 납 활자들을 녹여 새로 필요한 활자들을 주조하는 것처럼.

영화의 경우에는 창작=편집의 등식이 더욱 적나라하게 드러난다. 물론 처음부터 끝까지 일관성의 축을 유지하는 시나리오가 있기는 하지만, 영화는 무수한 컷을 촬영한 다음 편집을 통해 최종적으로 완성되는 작품이다. 촬영된 컷들은 재료에 불과할 뿐 그 자체로 작품이 되지는 않는다. 바둑 한 판을 둘 때 중간에 수읽기를 통해 대국자의 머릿속에서 무수한 장면이 그려지지만 그것은 실현되지 않은 수많은 재료일 뿐이다. 실제 바둑은 그중에서 선택하고 결정한 착점에 의해 이루어진다. 이때 두어지지 않은 상상 속의 장면들은 대국자의 머릿속에서 편집을 통해 삭제된 것이다.

창작이란 흔히 생각하는 것과는 달리 무에서 유를 창조하는 게 아니다. 세계는 '언제나/이미' '유'로 가득 차 있다. 창작이란 기존에 존재하는 것들 가운데 적절한 것들을 골라 배열하는 편집 과정을 가리킨다. 창작자의 안목, 즉 독창성도 역시 없는 것을 만들어내는 게 아니라 있는 것을 다룰 줄 아는 편집의 능력이다. 미술가는 소재와 양식을 편집하고, 음악가는 음표와 악기를 편집하며, 문학가는 어휘와 문장을 편집한다.

창작은 주제의 측면에서 보면 현실의 표절이며, 방법의 측면에서 보면 재료의 편집이다. 예술이든 학문이든 그동안 창작이라고 간주되어왔던 모든 활동은 표절이자 편집이다. 해 아래 새 것은 없다.

타자

모범 시민 X

우리 집은 모범 아파트다. 다른 아파트 단지에 비해 구조가 모범적이라든가, 특별히 나은 시설이 있다든가 하는 의미가 아니라 그냥 이름이 모범 아파트다. 그럼 여기 사는 주민들은? 당연히 모범 시민들이다. 이것도 뭔가 본받을 만한 미덕이 있다는 의미가 아니라 모범 아파트에 살기 때문에 모범 시민이라는 이야기다. 그런데 이 아파트 단지에 정말 그 명칭에 걸맞은 자격을 갖춘 모범 시민이 한 사람 살고 있다. 이름은 그냥 X라고 부르자.

마흔 살쯤 되어 보이는 X는 아파트 6층에 살고 있다. 그의 집은 605호가 아니라 606호가 분명하다. 굳이 집안까지 들어가 보지 않아도 그의 우편함을 보면 알 수 있다. 605호의 우편함은 다른 것들과 똑같지만 606호의 우편함은 우편물이 두 개 이상 꽂혀 있는 적이 거의 없으며, 먼지 한 톨 보이지 않고 늘 말끔히 정돈되어 있다.

그는 대체로 저녁 7시쯤에 귀가한다(아쉽게도 아침에는 내가 거의 늦잠을 자는 탓에 그의 출근 시간은 정확히 알 수 없다). 퇴근 무렵이 되면 늘 그의 아내와 두 아이가 아파트 동 앞까지 나와 기다리고 있다. 그는 은색 소형차를 단정하게 주차시키고 아들과 딸의 머리를 쓰다듬으며 집으로 들어간다. 언제나 규칙적이다. 늘 똑같은 그의 퇴근 시간과 집에 들어가는 장면을 본다면 아마 칸트도 울고 가지 않을까 싶다.

아파트 주민들이 환한 대낮에 그의 가족을 볼 수 있는 날은 토요일 오후다. 매주 그 시간이 되면 그는 간편한 트레이닝복 차림으로 가족과 함께 배드민턴을 치러 나온다. 맨 먼저 아내, 그리고 아들, 딸의 순서로 친다. 이렇게 한 바퀴 돌고 나면 아내와 아이들이 배드민턴을 치게 놔두고 그는 주변을 꼼꼼하게 살피며 담배꽁초와 광고 전단 따위를 주워 쓰레기통에 버린다. 언젠가 한 번은 개똥을 치우는 것도 본 적이 있다. 그가 담배를 피우지 않고 개를 기르지 않는다는 건 확실하다.

솔직히 고백하자면, 나는 몰래 X의 뒤를 밟은 적이 있다. 나와는 안면이 있기 때문에 쉽지 않은 일이었다. 나의 목적은 두 가지였다. 첫째, 혹시 그는 다른 사람들의 시선을 의식하는 게 아닐까? 그렇다면 착한 사람 콤플렉스? 둘째, 혹시 그는 병적으로 깔끔한 유형이 아닐까? 그렇다면 결벽증 환자?

어느 일요일, 부근의 할인 매장에 가는 X를 30미터 뒤에서 따라가며 확인한 결과 그는 둘 다 아니었다. 그는 도중에 발견되는 쓰레기를 줍기 위해 아예 비닐봉지를 가지고 집을 나섰고, 영화 속 잭 니콜슨처럼 보도블록의 금을 피해 걷는 비정상적 행동도 전혀 보이지 않았다. 미니스커트를 입은 젊은 여자를 슬며시 뒤돌아보는 따위의 엉큼한 구석도 없었다(만약 뒤

돌아봤다면 나와 정면으로 눈이 마주칠 뻔했다). 한마디로 그는 철두철미 모범 시민에 딱 어울리는 사람이다.

X를 규칙적인 사람이라고 말할 수는 있어도 모범 시민이라고까지 말하는 건 과장일지 모른다. 내가 알기로 그는 지하철에서 선로에 떨어진 사람을 구해주거나 취객을 택시에 태워주는 적극적인 선행을 베푼 적은 없다. 하지만 규칙적이라는 말은 곧 규칙을 잘 지키는 사람이라는 의미다. 규칙을 잘 지키는 사람이 얼마나 드문지 안다면 그가 모범 시민의 자격이 충분하다는 것도 알 것이다.

법 없이도 살 사람이란 X를 두고 하는 말이리라. 이런 사람들만 산다면 그다지 재미는 없어도 아주 평화로운 사회를 이룰 수 있을 거다. 그러나 다른 측면에서 X의 행위를 보면 사회의 조직 원리가 매우 비합리적이고 비경제적이라는 생각이 든다. 사회의 다양한 부문들은 X 같은 사람들을 위해 존재하지 않기 때문이다.

그는 운전면허를 딴 지 10년이 넘도록 자동차 보험을 한 번도 쓰지 않았다. 그동안 그가 낸 수백만 원의 보험료는 모두 다른 사람들과 관련된 사고를 처리하는 비용으로 쓰였을 것이다. 또 그는 지금까지 살면서 단 한 번도 파출소에 들어가 도움을 요청한 일이 없다(파출소의 화장실을 이용한다거나 길을 묻는 따위도 포함해서). 또 119 구조대를 부른 적도 없다. 그는 현대 도시 사회가 요구하는 온갖 세금을 꼬박꼬박 내면서도 현대 도시 사회가 자랑하는 온갖 장치를 한 번도 이용한 적이 없는 것이다. 한마디로 사회가 그를 위해 해준 일은 전혀 없다.

따지고 보면 사회의 대다수 사람들은 X만큼 모범적이지는 않아도 대체로 무난하고 정상적인 삶을 영위한다. 사회제도, 시설, 기구의 직접적인 도움에 일상적으로 의존하며 사는 사람은 드물다. 그런데도 사회제도, 시설, 기구를 작동하기 위해 수많은 인력이 동원되고 엄청난 돈이 투입된다. 한 세기에 한 번 있을까 말까한 전쟁을 예방하기 위해 대규모의 군대가 유지되고 훈련된다. 소수의 범죄자를 추적하고 검거하기 위해 방대한 경찰력이 동원된다. 심지어 투신자살하겠다는 한 사람의 '자발적인' 행위를 막기 위해 몇 시간 동안이나 도로를 막고 여러 대의 차량이 동원되는 거추장스러운 공사를 벌인다. 특별한 심사가 필요 없는 소소한 법률의 제정을 위해 적지 않은 의원과 보좌관, 비서 등 상당수의 부대 인력을 상시적으로 유지하고 있다.

이렇게 본다면 대다수 모범적으로 사는 국민들이 왜 그토록 많은 세금을 평생 동안 국가에 내야만 하는지 이해할 수 없다. 왕국이라면 몰라도 공화국이라면 세금은 무조건적 의무가 아니라 대가를 요구할 수 있는 권리다. "대표 없이 과세 없다." 처음부터 공화국으로 출범한 미국의 탄생을 알린 멋진 슬로건이 아닌가? 사회에는 평생을 살아가면서 법에 호소한 적 없고 사회적 처리 비용이 필요한 사고 한 번 내본 적이 없는 X 같은 사람들이 부지기수다. 이들이 내는 세금은 거의 다 사회적 소수자와 관련된 일에 사용된다. 도대체 소수의 마약 범죄자를 체포하기 위해 형사 여러 명이 며칠씩 잠복근무하는 데 드는 비용을 왜 일반 시민들에게서 거둔단 말인가?

물론 반론의 근거는 있다. 비록 나는 불 한 번 낸 적 없다 해도 옆집에서 화재가 발생했을 때 소방차가 출동하지 않으면 내 집도 타버릴 것이다. 범죄자는 전체 인구에서 소수에 속하지만 그들을 법으로 다스리는 인력이 없다면 대다수 평범한 사람들도 피해를 입을 것이다. 그건 사실이다. 하지

만 사회의 마이너 부문에 메이저 투자가 이루어진다는 것은 고도의 효율성을 지향하는 현대사회의 조직 원리로 보면 어딘가 어긋난 듯하다.

하긴, 오늘도 하루 종일 TV 앞에 죽치고 있는 나 같은 백수는 누군가가 낸 세금의 덕으로 살아간다. 나는 다른 사람이 생산한 가치를 소비하며 살고 있다. 나는 사회적 소수자다. 마침 TV에서 소수자를 방영하고 있다. 그런데 사람이 아니라 동물의 왕인 사자다.

아프리카 초원의 밤, 물소를 사냥하다 다리가 부러진 암사자 한 마리가 비틀거리며 걷고 있다. 함께 사냥하던 동료들은 이미 가버리고 없다. 사자 무리에는 의리 같은 게 없는 모양이다. 카메라는 예고된 비극을 냉정하게 연출한다. 평소 같으면 접근하지도 못할 하이에나들이 한두 마리씩 사자에게 다가간다. 사자는 으르렁거려 보지만 스스로 무기력하다는 걸 알고 있다.

동물 사회에서 다친 동물은 제대로 살 수 없지만 인간 사회는 사회적 비용을 들여 장애인을 보호한다. 순전히 비용과 효율성으로만 따지면 경제적 가치가 적을지 몰라도 사회적 약자와 소수자를 돌보는 게 인간 문명의 특징이다. 원시사회나 자연 세계라면 그렇지 않다. 자연의 논리가 통용되는 무대에서는 약자가 배려되지 않는다. 그렇게 보면 그런 관계를 역전시킨 인간 문명의 발달이란 화려한 무대의 중심이 아니라 무대의 어두운 한 구석에 조명을 비출 줄 아는 정교함을 뜻하는 것인지도 모른다. X가 아니라 나 같은 소수자를 위한 것인지도 모른다.

하이에나 무리가 열 마리쯤 모이자 용기 있는 놈들이 하나씩 나서서 암사자의 다친 다리를 문다. 사자가 몇 차례 몸을 뒤틀며 버티다가 이내 쓰러진다. 차마 더 이상 볼 수 없어 채널을 바꾸는데 현관문이 열리며 한 부부와 두 아이가 들어온다. 곧이어 남자의 호통이 들린다.

"오늘도 하루 종일 집안에 틀어박혀 있었구나. 너 이 자식, 언제 취직할래? 서른다섯씩이나 먹었으면서 나잇값도 못하니 조카들 보기 창피하지도 않냐?"

외부인들은 내부의 사정을 잘 모른다. 그래서 정보원이 필요한 거다. 겉으론 나무랄 데 없는 모범 시민이지만 하나밖에 없는 동생에게는 조카들이 보는 데서도 마구 막말하며 면박을 주는 사람이 바로 X다.

아웃사이더의 반란

정신 질환에 관해 취재 기사를 준비하던 기자가 정신과 의사에게 정상인과 비정상인을 어떻게 구분하느냐고 물었다. 의사는 이렇게 대답했다.

"욕조에 물을 가득 채워놓은 다음 컵과 양동이를 주며 물을 비우라고 말합니다."

"아하, 정상인이라면 양동이를 사용하겠군요."

"아니죠. 정상인은 욕조의 배수구 마개를 뽑습니다."

낡은 유머다. 낡은 이유는 정상과 비정상을 행위로 구분하기 때문이다. 예전에는 정상과 비정상을 구분하는 기준이 대상 자체에 있다고 믿었다. 마치 사전에서 정의를 내리는 것처럼 정상과 비정상은 속성 자체가 서로 다른 것으로 여겼다. 그러나 실체적 정의보다 관계를 중시하는 관점에서 보면, 정상과 비정상은 그 자체로 정의되는 게 아니라 그 두 개념을 둘러싼 담론에 의해 정의된다. 즉 정상과 비정상이 존재한다기보다 정상에 대한 담론과 비정상에 대한 담론이 존재할 뿐이다.

그러므로 "무엇이 정상이고 무엇이 비정상인가?"라는 질문은 잘못이다. 그보다는 "누가, 혹은 무엇이 정상과 비정상을 규정하고 구분하는가?"라고 물어야 한다. 이 질문에 대한 미셸 푸코의 답은 이성이다. 그에 따르면, 정상과 비정상의 구분에는 이성을 기반으로 하는 지식 체계와 여기서 비롯된 권력이 작용하고 있다. 광기라는 현상이 근대에 들어 정신 질환으로 규정된 것은 정신분석학이라는 지식 체계가 탄생한 결과다.

지식의 작용은 분류다. 지식은 특정한 것을 지식 체계 내로 수용하고 그 밖의 것은 배제한다. 이때 앞의 것은 동일자가 되고 뒤의 것은 타자가 된다. 모든 지식은 배제의 기능을 하므로 그것은 당연한 결과다. 문제는 한 가지 색깔의 지식이 오랜 기간 지배적인 지위를 차지하면서 군림하는 경우다. 이럴 때는 지식 체계에서 배제된 타자의 영역이 커지게 된다. 탑을 높이 쌓을수록 그림자가 길어지는 것과 같다. 동일자의 역사가 풍부해질수록 타자의 역사도 풍부해진다. 다만 동일자의 역사와 달리 타자의 역사는 끊임없이 은폐되고 위장되고 호도된다.

동일자의 역사는 환한 햇빛 속에 드러나 있지만 타자의 역사는 어둠과 그늘 속에 묻힌 상태로 누적된다. 그렇기 때문에 우리는 무의식적으로 동일자의 역사를 역사 전체로 보게 된다. 하지만 타자의 역사는 동일자의 역사에 결코 뒤지지 않을 만큼 풍부하다. 오히려 특정한 지식 체계의 선택을 받은 동일자의 영역보다 훨씬 다양하다. 마치 우주에는 눈에 보이는 별과 성운만 있는 게 아니라 그보다 훨씬 더 큰 암흑 물질이 있는 것처럼.

드러난 역사는 동일자의 역사, 즉 반쪽뿐이다. 역사를 온전히 연구하려면 가려지고 억눌린 타자의 역사를 복원해야 한다. 푸코는 그것이 전통적인 역사학 방법으로는 불가능하다고 말한다. 역사학도 역시 하나의 지식 체계이므로 특정한 것을 선택하고 나머지를 배제하기 때문이다. 푸코가 제안하는 방식은 고고학이다. 동일자 중심의 역사에서 타자는 연속적인 역사를 이루지 못하고 묻혀 있으며 흔적으로만 남아 있다. 흔적을 찾아내는 데 필요한 학문은 역사학이 아니라 고고학이다. 역사학이 전해져오는 문헌과 자료로써 과거를 복원한다면 고고학은 버려진 유적과 유물에서 과거를 캐내는 학문이다. 그래서 푸코는 고고학적 방법으로 숨겨진 타자의 목소리를 찾고자 한다. 그가 광기, 범죄, 성 등의 주제들에 초점을 맞춘 이유는 그것들이 이성에 의해 배제되어온 대표적인 타자들이기 때문이다.

일상적인 차원에서 가장 알기 쉬운 타자의 사례는 사회적 소수자다. 장애인, 동성애자, 성전환자, 희귀병 환자 등과 같은 신체적 소수자, 소수민족, 외국인, 전과자, 소수 종교의 신도, 독특한 문화적 취향을 가진 애호가 등의 문화적 소수자가 타자에 속하는 부류다. 푸코와 함께 포스트구조주의의 선봉에 선 철학자인 질 들뢰즈는 흔히 아웃사이더로 불리는 사회적 소수자에게서 혁명의 동력을 발견한다.

전통적인 계급 혁명은 지금까지 제대로 성공하지도 못했지만 설사 성공했다 하더라도 기존의 권력 구조를 근본적으로 전복시키기 어렵다. 다만 지배계급-피지배계급의 관계만 역전될 뿐이다. 프롤레타리아 혁명이 성공한다 해도 피지배계급이었던 프롤레타리아가 지배계급이 될 뿐 계급 지배의 구조 자체가 바뀌지는 않는다(20세기를 풍미했던 현실사회주의가 그 점을 잘 보여준 바 있다). 그래서 들뢰즈는, 탈현대의 새로운 혁명은 기존의 사회조직 원리에서 가장 멀리 있는 집단, 사회의 가장 주변부에 위치한 아웃사이더 집단이 주체가 되어야 한다고 주장한다. 그가 생각하는 혁명은 아웃사이더의 반란이다.

인식
내가 만드는 세계

 인간들은 흔히 오감이라는 말을 쓰지만 내가 보기에 감각은 다섯 가지가 아니라 세 가지밖에 없다. 눈으로 보는 시각, 귀로 듣는 청각, 코로 냄새 맡는 후각, 이렇게 세 가지뿐이다. 그러니까 오감이 아니라 삼감이라는 말을 써야 한다.
 오감 가운데 삼감을 제외한 다른 두 감각, 즉 미각과 촉각은 엄밀히 말해 감각이 아니다. 감각이라면 꼼짝 않고 가만히 있어도 느껴지는 것이어야 할 텐데, 미각과 촉각은 그렇지 않다. 미각은 혀로 대봐야 알 수 있는 것이고, 촉각은 발로 건드려봐야 느껴지는 것이다. 미각과 촉각은 순수한 감각이 아니라 행위의 결과다.
 인간들이 평소에 얼마나 고집스러운지는 익히 알고 있으니까 누가 내 의견에 반대한다 해도 굳이 설득할 생각일랑 없다. 그래도 감각이 다섯 가지라고 우기는 꼴을 보면 딱하기 그지없다. 어젯밤에 주인이 데려온 친구는 주인과 함께 밤늦도록 술을 마시면서 터무니없는 이야기를 잔뜩 늘어놓았다. 앞으로 오감을 이용한 마케팅이 중요하다는 둥, 요리 냄새를 맡을 수 있는 텔레비전이 개발될 거라는 둥 헛소리를 맘대로 지껄였다(제발 집 안에 술 냄새 좀 풍기지 말았으면……. 게다가 아저씨 친구는 발 냄새가 어찌나 심한지 코를 발에 들이댔다가 숨이 막혀 죽는 줄 알았다).

인간들이 미각과 촉각을 감각에 포함시키려는 의도는 이해하지 못할 바가 아니다. 다 콤플렉스 때문이다. 시각, 청각, 후각 세 가지 모두 우리 견공들에 비해 형편없으니까. 우리는 인간보다 여섯 배나 어두운 빛 속에서도 사물을 볼 수 있고, 인간에 비해 주파수가 다섯 배나 높은 소리도 들을 수 있다.

그럼 후각은 어떨까? 말할 것도 없다. 인간은 후각이라 할 만한 게 없다. 인간의 후각 능력은 우리의 100만분의 1에 불과하다(요리 냄새를 맡을 수 있는 텔레비전이라고? 흥!). 대체 코는 왜 달고 다니는지 모르겠다. 그런데 주인아줌마는 그 아무 짝에도 쓸모없는 코를 높이려고 성형수술을 세 차례나 받았다.

시각의 면에서 인간이 우리보다 좀 장점을 가진 건 사실이다. 인간은 우리보다 색을 잘 구분한다. 우린 검은색과 흰색 이외에 노란색을 조금 구분할 뿐 다른 색은 잘 모른다. 특히 인간은 조금 진한 괴상한 색을 빨간색이라고 부르는데 우린 그 색을 알지 못한다.

하지만 그따위가 뭐 중요하랴? 인간들은 색을 잘 구분하지 못하는 걸 색맹이라고 부르지만, 설사 색맹이라 해도 사는 데 전혀 지장이 없다. 인간 사회에서도 색맹이 장애에 속하는 증상으로 분류되기 시작한 건 교통 신호등이 생기면서부터다.

인간들이 우릴 색맹이라고 부르건 말건 아무 상관없다. 우린 현관문 밖에 가족이 왔는지, 손님이 왔는지 눈으로 보지 않아도 안다. 똥인지 된장인지 구분하게 해주는 건 냄새지 색깔이 아니다. 집안 여기저기를 기어다니며 걸핏하면 나를 괴롭히는 주인집 아기는 며칠 전에 주방 바닥에 있는 바퀴벌레 시체를 과자인 줄 알고 집어먹었다. 커서 뭐가 될는지, 쯧쯧.

인간들이 좋아하는 문화라는 말은 특히 후각과 관련이 깊다. 인간들은 시각과 청각에 관해서는 별로 가리는 게 없지만 보잘것없는 후각에 관해서는 유독 예민하게 군다(아마 후각 콤플렉스 때문이겠지?). 보기 좋거나 보기 싫은 것, 듣기 좋거나 듣기 싫은 것을 구분할 때보다 좋은 냄새와 나쁜 냄새의 차이에 훨씬 더 예민하다.

그런데 그건 인간만이 가진 특징이다. 인간들은 그걸 문화의 결과라고 부른다. 즉 태어날 때부터 본능적으로 가진 게 아니라 후천적으로 습득하게 된 성질이라는 의미다. 주인집 아기는 우리 견공들처럼 똥 냄새가 나쁘다고 생각하지 않는다. 원래 냄새에는 좋고 나쁜 게 없다. 우리 견공들은 냄새를 그저 정보로 받아들일 뿐 좋고 나쁜 게 없다고 여긴다. 향수 냄새가 오줌 냄새보다 좋을 건 전혀 없다(굳이 말하자면 둘 다 썩은 물의 냄새다). 인간은 자라면서 문화를 배우기 때문에 좋은 냄새, 나쁜 냄새를 따지는 것뿐이다.

인간들은 음식을 먹을 때 후각을 조금 사용하는 것 이외에는 거의 시각과 청각에 의존해 살아간다. 주인아줌마는 하루 종일 시각과 청각을 자극하는 텔레비전을 켜놓는다. 우리처럼 시각과 청각이 예민한 견공의 고충 따위는 전혀 배려해주지 않는다. 아주 죽을 지경이다. 더욱이 날 갑자기 끌어안을 때 느껴지는 그 역겨운 땀 냄새란…….

인간들이 예술이라 부르는 것도 우리에겐 괴롭다. 인간들은 시각을 만족시키는 예술을 미술이라 부르고 청각을 만족시키는 예술을 음악이라고 부른다. 후각에 관한 예술은 물론 없다. 맛있는 요리 냄새를 맡으면 즐거워하지만 그걸 예술이라고 말하지는 않는다.

감각은 경험을 가능하게 해준다. 인간이나 개나 감각을 통해 세계를 경험하는 건 마찬가지다. 지구상의 생물들은 모두 감각을 통해 경험하고 그 결과로 자신의 세계를 구성한다. 그런데 세 가지 감각은 각기 특징이 있다. 청각이 구성하는 세계는 아주 순간적이다. 그 순간이 지나고 나면 나머지는 기억 속에만 남는다. 반면 후각으로 구성된 세계는 상당히 오랜 기간 남아 있다. 우리가 배설물로 영역을 표시하는 이유는 그 때문이다. 아무리 힘껏 짖는다 해도 그 소리는 금세 사라지니까 소용이 없다. 이런 점은 시각도 마찬가지지만 시각으로 구성된 세계는 후각에 비해 고정적이지 못하고 훨씬 유동적이다.

요컨대 세 감각 중 가장 필수적인 감각은 후각이다. 우리는 후각으로 정보를 남기고 '기록'한다. 내가 보기에 인간들이 문자를 발명한 이유는 후각이 약하기 때문이다. 냄새로 기록하지 못하니 문자 같은 걸로 할 수밖에.

우리 견공의 감각은 고양이나 돼지의 감각과도 다르다. 또 벌이나 파리의 감각과는 더욱 큰 차이가 있다. 시각만 해도 그렇다. 곤충은 겹눈으로 사물을 바라보기 때문에 우리가 바라보는 세계와는 크게 다르다. 이렇게 생물의 종류마다 감각이 다르고, 또 같은 종류의 생물이라 해도 개체마다 감각 능력이 조금씩 차이가 있다. 그러니까 감각되는 세계의 수는 생물 개체의 수만큼 많다.

그런데 인간들은 고집스럽게도 자신들이 감각을 통해 경험한 세계가 세계의 참모습이라고 굳게 믿는 경향이 있다. 심지어 그들은 절대적 진리라는 말을 함부로 사용한다. 뭔가 절대적인 게 있다는 믿음은 참으로 어리석은 생각이다. 얼마 전에 텔레비전 다큐멘터리 프로그램에서 쥐가 보는 세계와 코끼리가 보는 세계를 비교한 적이 있는데 아주 유익했다. 같은 포유류라도 얼마나 다른지…….

쥐는 늘 재빠르게 움직이고, 코끼리는 언제나 동작이 느리다. 카메라는 이들의 눈에 비친 인간 세상을 보여주었는데, 미국의 뉴욕이라는 대도시였다. 쥐가 보는 뉴욕의 아침은 무지 느리다. 사람들은 출근 시간인데도 천천히 걸어다니며 도무지 급한 일이라곤 없는 듯하다. 반면 코끼리가 보는 뉴욕은 엄청나게 바쁘다. 자동차들은 번개같이 획획 지나가고 사람들은 점심으로 샌드위치 하나를 눈 깜짝할 사이에 먹어치운다.

쥐가 보는 인간 세상은 복장이 터질 만큼 답답하고, 코끼리가 보는 인간 세상은 현기증을 일으킬 만큼 빠르다. 이렇게 자신이 움직이는 속도에 따라 자신의 세계를 구성하는 방식도 달라진다. 무엇보다 큰 차이는 시간을 인식하는 방식이다. 같은 한 시간 동안 쥐는 아주 부지런히 몸을 놀리며 바쁘게 보내지만, 코끼리는 이 숲에서 저 숲까지 어슬렁거리며 걸어다닐 뿐이다. 쥐와 코끼리에게 시계가 있다면 시간을 측정하는 체계가 서로 다를 게 분명하다.

쥐가 부지런하다고 해서 코끼리보다 훨씬 많은 일을 한다고 해야 할까? 천만의 말씀이다. 그 대신 코끼리의 수명은 쥐의 열 배 이상이니까 평생 하는 일의 총량은 쥐나 코끼리나 비슷하다. 아닌 게 아니라 다큐멘터리에서는 지구상의 동물들 대부분이 평생 동안의 심장박동 수가 비슷하다고 말한다. 빨리 움직이는 동물은 그만큼 수명이 짧다는 이야기다. 그래서 세상은 공평한가 보다.

이렇게 서로 다른 여러 세계가 존재하는데 절대적 진리라니, 정말 웃기는 말이다. 이 세상에는 인간만이 사는 게 아니다. 만약 외계인이 지구에 처음 온다면 인간이 지구를 대표하는 생물체라고 보지 않을 것이다. 인간이 지구를 지배한 기간은 지구의 전체 역사에 비하면 무척 짧기 때문이다. 게다가 혜성이나 소행성이 지구에 충돌하는 대사건이 벌어지면 인간은 가장 먼저 멸종할 대형 포유류 중 하나다. 그런데도 인간은 자기가 마치 지구를 지키는 대표자처럼 거들먹거리며 인간의 인식만이 참되다고 굳게 믿는다. 인간은 어떻게 그 조잡한 감각기관으로 세계의 참모습을 알 수 있다고 자신하는 걸까?

하긴, 인간은 감각에만 의존해 세계를 인식하지 않는 것 같다. 인간이 가장 완벽하다고 믿는 진리 중에는 수학적 진리가 있는데, 이것은 감각으로만 알 수 있는 게 아니다. 1에 1을 더하면 2가 된다는 것은 내가 매일 먹는 사료 알갱이를 가지고도 쉽게 알 수 있는 사실이지만, 삼각형 내각의 합이 직각의 두 배라는 것은 감각을 통해 금세 알 수 없다. 인간은 어떻게 그런 사실을 알아냈을까? 아마 감각기관을 통해 얻은 자료를 머릿속에서 정리하는 능력을 가지고 있을 것이다. 인간들은 그런 능력을 이성이라고 부르는데, 솔직히 말해……. 우리 견공들은 그런 능력이 없다.

비록 그런 능력을 가졌다고 해도 인간의 자신감과 자부심은 지나치다. 인간은 해가 하늘의 한편에서만 뜨는 것을 절대적 진리라고 말한다. 우리도 해가 매일 같은 방향에서 떠오르는 걸 잘 안다. 그러나 우리는 내일도 해가 그 방향에서 떠오른다고 절대적으로 확신하지 않는다. 그럴 확률이 높겠지만 반드시 그렇다고 단정할 수는 없다.

우리 견공들은 오늘 그랬다고 해서 내일도 그럴 거라고 믿지 않는다. 많은 인간들이 철석같이 믿고 섬기는 그리스도교의 성서에는 이런 구절도 있지 않은가? "내일 일을 위하여 염려하지 말라. 내일 일은 내일이 염려할 것이요, 한 날의 괴로움은 그 날로 족하니라." 오늘 할 일을 내일로 미루지 말라는 걸 교훈으로 삼는다면 오늘은 오늘이고 내일은 내일이라는 걸 그들도 깨닫게 될 거다.

비록 인간에게 길들여졌다지만 아직도 우리 몸속에 희미하게 꿈틀거리는 야생의 본능은 그 어떤 것도 그대로 되풀이되지는 않는다는 걸 말해준다. 오늘 사냥에 성공했다고 해서 내일도 먹이를 잡을 수 있다고 믿는 것은 야생의 거친 삶을 모르는 순진한 생각이다. 지금도 주인이 내게 하는 짓을 보면 알 수 있다. 대체로 하루 두 번 밥을 주지만 어떤 때는 한 번밖에 주지 않기도 하고 또 어떤 때는 세 번씩 주기도 한다. 대체 뭘 낙관할 수 있단 말인가?

인간은 절대적 진리를 믿지만 현실에서 감각과 경험을 통해 그 진리를 검증할 수 없다는 것을 깨닫고 나서는 가공의 세계에 그런 진리가 있다고 주장하기에 이르렀다. 그래서 만들어낸 게 바로 신이다. 신은 현실에 존재하지 않는 절대성을 마음속에서 꾸며낸 것에 불과하다. 이렇게 신을 발명해놓고서 인간은 거꾸로 신의 존재를 증명하려 든다.

이것이 중세에 성행했던 이른바 신의 존재에 관한 논증이다. 더 웃기는 건 순전히 논리적인 논증이라는 점이다. '있다'는 말과 '없다'는 말은 단순히 서로 반대되는 의미가 아니다. 무엇이 있다는 주장과 무엇이 없다는 주장은 둘 다 완벽하게 검증되지 않지만 검증의 차원은 다르다. '있다'는 원천적으로 검증이 불가능하지 않지만 '없다'는 논리적으로 검증이 불가능하다.

"신이 있다."라는 주장은 지금 당장 증명되지 않더라도 장차 증명될 가능성 자체를 부인할 수는 없다. 세상 어딘가에(공간적 연장), 혹은 미래 어느 때에(시간적 연장) 신이 존재한다는 사실이 증명될 가능성이 있다. 그러나 "신이 없다."라는 주장은 세상 모든 곳과 미래의 모든 시간을 경험하지 않고서는 검증 자체가 불가능하다. 이건 인간들이 흔히 말하는 궤변이지만 논리적으로는 옳다. 그렇기 때문에 뭔가가 없다고 할 때는 대개 보조와 수식이 따르게 마련이다. 그러니까 우리 견공들은 뭔가가 없다고 말하고 싶다면 "지금 없다."라든가, "없는 것 같아."라든가, "앞으로도 없을지 모르지." 이런 식으로 조심스럽게 말해야 한다.

인간이 오늘의 위치에까지 오르게 된 것은 가공의 신이 아니라 현실의 경험 때문이다. 인간은 경험을 철석같이 믿은 덕분에 문명을 일굴 수 있었다. 내일도 오늘처럼 같은 삶이 되풀이되리라는 것을 알게 되면서부터 인간은 내일을 대비했다. 그래서 야생동물들과 달리 그날그날 끼니를 해결하는 데 만족하지 않고 식량을 비축하기 시작했다(그렇게 모아둔 식량을 지키기 위해 인간은 늑대를 개량해 우리 조상을 길들였다). 뭔가 저축한다는 건 내일도 오늘처럼 살아 있으리라고 확신하지 못한다면 할 수 없는 일이다. 우린 그렇게 확신하지 못하기 때문에 내일의 끼니까지 미리 걱정하지 않는다. 내 경우에는 주인이 대신 해결해주지만.

식량을 저장하게 되자 인간은 예전처럼 흩어져 살지 않고 모여 살 수 있었으며, 떠돌이 생활을 버리고 붙박이로 살 수 있었다. 그런 환경에서 도시가 이루어졌고, 문자가 만들어졌고, 사회와 국가 체제가 생겨났다. 이 모든 게 감각과 경험을 굳게 믿은 덕분이다. 인간의 보잘것없는 감각기관이 오히려 커다란 성공을 가져다준 것이다. 핸디캡이 위대함을 낳는다! 인간보다 모든 감각이 뛰어나고, 민첩하고, 생존력이 강한 우리 견공들이 인간에 앞서 세상을 지배하지 못하게 된 건 핸디캡이 없기 때문이다.

우리는 음식을 익혀 먹지 않아도 되지만 인간은 익힌 음식이 아니면 먹지 못한다. 음식을 익혀야 한다는 필요에서 인간은 불을 이용할 줄 알게 되었고, 요리법을 깨우쳤고, 요리에 관해 서로 간에 정보를 주고받았고, 그러다 보니 더 맛있는 음식을 먹고 싶다는 욕구가 생겼고, 음식이 익는 동안 시간을 보내기 위해 놀이를 생각해냈고, 더 즐겁게 놀기 위해 규칙을 발명했고, 그 규칙이 발달해 사회조직을 탄생시켰고, 전쟁이라는 세상에서 가장 짜릿한 게임을 벌였다.

사실 우리 종족은 세상을 지배하겠다는 욕심 자체가 없다. 능력이 있는 동물은 인간과 달리 자신의 욕구를 거의 다 충족시킬 수 있기 때문에 굳이 공동으로 일해야 할 필요성이나 능력을 더 향상시켜야 할 필요성을 느끼지 못한다.

그런데 우리처럼 신체적인 기능이 뛰어나지 못하고 인간처럼 이성의 능력도 가지지 못한 생물들은 어떻게 봐야 할까? 예를 들면 여러 면에서 우리보다 열등하면서도 늘 우리보다 우월하다는 헛된 망상을 버리지 못하는 고양이도 자기 나름대로 세계를 구성할까? 아마 고양이들은 세계를 구성할 능력이 없을 거다. 온갖 폼을 잡고 고독을 씹으며 살아가는 것처럼 보이지만 실은 자기 연민에 빠져 헤어나지 못하는 족속이 고양이들이다. 하여간 우린 고양이를 본능적으로 싫어한다.

내 결론은 이렇다. 이 세상에는 자기 세계를 구성하는 종족과 남이 구성하는 세계의 일부가 되는 종족이 있다. 앞의 종족은 주인이고 뒤의 종족은 노예다. 인간이나 개, 새, 곤충들은 주인 종족에 속하고 모든 식물들과 고양이는 노예 종족에 속한다(식물들은 그래도 다 겸손하지만 고양이는 열등하면서도 겸손을 모르는 유일한 종족이다). 구성할 줄 모르고 구성되기만 하는 세계, 예를 들어 아무도 보지 않는 들판에 핀 이름 모를 꽃은 존재하지만 존재한다고 말할 수 없다. 적어도 벌이나 나비가 그 꽃을 찾기 전까지는 이 세상에 존재하지 않는 것이나 마찬가지다.

인식, 존재, 경험

"나는 생각한다, 그러므로 나는 존재한다." 17세기에 데카르트가 이 명제로 근대 철학의 출발을 선언하면서부터 철학적으로 인식론의 시대가 활짝 열렸다. 이것은 그 전까지 신학이 지배한 중세 철학과는 크게 달랐다. 중세 철학은 주로 신을 위한 변명으로 전개되었다. 인간의 이성이 이해할 수 있는 방식으로 신의 존재를 논증하고 신이 이 세상을 창조한 원리를 설명하는 데 치중했다. 르네상스 시대를 거치면서 인간 이성은 신학의 굴레를 완전히 벗어던지고 이성 자체를 철학적 출발점으로 삼았다. 그 결과가 바로 '생각하는 나', 즉 인식 주체를 정립한 데카르트의 명제다.

데카르트는 모든 것을 회의할 수 있다고 생각했다. 그의 방법적 회의에 따르면, 지금 내 책상 위의 컴퓨터, 그 옆에 놓인 볼펜과 책, 내 발가락을 핥는 강아지, 이 모든 것은 한낱 가상일지 모른다는 의심이 가능하다. 물론 실제로 그것들이 존재하지 않는다고 생각한다면 정신병자일 것이다. 그러나 데카르트가 중시하는 것은 현실이 아니라 논리다. 컴퓨터, 볼펜, 책, 강아지는 내가 직접 만져볼 수 있을 만큼 구체적인 실재들이지만 이것들조차도 논리적으로 의심해볼 수는 있다(데카르트는 속임수에 무척 능한 악마가 모든 걸 우리에게 속인다는 가정에서 논의를 시작한다).

그러나 단 한 가지만은 실제로도, 논리로도, 어떻게 해도 의심할 수 없는 게 있다. 존재한다는 것이 너무도 자명한 '나'다. 내가 먼저 존재하기 때문에 모든 것을 의심할 수 있는 게 아닌가? 설령 악마에게 속는다 해도 속는 주체인 내가 없으면 속는 것 자체가 불가능하다. 데카르트는 이런 방법적 회의를 통해 의심하는 나, 생각하는 나라는 인식의 주체를 확립했다.

인식의 주체가 정해졌다면 그다음의 철학적 과제는 인식 과정이 구체적으로 어떻게 진행되는가, 그리고 인식 결과가 옳다는 것을 어떻게 확증하는가가 될 것이다. 인간은 어떻게 해서 파란 하늘을 파란 하늘로 인식할 수 있는가, 또 그게 실제로 파란 하늘인지를 어떻게 확신할 수 있고 어떻게 남에게 그 사실을 전달할 수 있는가? 언뜻 생각하면 지극히 당연한 일을 쓸데없이 따지고 드는 듯하지만 그렇지 않다. 인식 과정이 명료하게 밝혀져야만 인식론이 설 수 있고, 인식 결과가 옳다는 게 증명되어야만 진리의 개념이 성립할 수 있다. 또한 그래야만 데카르트가 그토록 엄밀하게 정립한 주체의 개념을 올바르게 계승할 수 있다.

이 부분을 깊이 파고든 것은 영국의 경험론이었다. 로크-버클리-흄으로 이어지는 경험론자들은 주체가 대상을 인식하는 과정을 가장 중요한 철학적 주제로 삼고, 인식과 경험의 객관성을 입증하기 위해 각자 나름의 이론을 개발했다. 그러나 어떤 이론으로도 인식 과정을 말끔하게 설명할 수는 없었다. 경험론이 정교해질수록 오히려 인식 과정은 불투명해졌고, 심지어 흄에 이르러서는 설명이 불가능하다는 결론에 도달했다.

흄은 상식적으로 너무도 자명한 사물의 동일성을 100퍼센트 장담할 수는 없다는 극단적 회의론을 펼쳤다. 지금 발가락을 핥는 강아지가 아까 사료를 먹던 그 강아지라는 것은 누구도 절대적으로 확신할 수 없다. 대상과 사물의 동일성은 현실적으로 당연시되지만 논리적으로는 보장되지 않는다. 지금까지 수억 년 동안 해가 동쪽에서 떴다고 해서 바로 내일 해가 동쪽에서 뜨리라는 것을 절대적으로 확실하게 장담하지는 못한다.

나아가 흄은 인식 주체조차 동일성을 보장할 근거가 없다고 단언했다. "지각이 중단되면 자아도 존재하지 않는다." 대상에 대한 감각이 항상 연속적이지는 않기 때문에 인간은 항상 동일한 존재로 머물 수 없다. 자아는 지각의 묶음일 뿐이다! 데카르트가 애써 마련한 인식 주체를 흄은 헌신짝처럼 팽개쳐버렸다. 이제 인식론은 불가능해졌고 철학은 커다란 위기를 맞았다.

이 철학적 위기를 타개한 사람은 임마누엘 칸트였다. 그는 아주 간단한 방법으로 경험론의 궁극적 결론이자 난국인 회의론을 뒤집었다. 콜럼버스가 모로 세운 달걀 같은 발상의 전환이었으나 칸트 자신은 그것을 코페르니쿠스적 전환이라고 불렀다. 수천 년간 사실로 믿어져온 천동설을 무너뜨리고 지동설을 주장한 코페르니쿠스의 업적과 맞먹는 대전환이라는 의미가 있지만, 실제로 칸트의 이론은 지동설에 비유할 수 있는 성격을 가지고 있었다.

데카르트와 경험론자들, 아니 그 이전의 모든 철학자들은 인식이 인식 주체의 바깥, 즉 정신 외부에 있는 대상에게서 비롯된다고 믿었다. 인식이나 지식은 외부 사물에 대한 앎이므로 그런 태도는 당연했다. 나무에 관한 생물학적 지식이 가능하려면 우선 나무가 존재해야 할 게 아닌가? 대상이 먼저 있고 그 대상에 관한 인식이 이루어진다는 건 상식이었다. 흄 같은 극단적 경험론자도 외부 실체에 대한 인식이 불가능하다고 여겼을 뿐 실체의 존재 자체는 부정하지 않았다.

그러나 칸트는 바로 그런 태도를 천동설처럼 간주하고 '인식론적 지동설'을 전개했다. 경험론은 지구가 인식 주체로 고정되어 있고 해와 달과 별 같은 외부 대상들이 주체 주변을 도는 천동설의 구조에 비유할 수 있다. 하지만 칸트는 주체가 그렇게 수동적으로 대상을 받아들여 감각하는 게 아니라 능동적으로 대상을 구성한다고 보았다. 말하자면 지구가 태양의 주변을 도는 지동설의 구조와 같다.

그런데 어떻게 인식만으로 대상을 구성한다는 말일까? 정신이 세계를 구성할 수 있다고 믿는다면 칸트는 인간이 염력을 가진 초능력자라도 된다고 본 걸까? 물론 그것은 아니다. 칸트의 말은 정신의 감각이 대상을 변화시키거나 정신이 대상을 마음대로 바꾼다는 게 아니라 정신 안에 대상을 인식할 수 있도록 해주는 메커니즘이 존재한다는 뜻이다.

그는 정신의 기능을 감성과 오성으로 나눈다. 감성은 감각과 거의 비슷하다. 눈이나 귀, 코 같은 감각기관을 통해 감각 자료를 받아들이는 역할을 한다. 경험론의 오류는 여기까지를 경험 또는 인식이라고 본 데 있다. 그러나 감성의 작용은 아직 경험이나 인식이 아니다. 그 자료를 정신의 또 다른 기능인 오성이 해석하고 개념화해야만 경험과 인식이 완료되는 것이다.

인식은 감성이 감각을 받아들이고 오성이 개념을 부여하는 2단계 과정으로 이루어진다. 감각을 받아들이는 감성과 그것을 개념으로 정리하는 오성은 인간의 정신에게 선험적으로 주어진 형식이다. 인간이라면 누구나 감성과 오성을 활용해 인식 작용을 수행하는 방법을 알고 있다. 마치 암나사와 수나사처럼 정신은 외부 대상을 인식하기에 알맞도록 감성과 오성을 작동시키는 것이다.

동물에게 이성은 없지만 어쩌면 앞의 이야기에서 보듯이 동물들도 나름의 감성과 오성이라 할 만한 기능을 가지고 있을지도 모른다. 그렇다면 비록 인간의 인식 과정과는 다르더라도 그들 역시 나름의 방식으로 세계를 구성할 것이다. 같은 대상을 두고도 인간, 개, 쥐, 코끼리, 바퀴벌레마다 인식 방법이 다르므로 수많은 다른 세계가 존재하게 될 것이다. 그러나 복수의 대상 세계가 존재할 가능성은 다른 측면에서 생각해볼 수도 있다.

인간과 동물은 감각기관의 성능과 범위가 크게 다른 탓에 세계의 구성 방식이 달라진다(동물들 간에도 종의 차이에 따라 다양하다). 같은 인간이라면 감각기관의 차이는 거의 무시할 수 있다. 각 개인마다 시력이나 청력의 차이는 크지 않으니까. 하지만 개인마다 취향이나 선호도, 과거의 기억 등이 다르므로 여기서 세계가 달라질 여지는 있다. 이것은 감각기관이 아니라 주관성 때문에 빚어지는 차이다. 예를 들면 같은 한 사람을 두고도 의사는 환자로, 장의사는 시신으로, 형사는 용의자로, 운전기사는 승객으로, 정치인은 유권자로 얼마든지 달리 볼 수 있다. 현대사회에는 이러한 인식의 주관성이 더욱 큰 차이를 낳는다.

철학사적으로 볼 때 칸트의 인식 구성주의는 경험론의 회의론을 극복하는 데는 성공했지만, 인식의 주관성은 해결하지 못했고 오히려 그것을 더욱 조장했다. 이 문제는 현대 철학으로 이어져 전통적 인식론에 바탕을 둔, 혹은 형이상학을 거부하는 새로운 흐름을 낳았다.

13

드러난 것과 숨은 것
고지식 씨의 하루

"상식은 나의 길."

"속담은 나의 힘."

만약 삼운동운 고지식 과장의 생활을 영화나 다큐멘터리로 만든다면 이런 제목이 어울릴 것이다. 그는 상식에 어긋나는 행동을 결코 하지 않는 데다 크고 작은 결정이나 선택의 순간에 매번 속담에 의지하기 때문이다.

무엇보다 그는 문서를 숭배하고 문자로 된 지침을 철두철미 신봉한다. 배차 업무를 맡은 고 과장에게 버스 정류장의 도착 시간이 기록된 배차 시간표는 신성불가침의 문서다. 배차 시간표 때문에 곤욕을 치른 한 연로한 운전기사는 이렇게 증언한다.

"신촌 로터리 정류장에 5시 25분에 도착해야 하는데 연희 교차로에서 길이 막혀 10분이 늦었어. 그걸 갖고 일주일을 앵앵거리더라고. 서대문에서 마포까지 가는 길에 그 시간을 벌충했는데도 말이지. 나 원 참, 귀찮아서."

기사들에게 고 과장은 두려운 대상이 아니라 성가신 대상이다. 그들이 고 과장에게 "사람이 왜 그렇게 유도리가 없어?"라고 따지면 그는 먼저 "유도리는 일본말이고 융통성이라고 해야 합니다." 하고 포문을 연 뒤 왜 우리말을 사랑해야 하는가에 관해 장광설을 늘어놓는다. 그런 다음에는 배차 시간을 엄수해야 하는 이유에 관해 2차 장광설이 이어진다. 이러니 성가신 존재일 수밖에 없다.

고지식 씨 본인도 원리 원칙을 글자 그대로 실행하는 습관 때문에 피해를 본 적이 있지만 천성이 그런 탓에 어쩔 수 없다. 그와 군대 시절 동료였던 운전기사는 옛날을 이렇게 회상한다.

"훈련소에서 군인수첩을 나눠주잖아. 지금은 어떤지 모르지만 그땐 거기 나오는 군인의 길이라는 선언문을 모든 병사들이 달달 외워야 했어. 입소한 당일에 다 외우지 못하면 처음부터 뺏따지. 오죽하면 지금도 외우고 있잖아. 해볼까? 군인의 길 전문, 나는 영광스러운 대한민국 군인이다. 하나, 나의 길은 충성에 있다. 조국에 몸과 마음을 바친다. 하나, 나의 길은 승리에 있다. 불굴의 투지와 전기를 닦는다. 하나, 나의 길은 통일에 있다. 기필코 공산 적을 쳐부순다. 하나, 나의 길은 군율에 있다. 엄숙히 예절과 책임을 다한다. 하나, 나의 길은 단결에 있다. 지휘관을 중심으로 생사를 같이한다. 지금까지 내가 외우는 글이 있다면 국민교육헌장과 군인의 길뿐이야.

고지식이가 어떻게 했겠어? 문구 그대로 실천했지. 다른 조항은 그렇다 치고 지휘관을 중심으로 생사를 같이한다는 게 문제였는데……. 지휘관이 누구겠어? 소대장이지. 그 위는 중대장이고. 또 그 위에는 대대장, 연대장, 사단장이 있겠지. 이렇게 자꾸 올라가다 보면 결국 국군 최고 통수

권자인 대통령이 나오잖아. 그런데 우리가 훈련소에 있을 때 대통령이 노태우에서 김영삼으로 바뀌었어. 고지식이는 노태우와 생사를 같이해야 한다고 나섰던 거야. 왜 다른 지휘관들은 그렇게 안 하냐고 떼를 썼지. 훈병 내무반에서 직싸게 터지고도 고집을 부려 아주 애를 먹었어. 그 뒤론 모두들 고지식이를 고문관으로 여기고 건성으로 대했어."

말은 이렇게 해도 고지식 씨를 미워하거나 왕따를 놓는 분위기는 아니다. 오히려 그는 고지식 씨 때문에 크게 웃은 적이 있다고 털어놓는다.

"훈련소에서 맨 처음 배우는 건 경례하는 법하고 차려 자세야. 차려 자세는 두 주먹의 엄지와 검지 사이를 바지의 재봉선에 밀착시키고 부동자세를 취해야 하는데, 여기서 고지식이가 아주 웃겼어. 부동자세, 그러니까 몸을 전혀 움직이지 않아야 하니까 호흡까지 멈춰야 한다고 여겼던 거야. 한창 군기가 바짝 든 상태에서 모두들 차려 자세를 취하는 중에 그만 얼굴이 시뻘게지더니 푸 하고 큰 소리를 냈지. 처음엔 매의 눈으로 고지식을 노려보던 그 무시무시한 조교도 사정을 알고 난 뒤에는 피식 웃더군. 그제야 우리도 크게 웃었어."

고 과장에게 상식이란 말이 아니라 글로 표기된 모든 것들이다. 교과서는 물론이고 각종 지침서와 규정집을 그는 경전처럼 떠받들고 최대한 실천한다. 전자 제품 매뉴얼조차 곧이곧대로 따라야 한다고 믿으며, 심지어 10년 전에 낡아서 버린 VCR의 매뉴얼까지 보관하고 있다. 번개가 치고 천둥이 울리면 일단 집안에 있는 모든 가전제품의 코드부터 뽑고 본다.

"옛말 틀린 거 하나 없다."

고 과장이 노상 입에 달고 다니는 말이다. 그는 오래 묵은 말이면 옳고 그름이 이미 판명된 사실이므로 따라도 좋다고 생각한다. "돌다리도 두드려보고 건너라." 하긴, 이렇게 해서 손해를 볼 일은 없다. 실제로 그는 거의 모든 잠언과 속담을 생활 지침으로 받아들인다. "남에게 대접을 받고자 하는 대로 너희도 남을 대접하라."라는 그리스도교 성서의 구절에서부터 "가다가 그칠 바에는 가지 않느니만 못하다."라는 논어의 가르침, "시간은 돈이다."라는 프랭클린의 세속적인 격언까지 그에게는 모두 훌륭한 스승이다.

다만 맹점은 있다. "침묵은 금이다."라는 속담과 "말 한 마디로 천 냥 빚을 갚는다."라는 속담처럼 모순에 맞닥뜨리는 경우를 고지식 씨가 어떻게 해결할지는 모른다. 주식 투자의 교훈으로 많이 사용되는 속담 중에 "한 우물을 파라."라는 말이 있는가 하면 "달걀을 한 바구니에 담지 말고 여러 바구니에 나누어 담아라."라는 말도 있다. 언제 한 번은 "사공이 많으면 배가 산으로 간다."라는 속담을 누가 농담으로 "여러 사람이 힘을 합치면 불가능한 일이 없다."라는 뜻으로 해석해주었는데, 그때까지 그 속담을 알지 못했던 고지식 씨는 몇 달 동안이나 동료의 해석을 그대로 믿었다.

그런 고지식 씨도 세상이 그렇게 고지식하게만 돌아가지 않는다는 것을 경험한 적이 있다. 그와 함께 구두를 사러 갔던 버스 기사는 이렇게 전한다.

"점심 무렵 종점에 가까이 오는데 대형 구두 매장에 50퍼센트 세일이라고 커다랗게 붙여놓은 걸 봤지. 고 과장이 아침에 새 구두를 사야 한다고 말했던 게 생각나더라고. 그래서 말해줬더니 같이 가자더군. 휴식 시간에 커피만 축내느니 산책 겸해서 따라갔어.

그런데 어제로 특별 세일 기간이 끝났다는 거야. 아직 붙여놓은 걸 떼지 못했대. 그걸 보고 온 거라고 따졌더니 사정을 봐서 20퍼센트까지는 깎아주겠대. 고 과장이야 주변머리가 있나. 어떡하냐고 난감한 표정을 지을 뿐이지. 그래서 내가 주인을 불렀지. 아무래도 종업원보다는 주인이 협상하기에 편하니까. 하지만 주인 역시 30퍼센트 이상은 안 된다고 하더군. 수완이 필요한 상황이야. 난 이렇게 제안했어. 40퍼센트가 아니면 사지 않겠다고. 그리고 이건 강요하는 게 아니라 제안이라고. 이 제안을 받아들일지 말지 마음대로 결정하라고. 이럴 땐 표정이 아주 단호해야 돼.

그랬더니 주인은 이러더군. '강요가 아니라고 하시지만 강요나 다름없군요.'

결국 40퍼센트 할인으로 구두를 사갖고 나오는데 고 과장이 놀란 표정을 지으며 주인이 마지막에 한 말이 무슨 뜻이냐고 묻는 거야. 종점까지 오는 동안 강요냐, 강요가 아니냐를 놓고 내내 입씨름을 했어. 이름대로 고지식하기는……."

손님은 40퍼센트 할인해달라는 제안이 마치 평등한 것처럼, 아무런 힘도 작용하지 않는 것처럼 말했지만 사실은 그게 주인에게는 커다란 압력이었다. 다만 마음대로 결정하라는 '드러난 말' 때문에 마치 평등한 상태에서 제안하는 분위기처럼 여겨졌던 것이다. 손님은 드러난 의미를 밝혔고 주인은 거기서 숨은 의미를 찾아냈다. 고지식 씨만 드러난 것과 숨은 것 사이에 남겨졌을 뿐이다.

사람들이 아는 것은 고지식 씨의 절반뿐이다. 놀랍게도 밤만 되면 그는 180도로 달라진다. 그는 밤의 황제, 아니 인터넷의 제왕이다. 버스회사는 한 달마다 주·야근 조가 바뀌지만 고지식 씨는 하루도 빠짐없이 매일 밤 인터넷상에서 몇 시간이나 활약한다. 주간 근무일 때는 밤 10시부터, 야간 근무일 때는 새벽 2시부터가 그의 독무대다. 각종 인터넷 게임은 물론 포털, 대화방, 카페, 블로그까지 그의 발길이 닿지 않는 곳은 거의 없다. 낮에는 인터넷은커녕 SNS조차 하지 않을 정도로 업무에만 충실하지만 밤에는 마치 사람이 180도 달라진 듯하다.

특히 그가 열중하는 것은 인터넷 게임인데, 게임 중에서도 그의 장기는 포커다. 사이버머니 10억 원을 가지고 시작해 그는 세 시간 만에 수십억 원으로 불린다. 공식적으로 사이버머니는 현금으로 거래되지 못하지만 비공식 시장에서는 불법적으로 거래된다. 보통 사이버머니 1억 원은 5천 원 정도에 거래되므로 현금으로 치면 그는 매일 수십만 원을 버는 셈이다. 그는 이 사이버머니를 모아두었다가 한 달에 한 번씩 절반은 유저들에게 그냥 풀고 나머지 절반은 현금을 받고 판다. 매달 15일 그가 머니를 푸는 날에는 유저들이 피맛을 본 이리떼처럼 모여든다. 그는 인터넷 포커의 지존이자 자선가이자 최대의 마케터다.

더 놀라운 것은 그의 게임 스타일이다. 낮에 그를 사로잡았던 온갖 상식과 속담은 밤이 되면 여지없이 무너진다. 한낮의 고지식 씨가 철석같이 믿는 속담과 상식의 원칙도 한밤의 고지식 씨에게는 통하지 않는다. 차분한 지킬에서 난폭한 하이드로? 아니다. 오히려 그 반대다. 낮에 소심한 하이드였던 그는 밤에 대범한 지킬로 변한다. 낮에는 주변의 모두가 그를 멍청하다고 비웃지만 밤에는 인터넷 마당의 모든 누리꾼들이 그를 냉철한 승부사로 섬긴다.

다섯 명이 밤새 게임을 할 경우 각자의 종합 승률은 비슷하다. 초보자는 승률에 매달린다. 승률을 올리면 머니를 딸 수 있다고 생각한다. 상식적으로 생각하면 당연하다. 10판 중 3판 이상을 승리하면 돈을 따게 마련이다.

　그래서 초보자는 포커의 기술을 익히고 베팅 심리를 분석하려 애쓴다.

　하지만 실제는 그렇지 않다. 머니를 따게 해주는 건 승률이 아니다. 아무리 포커 실력이 뛰어난 도박사라 해도, 사기를 치는 게 아닌 이상 손에 들어오는 패만으로 다섯 명이 치는 포커판에서 10판 중 3판 이상을 딸 수는 없다. 어쩌다 한 번은 그럴 수 있다 해도 매일 그러기란 불가능하다.

　노련한 게이머는 승률을 높이기보다 작은 판을 잃고 큰 판을 이겨야 돈을 딸 수 있다는 걸 잘 안다. 승률이 낮아도 돈을 딸 수 있는 이유는 거기에 있다. 고지식 씨는 고만고만한 판이면 눈을 게슴츠레 뜨고 되는 대로 베팅을 하지만 판이 커지면 눈빛이 달라지면서 모니터를 뚫어져라 쳐다본다. 총력을 집중할 시점이다. 달걀을 나누어 담아라? 웃기는 소리! 큰 판을 만났을 때 그는 모든 달걀을 한 그릇에 담는다.

"군자는 대로행이라." 낮의 하이드라면 자구 그대로 지켰을 이 가르침도 밤의 지킬에게는 무용지물이다. 포커 게임에서 고지식 씨는 대로를 간 적이 없고 사기와 협잡이 판치는 뒷골목만 누비고 다닌다. 그 덕분에 500억짜리 판에서 에이스 원페어로 킹 풀하우스를 잡은 적도 있다. 웬만하면 끝까지 레이징을 했을 풀하우스가 패를 접은 이유는 그의 대담한 전략 덕분이다. 이전 판까지 그는 아홉 판이나 연속 잃었다. 20억짜리 판도 그냥 넘어갔고 스트레이트를 잡고도 막판에 죽었다. 이렇게 이길 수 있는 판들을 꾹 참고 그대로 넘긴 것은 그의 장기적인 포석이었다. 점차 판의 규모가 커져 수백억대가 되자 그는 드디어 칼을 빼들었다. 그런 전략의 일환이었기에 족보는 에이스 원페어로도 족했다. 인터넷상에서 고지식 씨의 위명을 잘 알았던 상대방은 눈물을 머금고 킹 풀하우스를 접었다.

당시 고지식 씨는 승부에서 진 상대방의 카드가 뭐였는지 알지 못했으나 마침 그가 자주 다니던 PC방에서 상대방이 게임을 했기 때문에 며칠 뒤에 PC방 주인이 고지식 씨에게 알려주었다. 그 이야기를 듣고도 표정하나 바뀌지 않은 것도 밤의 고지식 씨가 어떤 사람이라는 것을 말해준다.

사실 여기에는 대담한 전략만이 아니라 교활한 채팅도 한몫을 했다. 그는 에이스 원페어를 바닥에 깔고 채팅창에 "이번에도 액면이네." 하며 페인팅을 썼다. 처음 다섯째 판까지 잃는 동안 그는 액면을 믿는 척했고 그다음 네 판을 잃는 동안에는 히든카드에 의지하는 척했다. 아홉째 판에서 전략이 바뀐 듯하자 그동안 고지식 씨의 베팅 전술을 읽고 있던 상대방은 바뀐 전술을 첫 판부터 적용하지는 않으리라는 생각에서 큰 판을 포기하고 만 것이다. 더구나 막판 베팅 총액이 400억이었다! 500억짜리 판을 먹었다는 소문이 전설처럼 퍼지면서 이후 그의 포커 아이디인 '왕자탄백마'는 심약한 유저들에게는 경외의 대상, 호방한 유저들에게는 한 판 붙고 싶은 선망의 대상이 되었다.

채팅 이야기가 나왔으니 말이지만 고지식 씨의 더 유명한 아이디는 채팅 분야에 있다. 유력한 일간지 사이트의 독자 코너에서 그는 정치, 사회, 문화 전반에 관해 종횡무진으로 평론을 쓰고 있다. '독설삼매경'이라는 아이디답게 그의 글은 독설로 일관하고 있는데, 실은 이런 유명세를 얻게 된 것도 밤의 지킬다운 용의주도한 전략의 결과다.

전략의 핵심은 치밀한 분석과 화끈한 결투다. 먼저 그는 회원으로 가입하기 전에 그 사이트에서 가장 활발하게 활동하는 유명 아이디 몇 개를 찾아내 그들의 글을 철저히 읽고 거기에 붙은 댓글들까지 주의 깊게 분석했다. 그런 다음 그 아이디들에 차례로 도전장을 던져 그들을 공개 토론장으로 끌어내어, 마치 무협지에서 보는 것처럼 관중이 보는 가운데 1 대 1 대결을 벌여 굴복시켰다. 특히 사람들이 흥분하기 쉬운 정치나 종교에 관련된 주제가 올라오면 몹시 편파적인 논조를 펼쳐 누리꾼들의 관심을 모았다. 다만 고정된 입장을 강조하지는 않았다. 이를테면 국민에게 봉사하는 공무원들이 노동조합을 결성한다는 게 말이 되느냐며 입에 거품을 물었다가도 정부가 공무원 노조를 탄압하면 민주국가에서 그럴 수 있느냐며 정부를 매도하는 식이다.

인터넷 여론이라는 게 묘해서 언뜻 보면 매우 다양한 견해가 오가는 듯싶지만 목청 큰 나팔수가 하나 나오면 찬반양론으로 금세 확연히 갈린다. 다양성 속의 획일성, 아니 언제든 획일화될 수 있는, 획일화되기 위한 다양성이랄까? 고지식 씨는 그런 약점을 노렸다. 효과는 만점이었다. 열광적 지지와 인신매도적 비난이 엇갈리는 가운데 '독설삼매경'이라는 아이디는 금세 유명해졌다.

고지식 씨의 두 얼굴은 어느 것이 진짜일까? 이름 그대로 고지식한 운수회사 과장인가, 아니면 인터넷 포커 게임의 황제인가? 답답하고 소심한 낮의 하이드와 냉철하고 교활한 밤의 지킬. 낮의 모습은 고지식 씨의 드러난 면모이고 밤의 모습은 숨은 면모다. 하지만 둘 중 어느 것이 그의 진면모라고 단정할 수 있을까?

당연시한 것을 **의문시**하라

하나를 선택한다는 것은 곧 그밖에 다른 것들을 배제한다는 의미다. 오늘 점심으로 짜장면을 먹겠다고 결정하면 짬뽕이나 우동 같은 다른 선택의 여지들은 배제된다. 우리는 선택한 것에만 관심을 가질 뿐 배제된 것은 곧 잊는 습성이 있다. 그러나 배제된 것은 의식선상에서는 사라지지만 무의식적 심층으로 들어가 의미를 중층화한다.

영화를 볼 때 관객은 등장인물의 대사와 행위, 스토리 전개에 주로 초점을 맞춘다. 그것들은 영화의 드러난 측면이다. 그런데 영화는 그런 요소들로만 이루어지지 않는다. 인물들이 대사를 주고받고 사건이 벌어지는 '드러난 장면'의 배경에는 가로수와 집도 있고 실내의 경우에는 전화기와 책상 같은 소품도 있다. 전부 화면에 나오고 눈에 보이는 요소들이다. 그러나 영화 평론가가 아닌 일반 관객의 시선은 대개 배경이나 소품에까지 미치지는 않는다.

인물은 드러나 있고 배경은 숨어 있다. 인물은 현존(presence)이고 배경은 부재(absence)다. 부재하는 배경이 왜 필요할까? 어차피 관객이 포착하지 않는 건데 대충 처리하면 되지 않을까? 드러나 있지만 보이지 않고 숨어버리는 배경은 어떤 의미를 가질까? 그것을 알기 위해서는 배경을 지워버리면 된다. 배경을 없애면 영화가 성립되지 않는다. 더 좋은 예는 만화다.

만화가가 인물들과 말풍선만 그린다면 스토리는 그럭저럭 전개되겠지만 온전한 만화는 아니다. 숨은 것, 부재의 의미는 거기에 있다.

노래방에서 노래를 부를 때면 부르는 사람이나 듣는 사람이나 모두 노래에만 관심을 쏟는다. 밴드가 반주를 맡는다면 모를까, 노래방 기계에서 나오는 반주에 주목하는 사람은 없다. 그러나 반주도 엄연히 존재한다. 다만 존재한다는 게 잘 드러나지 않을 뿐이다. 이때 만약 반주를 없애버린다면 즉각 반주의 부재(혹은 존재)가 드러날 것이다. 있으되 있다는 게 드러나지 않고 없어야만 없다는 게 드러나는 방식, 이러한 부재증명, 알리바이가 바로 숨은 것의 존재 방식이다.

전통적으로 철학과 과학은 드러난 것만을 대상으로 삼았다. 자연철학, 신학, 인식론 등 철학의 갈래들은 물론이고 진리, 이성, 자유 등 철학의 주제들도 모두 드러난 것을 중심으로 했다. 영화로 치면 배우들에만 관심을 가졌을 뿐 행위와 사건이 벌어지는 무대와 배경은 늘 뒷전이었던 셈이다. 왜 그랬을까?

현존은 겉에 드러나 있으므로 쉽게 인식되지만 부재는 당연시되어 묻혀버린다. 영화와 만화의 배경, 노래방에서의 반주는 '언제나/이미' 존재하는 것이므로 인식의 대상으로 포착되지 않는다. 부재는 마치 너무나 익숙해져 있어 입은 것 같지 않은 옷처럼 의식하지도 못하는 사이에 이미 배경으로 들어와 있다. 그러나 입은 것 같지 않은 옷이 좋은 옷이듯이, 부재는 현존을 인식하는 태도에 중대한 영향을 미친다. 그 이유는 부재의 작용 메커니즘이 무의식적이기 때문이다.

그래서 구조주의 인식론에서는 당연시된 것을 의문시하는 태도를 강조한다. 프로이트는 환자의 무의식 속에 웅크린 콤플렉스를 의식선상에 드러냄으로써 정신 질환을 치료하려 했다. 이와 마찬가지로 구조주의는 드러나 있는 표층의 밑에 당연시된 채 감춰져 있는 심층을 드러냄으로써 총체적 인식을 도모한다. 이런 방식은 올바른 앎을 얻기 위해서만이 아니라 표층의 위장막을 걷어버리는 점에서도 중요하다. 표층은 흔히 심층의 의미를 은폐하거나 호도하는 역할을 하기 때문이다.

특히 표층의 의미가 지나치게 단순할 경우에는 그런 현상이 더욱 심해진다. 예를 들어 "질서는 아름다운 것"이라는 구호를 보자. 이 단순한 메시지의 표층적 의미를 소박하게 받아들이는 것은 어렵지 않다. 한낮의 고지식 씨처럼, 말 그대로 질서는 아름다운 것이므로 잘 유지해야 한다고 믿고 행동하면 그뿐이다. 하지만 그 구호가 군부 쿠데타로 우리 현대사를 얼룩지게 만든 제5공화국 신군부 정권이 내세운 캠페인이라는 사실을 감안한다면, 그 메시지의 의미를 겉에 드러난 표층만으로 해석할 수는 없다. 거기서 말하는 질서를 심층적으로 보면, 유혈과 불법으로 집권한 군부독재의 질서를 의미한다.

단순한 의미를 띤 메시지들이라도 심층을 파고들면 거의 대부분 복합적인 의미를 가지고 있다. 설사 처음에 메시지가 생겨났을 때는 그렇지 않다 하더라도 시간이 지나면서 해석과 주석이 덕지덕지 붙어 의미의 심층구조를 형성하게 된다. 종교적 메시지가 그런 사례에 속한다. "누구든지 네 오른편 뺨을 치거든 왼편도 돌려대라."라는 예수의 가르침도 처음에는 소박한 표층적 의미를 가졌을 것이다. 그러나 오랜 세월에 걸쳐 주석자들이 해석을 가미한 결과 원래의 메시지보다 훨씬 풍부하고 가변적인 의미 체계를 지니게 되었다. 여전히 성서의 문구를 고지식하게 글자 그대로 받아들이는 사람들도 있지만, 대개는 뺨을 때리고 맞는 단순한 신체적 폭력 이상의 함의를 지니고 있다고 믿는다. 한낮의 고지식 씨는 모든 메시지를 표층적으로만 보는 반면 한밤의 고지식 씨는 심층적으로 해석한다.

표층의 의미를 결정하는 것은 텍스트지만 심층의 의미를 결정하는 것은 텍스트를 둘러싼(con-) 콘텍스트, 즉 맥락이다. 텍스트의 영역에서는 의미의 객관성이 어느 정도 보장되지만 콘텍스트의 영역에서는 객관성이 사라지고 해석의 주관성이 강조된다. 여기에도 의미의 의식적이거나 무의식적인 왜곡이 숨어 있다.

의식적인 왜곡은 텍스트의 표층적 객관성을 빌미 삼아 권력을 행사하는 경우다. "차려 자세는 부동자세다." 이것이 군대에서 통하는 텍스트다. 하지만 신병 시절의 고지식 씨처럼 이 텍스트대로 실행하다가는 자칫 숨이 막혀 죽을 수도 있다. 아무리 부동자세를 취하려 애써도 숨은 쉬어야 하며, 심장이나 내장 같은 불수의근은 의지와 무관하게 움직인다. 이럴 경우 텍스트의 모호함은 자주 권력에 의해 악용된다. 이를테면 선임병이 후임병에게 아무 이유 없이 부당한 권력을 행사하고자 할 때, 차려 자세를 명령한 다음에 부동자세를 취하지 못한다는 이유로 기합을 주는 식이다.

부패한 사회, 혹은 경직된 관료 체제가 지배적인 사회에서는 텍스트와 콘텍스트의 차이를 이용한 비리가 많이 발생한다. 예를 들어 "학교 주변 200미터 구역 이내에서는 숙박업소를 운영할 수 없다."라는 법령은 매우 객관적인 텍스트 같지만, 실은 숙박업소라는 개념 정의를 둘러싸고 여러 가지 콘텍스트를 낳을 수 있다. 법령의 취지가 학교 주변 지역을 도덕적으로 정화하자는 데 있다는 것을 누구나 잘 알면서도 업자들은 숙박업소의 좁은 정의에서 벗어나는 변형 숙박업소를 만들어 이익을 취하려 하고, 관련 공무원들은 그것을 허가하거나 불허하는 방식으로 뇌물을 갈취하려 한다. 이런 경우 텍스트는 무용지물이 될 뿐 아니라 오히려 악의적 해석에 이용되고 만다.

더 복잡한 것은 표층적 의미가 무의식적으로 왜곡되는 경우다. 한낮의 고지식 씨처럼 아무런 의문도 없이 상식이나 속담을 곧이곧대로 믿고 그에 따라 행동할 때 상식이나 속담을 구성하는 텍스트는 무의식적으로 왜곡되고 악용될 수 있다. 세대 간의 마찰이나 문화 집단 간의 충돌이 그런 예다. 기성세대가 1318 연령층의 문화를 제대로 이해하지 못하고 자신의 가치관을 젊은 세대에게 강요하는 경우, 혹은 그 반대의 경우 텍스트와 콘텍스트의 괴리가 커진다.

종교상의 갈등은 그보다 훨씬 파급력이 크다. 국교(國敎)가 없고 특정한 종교가 압도적이지 않은 우리 사회에서는 종교를 그냥 신앙 체계라고 여기기 쉽지만, 대다수 사회에서 종교란 그 자체로 삶의 양식이다. 그렇기 때문에 다수가 추종하는 종교는 거의 무의식적으로 소수가 속한 종교를 억압하거나 통제하려 하게 마련이다(그리스도교권과 이슬람교권의 충돌은 누구의 음모나 각본에 따른 게 아니다). 이런 상황에서 "종교의 자유를 보장한다."라는 '멀쩡한' 텍스트의 배후에는 소수 종교의 말살이라는 음모적인 콘텍스트가 깔려 있는 경우가 많다.

때로는 의식적 왜곡과 무의식적 왜곡이 공존할 수도 있다. 이성애자가 다수인 사회에서 동성애자 커플이 커밍아웃을 하고 서로 사랑한다는 메시지를 공식적으로 밝혔을 때, 동성애에 반대하는 견해는 두 가지로 나타난다. 의식적인 반대의 경우 동성애를 부도덕하게 여기고 억압하거나 배제하려 하며, 무의식적인 반대의 경우 겉으로는 아무렇지도 않은 척해도 속으로는 거부감을 가진다. 전자의 경우에는 평등과 인권의 개념을 규정하고 있는 법적인 텍스트와 현실적인 차별이라는 콘텍스트가 충돌하며, 후자의 경우에는 문화적 다양성을 인정해야 한다는 지성적 텍스트와 동성애에 대한 본능적인 혐오라는 콘텍스트가 괴리를 빚는다.

인간, 사물, 사건에는 늘 드러난 것과 숨은 것이 공존한다. 언덕 위의 아름다운 전원주택에도 지붕 한구석에는 먼지가 가득하고 옥내 배선이 지저분하게 엉켜 있다. 이 두 측면이 함께 그 주택의 본질을 이루며, 두 측면을 통째로 볼 줄 아는 것이 구조적 안목이다. 이것은 특히 사회적 사건을 관찰할 때 유용하다.

냉전 시대였던 1950년대 전 세계를 지배했던 양대 열강인 미국과 소련은 치열한 우주 진출 경쟁을 벌였다. 제2차 세계대전이 끝난 지 얼마 안 된 시점이 아니었다면 두 나라를 정점으로 하는 자본주의 진영과 사회주의 진영은 실제로 전쟁을 벌였을지도 모른다. 양측의 무기 없는 전쟁이 바로 우주 경쟁이었다. 소련은 1957년 최초의 유인우주선을 쏘아올리며 기선을 제압했고 1969년 미국은 처음으로 달 착륙에 성공해 역전승을 거두었다.

이 경쟁의 드러난 측면은 과학의 발달이지만 그보다 더 중요한 것은 숨은 측면이다. 우주 경쟁의 이면에는 세계대전을 틈타 번영을 누렸던 군수산업, 군산복합체에게 이익을 보전해주기 위한 의도가 작용했다. 이를 위해 정치인들은 냉전 체제를 구축하는 데 앞장섰던 것이다. 경제적으로 수익이 날 리 없는 천문학 분야에 미국이 천문학적 금액을 쏟아부은 이유는 바로 거기에 있었다.

보편자
주제곡과 변주곡

내가 가진 최초의 '동산(動産)'은 30년 전에 산 클래식 기타다. 그 무렵에는 과도한 과외 열풍을 억제하느라 대학생의 과외 아르바이트를 법으로 금지했지만 학생들은 '몰래바이트'라는 이름으로 바꿔 부르면서 여전히 과외로 용돈을 벌었다. 대개 개별적으로 했으나 여럿이 팀을 짜 기업형 과외를 하면 용돈의 수준을 넘어 학비와 교재비까지 마련할 수도 있었다.

내 기타는 그 불법 과외를 해서 번 돈으로 산 것인데, 당시 아르바이트, 아니 몰래바이트의 월급이 얼마인지는 잊었어도 서울 종로 3가의 중앙음악사라는 악기점에서 산 수제품 기타의 값은 4만 원으로 분명히 기억한다. 지금 시가로 환산하면 50만 원은 좋이 될 테니 싸구려는 아니다.

신군부 정권의 서슬이 시퍼렇던 엄혹한 80년대 초반에 그런 호사스런 취미를 남모르게 누리고자 마음먹었던 걸 생각하면 기타 음악이 어지간히 좋았던 모양이다. 그 무렵에 나는 기타 음악이라면 클래식에서 포크, 록,

블루스, 사이키델릭까지 모조리 좋아했다. 그래서 당시 최고의 유행이었던 디스코 음악은 기타가 조연으로 숨어들었다는 이유로 무척 싫어했고 그 때문에 지금도 디스코에 뿌리를 둔 댄스 음악을 전혀 듣지 않는다.

영화 음악도 마찬가지다. 음악이 음악 자체로 소화되지 않고 뭔가의 배경으로 사용된다는 것은 음악팬으로서 참을 수 없는 일이다. 차를 마시며 음악을 감상한다는 것도 맘에 들지 않는다. 음악은 시간이 나서 듣는 게 아니라 시간을 내서 들어야 한다는 게 나의 모토다. 기타가 음악관을 송두리째 바꿔놓았다고 할까?

꿈에 그리던 기타를 손에 넣은 때부터 나는 틈만 나면 기타를 치기 시작했다. 그러나 학원 한 번 다녀본 적이 없다 보니 곧 독학의 한계를 느낄 수밖에 없었다. 조지 벤슨 같은 사람은 악보 읽는 법조차 모르면서도 독학으로 뛰어난 재즈 기타리스트가 되었고 버클리 음대에서 학생들까지 가르쳤다지만 그건 부러운 천재의 이야기일 뿐이다(그가 콘서트에서 기타와 목소리를 맞추는 멋진 스캣을 보여주는 것은 오히려 악보로 음악을 하지 않았기에 가능한 일일 것이다).

그런 재능과 무관한 나는 학교에서 배워 악보는 읽을 줄 알았지만 좀처럼 기타 솜씨에 진척을 보이지 못했다. 고민 끝에 나는 나름대로 한 가지 해법을 생각해냈다. 아예 한 곡만 집중적으로 연습하는 거다. 어차피 기타리스트가 될 게 아니라면, 또 남에게 들려주기 위해 연주할 게 아니라면 마음에 드는 곡을 골라 완전히 마스터하는 게 낫겠다는 생각이었다.

어떤 곡이 좋을까? 우선 너무 쉬워서는 안 된다. 이루기 쉬운 목표는 김빠진 맥주보다 못하다. 너무 짧아도 안 된다. 3분도 안 되는 곡은 20분 이상의 곡보다 나쁘다. 단조로워도 안 되고 가벼워도 안 된다. 어렵고, 길고,

복잡하고, 묵직한 곡, 그런 게 어디 있을까? 누구의 추천도 없이 혼자 힘으로 애써 찾은 끝에 알게 된 작품이 바로 요한 제바스티안 바흐의 바이올린 파르티타 2번 D단조 가운데 다섯 번째 곡인 〈샤콘〉이었다.

〈샤콘〉은 처음에 무반주 바이올린 곡으로 작곡되었으나 세고비아가 기타로 멋지게 편곡했고 부조니가 훌륭한 피아노 곡으로 만들었다. 원래는 격렬하고 도발적인 춤을 샤콘이라고 말하지만, 바흐의 〈샤콘〉은 정반대로 장중하고 우아하다. 말이 춤곡이지 춤과는 거리가 멀어 보인다.

바이올리니스트와 기타리스트의 성전으로 꼽히는 〈샤콘〉을 몇 개월 동안 열심히 연습한 결과 나는 14분짜리 곡을 절반가량 칠 수 있게 되었다. 다만 군데군데 32분음표가 연속으로 등장하는 빠른 부분은 몇 년이 지나도록 제대로 연주하지 못했고 수십 년이 지난 지금까지도 더 이상의 진척이 없다. 그럼에도 불구하고 지금도 내 기타의 6번 줄은 D단조인 〈샤콘〉을 언제나 치기 편하도록 일반 기타보다 한 음 낮은 D음으로 조율되어 있다.

나도 음악에 별로 조예가 없지만 나보다 더 음악에 문외한인 사람—예컨대 나의 가족—은 그런 나를 비아냥거리는 게 취미다. "그렇게 죽을 때까지 기타를 연습한다고 해서 어디 세고비아처럼 치겠어?" 뼈아픈 지적이지만 실은 무식한 지적이기도 하다. 물론 언제든 세고비아의 음반을 틀면 내가 치는 것보다 훨씬 뛰어난 〈샤콘〉의 연주를, 그것도 중간에 빠른 부분을 맞아서도 끊어짐이 없는 완주로 들을 수 있다. 또 〈샤콘〉쯤 되면 많은 기타리스트들이 좋아하는 레퍼토리이므로 클래식 기타 연주회에 가서 얼마든지 감상할 수도 있다.

그러나 좋은 연주를 카피하는 즐거움은 직접 해본 사람이 아니면 알지 못한다. 모든 일을 대리 경험하는 것으로 족하다면 체험이 무슨 소용이랴? 디지털 시대라 해도 아날로그의 즐거움은 변하지 않는다는 게 나의 신념이다.

베토벤은 설령 만년에 귀가 먹지 않았다 해도 자신의 작품을 직접 들을 기회가 많지 않았을 것이다(아마 오늘날의 음악 팬들이 음반을 통해 베토벤의 작품을 그 자신보다 더 많이 들을 것이다). 당시의 작곡가들은 교향곡을 작곡하고도 초연이 이루어지기 전까지는 직접 듣지 못했다. 소품이나 실내악이 아니라면, 자신이 만든 교향곡의 멜로디와 리듬은 자신의 마음속에서만 울려 퍼질 뿐이었다. 수십 명의 연주자들을 불러 모을 수 있는 것은 초연 날짜가 잡히고 리허설을 할 때에야 가능했다.

그에 비해 지금은 컴퓨터 작곡 소프트웨어를 이용해 실내악은 물론 교향곡까지 초연할 수 있다. 물론 악기의 음색은 실제 악기를 따라가지 못하지만 제1바이올린, 제2바이올린에서 팀파니와 콘트라베이스까지 골고루 악기 지정이 가능하므로 적어도 어느 정도는 작품의 맛을 미리 볼 수 있다. 극단적으로 말하면, 악기 하나 제대로 다루지 못해도 작곡이 가능한 시대다(실제로 댄스 음악 작곡가들 중에는 악보와 악기를 다룰 줄 모르는 사람들이 수두룩하다). 그러나 첨단의 기기를 이용해 교향곡을 작곡하는 것보다 아날로그 연주, 그것도 남이 편곡하고 연주한 것을 카피하는 일이 무엇보다도 즐거운 이유는 뭘까?

〈샤콘〉을 카피하면서 나는 오히려 기타보다 곡 자체의 매력에 흠뻑 빠지게 되었다. 세고비아와 데이비드 러셀 같은 기타리스트의 〈샤콘〉만이 아니라 밀슈타인, 셰링, 크레머, 정경화 등의 바이올린 연주, 백건우의 피

아노 버전 등 〈샤콘〉이 들어간 음반을 구입해 수도 없이 들었다(바흐 이외에 비탈리도 같은 제목의 유명한 곡을 남겼다는 사실은 나중에야 알았다). 한때는 기타, 바이올린, 피아노의 세 가지 버전을 연속으로 녹음해놓고 한 시간 동안 〈샤콘〉만 듣기도 했다. MP3 플레이어가 없었던 시절에는 화장실에 갈 때도 신문이나 딱히 읽을 만한 책이 없으면 〈샤콘〉의 악보를 가지고 들어갔다. 모든 음표들이 완전히 기억되어 있어 악보만 보면 머릿속에서 〈샤콘〉의 멜로디가 아리아드네의 실타래처럼 저절로 풀려나왔다. 볼일 보는 시간과 〈샤콘〉의 플레잉 타임이 어찌 그리 딱 맞던지…….

바흐는 클래식 음악 중에서 내가 유일하게 익숙하고 좋아하는 작곡가였다. 설령 "그녀가 좋아한 것은 바흐와 비틀스와 나였다."라는 영화 〈러브 스토리〉 주인공의 독백이 아니었다 해도, 또 록 밴드 딥퍼플의 매력적인 키보디스트와 기타리스트인 존 로드와 리치 블랙모어가 숭배하지 않았다 해도 바흐는 매력적인 작곡가다.

그 이유는 그의 작품이 지닌 폭넓은 가변성 때문이다. 바흐의 작품은 어떤 악기로 연주해도 좋고, 노래로 불러도 색다르며, 록 리듬으로 편곡하는 것도 얼마든지 가능하다. 존 로드가 편곡한 〈토카타와 푸가〉는 얼마나 멋진가? 속도감 넘치는 해먼드오르간에 코지 파웰의 화려한 드럼을 얹은 그 곡은 아마 바흐 자신이 들어도 감탄을 금치 못하리라.

다채로운 변화를 특징으로 하는 바흐가 쓴 변주곡이라면 천변만화할 것은 당연지사다. 〈샤콘〉이 포함된 파르티타란 원래 모음곡을 뜻하는데, 모음곡이 대개 변주곡이므로 변주곡이라는 뜻도 가진다. 전문가들은 〈샤콘〉이 약 30개의 변주곡으로 이루어졌다고 말하지만 내가 보기에는 그보다 훨씬 더 많은 것 같다. 열정적인가 하면 관조적이고, 현란한가 싶으면 둔중하고, 빨랐다가 느려지고, 복잡해졌다 단순해지는 무수한 변화가 〈샤콘〉 안에 숨어 있다. 14분의 긴 연주가 끝나면서 오프닝이 압축된 클로징이 나올 때면 막혔던 숨이 트이는 듯 시원하면서도 가슴이 미어지는 느낌이 든다.

3박자 음악이 이렇게 장중한 분위기를 자아내기는 어렵다. 3박자라면 뭐니뭐니해도 가벼운 왈츠가 제격인데……. 하지만 〈샤콘〉은 특이하게도 3박자 가운데 둘째 박자에 강세가 실려 있어 더욱 강렬한 느낌이다. 아마 그런 탓에 4박자의 비트가 강한 록 음악과도 친화력을 가지는 것일 게다.

이런 음악이 또 있을까? 불과 14분 만에 사람의 마음속을 완전히 헤집어놓았다가 가만히 돌려놓는 〈샤콘〉의 매력을 뭐라고 말할 수 있을까? 이 작품에 어울리는 춤이라면 대체 어떤 걸까? 이 한 곡만 가지고도 다른 사람들과 밤을 새워 이야기할 수 있다. 그 흔한 동아리 중에 왜 '샤사모(샤콘을 사랑하는 사람들의 모임)'는 없는지 원망스러울 정도다.

변주곡(variation)이라면 뭔가 뿌리가 있어야 할 것이다. 문법적으로도 variation은 vary의 명사형이므로 목적어가 필요하다. 무엇을 변주하는가? 무엇이 변주되는가? 답을 말한다면 테마(theme), 즉 주제곡이다. 모든 사본에는 원본이 있듯이 변주가 가능하려면 테마가 있어야 한다. 그렇다면 〈샤콘〉의 테마는 뭘까? 그 30개의 변주곡은 어떤 주제곡을 변주하고 있을까? 그런데 흥미로운 것은 〈샤콘〉에 뚜렷한 테마가 없다는 사실이다. 주제가 없이 오로지 변주로만 이루어진 곡이다. 이런 곡을 변주곡이라고 할 수 있을까?

이 의문은 〈샤콘〉을 넘어 음악 전반으로 향한다. 하나의 곡을 바로 그 곡으로 만들어주는 건 뭘까? 바꿔 말해 음악 작품의 아이덴티티는 어디에 있을까? 음표와 박자의 일정한 배열일까?

언제나 악보에 기재된 대로 음표와 박자를 똑같이 연주하기란 불가능하다. 공연에서는 말할 것도 없지만 때로는 스튜디오 녹음에서도 연주할 때마다 음표 하나쯤, 박자 하나쯤 달라지는 것은 얼마든지 가능하다(의도적으로만 아니라 비의도적으로도 달라진다). 모든 곡은 무수한 변주가 가능하며, 엄밀하게 말하면 같은 곡이라 해도 매번 연주할 때마다 변주곡이 된다.

그렇다면 하나의 곡은 단지 그 곡을 이루는 음표와 박자로 환원될 수 없다. 래리 코리얼이 어쿠스틱 기타 하나로 비틀스의 〈섬싱〉을 편곡해 연주한 것은 언뜻 들으면 원곡이 〈섬싱〉인지조차 모를 만큼 다르다. 그래도 원곡에 익숙한 사람이라면 그 곡을 듣고 〈섬싱〉인 줄 즉각 알아챈다. 왜 그럴까? 그렇게 원곡과 크게 달라졌는데도 그걸 〈섬싱〉이라고 말할 수 있고 또 그렇게 들을 수 있는 이유는 뭘까?

일단 어떤 곡을 바로 그 곡으로 만들어주는 아이덴티티는 그 곡의 '본질'이라고 말할 수 있다. 기본형이 있어야 활용형도 있다. '달리다'라는 동사의 기본형이 없으면 '달리는'이라는 활용형도 없고 '달리는 개'라는 말도 할 수 없다. 하지만 달리 생각하면 기본형이라는 것도 활용형이 축적되고 누적되어 생겨난 것인지도 모른다. 우리말의 기본형이 그렇다.

우리 문법에서 동사의 기본형은 실제로 사용되는 경우가 거의 없다. "오징어를 먹고 싶다.", "어디 먹을 거 없냐?"라고는 말해도 '먹다'라는 기본형이 그대로 쓰이지는 않는다. 그런데도 기본형이 존재하는 이유는 사전에 표제어로 등재해야 할 필요성 때문이다. 먹고, 먹으니, 먹게, 먹지 등 수많은 활용형을 일일이 사전에 올릴 수는 없으니까 '먹다'라는 기본형으로 그 변형들을 포괄하고 대표하는 것이다.

〈샤콘〉의 테마도 바로 그런 게 아닐까? 그 자체로는 실재하지 않으면서 수많은 변주를 가능케 하는 역할로서만 존재하는 게 아닐까? 이 논리를 연장한다면 뭔가의 본질, 원형이라는 것은 다 그럴지도 모른다. 우리말 동사의 기본형처럼 현실 속에 존재하지 않는 것인지도 모른다. 본질은 실재하는가? 아니면 본질은 없고 속성들만 실재하는가?

언젠가 어느 철학서에서 이런 문구를 본 적이 있다. "보편성은 특수성을 통해서만 그 모습을 드러내며, 특수성은 보편성이 없으면 존재할 수 없다." 책에서는 그런 것이 보편과 특수의 변증법적 관계라고 했다. 〈샤콘〉의 테마는 바로 그런 보편성일 것이다. 뭔가 보편적인 게 존재하는 것은 분명하지만 그 자체로는 모습을 드러내지 않고 수십 개의 변주(특수성)를 통해서만 드러난다. 그런데도 그 곡을 감상하거나 카피하는 사람은 변주를 통해 테마를 듣고 특수를 통해 보편에 접근하면서도 마치 그 곡의 테마와 보편을 직접 경험하는 것으로 착각한다.

진리는 보이지 않는 것

"잘 가." 여우가 말했다. "비밀을 가르쳐줄게. 아주 간단해. 잘 보려면 마음으로 봐야 해. 진짜 중요한 것은 눈에 보이지 않아."

"진짜 중요한 것은 눈에 보이지 않아."

어린왕자는 잊지 않으려고 그 말을 되뇌었다.

눈에 보이는 게 진리가 아니라는 것은 여우와 어린왕자만의 생각이 아니다. 철학적 사유가 시작된 때부터, 아니 그 이전에 주술과 종교와 철학이 구분되지 않고 혼재되어 있던 때부터 눈에 보이는 것이 진리가 아니라는 생각은 보편적으로 있었다.

동양의 유학 사상에서는 모든 인간이 눈에 보이지 않는 예(禮)에 맞게 살아야 하며, 눈에 보이지 않는 천리(天理)에 따라야 한다고 가르쳤다. 불교에서도 역시 눈에 보이는 세상의 실체들이 실은 찰나에 생멸을 반복할 뿐이고, 인간은 눈에 보이지 않는 업(業)을 지고 있다며 보이지 않는 것이 중요하다고 말했다.

그에 비해 눈에 보이는 것을 훨씬 중시했던 고대 그리스의 자연철학자들도 보이는 것, 드러난 것에서 진리를 찾지는 않았다. 눈에 보이는 것은 가변적인 것이고 가변적인 것은 진리가 아니었다. 모름지기 진리라면 영원불변,

불멸이라는 속성을 가져야 했다. 그래서 그들은 세상 만물의 현상이 아니라 그 배후의 본질(원질)을 찾으려 했다. 이것이 "세상 만물의 공통적인 요소는 무엇인가?"라는 최초의 철학적 물음으로 나타났다.

이 물음에 대해 최초의 철학자로 알려진 탈레스는 물이라고 대답했다. 아낙시메네스는 공기, 헤라클레이토스는 불이라고 대답했다. 다른 대답으로 물-불-흙-공기의 네 원소가 나왔고, 여기에 아리스토텔레스는 불변의 완전한 원소라는 의미로 제5원소를 추가했다. 가장 흥미로운 견해는 플라톤의 이데아론이다. 이 학설에는 선배가 있었다.

물-불-흙-공기의 가시적인 원소를 세상 만물의 근본적 요소로 보지 않은 전통도 있었다. 아낙시만드로스는 무한자(아페이론)를, 아낙사고라스는 누스라는 일종의 힘을 궁극적인 것으로 보았다. 세상 만물의 공통적인 요소를 가시적인 원소에서 찾으면 불변성이 약해지고, 비가시적이고 추상적인 요소를 상정하면 현실성이 약해진다. 플라톤은 물질적 측면을 강조하는 탈레스 계열과 추상적 측면을 강조하는 아낙시만드로스 계열을 절묘하게 조합했다. 그 결과로 내놓은 해답이 바로 이데아다.

아름다운 산, 아름다운 집, 아름다운 사람이라는 말을 할 수 있으려면 뭔가 아름다움이라는 것이 존재해야 할 것이다. 아름다운 산과 집과 사람은 변주곡일 뿐이다. 테마 없는 변주곡은 있을 수 없으므로 아름다움 자체가 주제곡으로 존재해야 한다. 이것이 곧 아름다움의 이데아다.

세상에 아름다움만 있지는 않으므로 이데아는 하나만 있는 게 아니다. 나무, 구름, 사슴 등 자연 세계에 존재하는 사물이나 생물은 말할 것도 없고 책이나 그림처럼 인간이 만든 것에도 이데아가 있다. 컴퓨터나 영화 같은 현대의 산물에 관해서도 마찬가지로 설명할 수 있다. 컴퓨터의 이데아가 존재하기 때문에 PC, 매킨토시, 데스크톱, 노트북, 넷북 등을 모두 컴퓨터로 총칭할 수 있다는 식이다. 아이폰과 각종 안드로이드폰을 다 스마트폰이라고 통칭할 수 있는 근거는 스마트폰의 이데아가 존재하기 때문이다.

그럼 이데아는 어떤 형식으로 존재할까? 그리고 우리는 이데아를 어떻게 인식할 수 있을까? 이에 대한 플라톤의 대답은 이중적이다. 우리는 이데아를 인식할 수도 있고 인식하지 못할 수도 있다. 이데아가 구현된 형태(세상 만물)를 우리가 인식할 수 있다는 측면에서 보면 이데아는 인식 가능하고, 이데아 '자체'를 우리가 인식할 수 없다는 측면에서 보면 이데아는 인식 불가능하다. 어떤 쪽에 비중을 두느냐에 따라 플라톤을 일원론자로 볼 수도 있고 이원론자로 볼 수도 있다(대체로 플라톤은 이데아계와 현실계를 구분했다는 점에서 이원론자로 본다).

네모난 돌, 네모난 책상에는 네모의 이데아가 공통적으로 들어 있다. 하지만 네모난 돌과 책상은 인식할 수 있어도 네모 자체는 인식할 수 없다. 그러나 인식할 수 없다 해도 이데아는 개별 사물들보다 더 근본적이다. 이데아가 원본이라면 개별 사물들은 그 원본의 사본일 뿐이다. 이렇게 이데아는 존재의 위계에서 높이 있지만 인식의 위계에서는 아주 낮은 곳에 위치한다.

인식론에 중점을 둘 경우 이데아는 있으나마나한 존재다. 존재론적 관점과 인식론적 관점은 다르다. 귀신이나 UFO의 존재 여부는 존재론적으로 보면 중요한 문제지만, 인식론적으로 보면 전혀 중요하지 않다. 존재한다고 해도 인식되지 않는 것이면 무의미하니까.

이 이데아론은 중세에 유명론/실재론으로 부활한다. 중세 초기에는 아직 힘이 미약한 신앙을 강화해야 했으므로 신학이 모든 것을 지배했다. 그러나 그리스도교가 현실에 뿌리를 내리고 지배 이념으로 자리 잡자 신과 인간,

신앙과 이성의 관계를 재정립할 필요가 생겼다. 그래서 중세 후기의 신학자-철학자 들은 인간 인식의 한계가 어디까지냐를 놓고 논쟁을 벌였고, 이 논쟁에서 플라톤의 이데아는 보편자라는 개념으로 부활했다.

눈에 보이는 책상이 개별자라면 책상의 본질, 이데아는 보편자다. 중세의 쟁점도 고대의 이데아론과 다를 바 없다. 개별자는 구체적이지만 불멸과 불변의 속성을 갖춰야 하는 진리의 자격에는 미달이다. 보편자는 불멸과 불변의 속성을 가질 수 있지만 구체적이지 못하다. 보편자가 실재한다고 보는 입장은 실재론으로 모였고, 보편자란 명칭만 있을 뿐 실체가 없다고 보는 입장은 유명론으로 정리되었다. 유명론자 가운데서도 매파는 보편자가 아예 실재하지 않는다고 보았고, 비둘기파는 보편자의 존재 자체는 부정하지 않으나 보편자가 별도로 실재하는 게 아니라 각각의 개별자에 깃들어 있다고 보았다.

두 가지 입장 중 어느 것이 우세했을까? 기선을 제압한 것은 실재론이었다. 그리스도교는 철학적으로 신플라톤주의에 뿌리를 두었으므로 중세 초기에는 플라톤의 이데아를 연상시키는 보편자가 실재한다고 보는 입장이 지배적이었다(불변과 불멸을 강조하는 종교적 관점에서 보더라도 보편자의 실재를 인정하는 편이 더 유리하다). 그러나 신학의 틈새에서 철학이, 신앙의 언저리에서 이성이 비집고 나오면서 사정은 달라졌다.

신앙에서는 모든 문제를 신이 설명해주지만 이성은 인식과 경험을 통해 정보와 지식을 얻는다. 심지어 신앙마저도 이성으로 이해할 수 있으면 좋다(그래서 중세 후기부터는 교회와 수도원에서도 신앙을 이성으로 설명하려는 노력이 전개되었다). 그런데 인식과 경험으로 이해할 수 있는 것, 생활에서 쉽게 알 수 있는 것은 보편자가 아니라 개별자다. 중세 후기로 접어들면서 실재론에 비해 유명론이 우세해졌고 유명론자들 가운데서도 매파의 목소리가 더욱 높아졌다. 심지어 로스켈리누스 같은 강경한 유명론자는 보편자가 '목소리의 울림'에 불과하다고 몰아붙였다. 보편자란 그 명칭만 존재할 뿐 실체로서는 전혀 존재하지 않는다는 의미다.

결국 실재론 진영에서도 현실을 인정하지 않을 수 없었다. 이성의 도전에 신앙이 녹다운되지 않으려면 보편자의 존재를 이성이 이해할 수 있는 방식으로 증명해야 한다. 그 결과 절묘한 타협이 이루어졌다. 아랍 철학자 이븐 시나의 명제가 그것이다. "보편자는 개별자에 앞서 존재하고, 개별자의 속에 존재하고, 개별자의 뒤에 존재한다." 이 입장을 계승해 중세 신학-철학을 대표하는 토마스 아퀴나스는 보편자를 다루는 신학과 개별자를 다루는 신학을 분리하는 중용 실재론을 주장했다(다음 장 참조).

이제 보편자는 존재론과 인식론에서 확고한 지위를 차지했다. 보편자는 존재하되 그 자체로 인식되지 않고 개별자를 통해서만 모습을 드러낸다. 비둘기파 유명론의 주장을 답습한 것이지만, 종교가 모든 것을 지배하는 시대에 이 정도로 자리를 찾은 것만으로도 훌륭한 업그레이드였다.

이렇게 교통정리가 된 덕분에 신학과 철학, 신앙과 이성은 좋은 분업 관계를 이루어 제 갈 길을 찾을 수 있게 되었다. 보편자는 신의 영역에 속하고 개별자는 인간의 영역에 있다. 이 점에 착안해 서유럽에 아리스토텔레스의 철학을 소개한 이븐 루슈드(아베로에스)는 종교적 진리와 철학적 진리를 구분하는 이중 진리론을 전개했다.

토마스 아퀴나스는 겉으로는 이중 진리론을 배격했으나 실제로는 그 이론을 수용해 신학과 철학의 구분을 더욱 가속화시켰다. 신학은 계시를 통해 얻은 교리를 전거로 삼고, 철학은 관찰을 통해 얻은 경험을 전거로 삼는다.

또한 신학은 계시된 전제로부터 연역을 통해 진리를 찾고, 철학은 관찰된 사실로부터 귀납을 통해 진리를 추구한다. 이런 철학관은 명패만 바뀌면 과학이 된다. 곧이어 다가온 르네상스 시대에 과학이 철학을 대신한 것은 중세 후기의 그런 배경이 있었기에 가능했다.

종교

신앙 vs 이성

시대 1347년
배경 프랑스 중부의 클뤼니 수도원
등장인물 수도원장(58세), 그레고리우스 신부(44세), 베네딕투스 견습 수사(18세)

　햇볕 따스한 봄날 오전 수도원장실. 수도원장과 수도원을 방문한 그레고리우스 사제는 긴장과 기대가 뒤섞인 표정으로 이야기를 나누면서 누군가를 기다리고 있다. 그때 방문을 두드리는 소리가 들린다.

수도원장 들어오게.
(문이 열리며 날렵한 몸집의 젊은 수사가 안으로 들어온다. 회색의 수도복 위에 짙은 쑥색의 외투를 걸치고 있다. 약간 어리둥절한 표정이지만 명민한 눈매를 가진 청년이다. 손에 작고 긴 상자를 들고 있다.)

수도원장 이리 와서 앉게.

(세 사람은 원탁에 찻잔을 마주하고 삼각형 모양으로 마주 앉는다.)

수도원장 그레고리우스 님은 전에 뵌 적이 있지? 자네 소식이 궁금해 한걸음에 달려오셨다네.

베네딕투스 그럼요. 지난해 여름에 생자크 수도원에서 신부님과 한 달가량 함께 지낸걸요. 안녕하십니까, 신부님.

(그레고리우스는 대답 없이 인자한 미소를 지으며 고개를 살짝 끄덕인다.)

수도원장 손에 든 건 뭔가?

베네딕투스 (심각한 표정으로 상자를 푼다.) 십자가입니다. 그런데 이게 좀……. (빨간색 플라스틱 십자가에 방울이 달려 있다.)

수도원장 (인상을 찌푸리며) 거기서 가져온 건가?

베네딕투스 네. 신기한 물건입니다만……. 장난감 같아서요.

그레고리우스 (십자가를 집어들며 혼잣말처럼) 가볍고 단단한 재료로 만들어졌군.

수도원장 함께 간 사람은 어떻게 됐는가?

베네딕투스 그 사람은 거기서 온 사람이니 당연히 거기에 남았지요.

수도원장 이제는 다시 오지 않겠다고 약속하던가?

베네딕투스 네. 그 시간 이동 장치도 저를 여기 도로 데려다준 이후에는 두 번 다시 작동하는 일이 없을 거라고 했습니다. 인류학자의 명예를 걸고 맹세한다고요.

수도원장 또 그놈의 인류학.

그레고리우스 (웃으며) 그래도 인류학자인 게 얼마나 다행입니까? 다양한 인간 사회를 연구하는 미래의 학문이라죠? 학자가 아니라 만약 군대라도 왔다면 어쩔 뻔했습니까?

수도원장 그러게 말이오. 엄청난 전쟁이 벌어졌을 게 뻔하지요. 10년 전에 잉글랜드 왕이 프랑스 땅을 차지하려고 일으킨 전쟁이 100년이나 이어진 다지 않소? 그래서 미래의 역사책에는 그 사건이 백년전쟁이라고 기록된다지요? 지난해 칼레를 빼앗겼을 때 나는 장차 프랑스가 잉글랜드에 완전히 먹히지 않을까 전전긍긍했다오. 전쟁이 끝난 뒤에도 그런 일은 없을 거라니까 다행이지만…… 쩝. (베네딕투스를 돌아보며) 그래, 700년 뒤 사람들은 이런 장난감을 가지고 신성모독이나 하면서 논다더냐?

베네딕투스 겨우 나흘 동안 머물다 온 처지라 상세한 사정은 알 수 없었습니다. 하지만 수도원장님, 미래 사람들은 종교라는 말을 지금 우리처럼 사용하지 않는 것이 분명합니다. 신성모독이라는 말도 거의 쓰지 않습니다. 여전히 신을 모시는 사람들이 많기는 하지만 전부가 그렇지도 않고요. 게다가 왕도, 교회도, 그 누구도 백성들에게 신을 섬기라고 강요하지는 못합니다.

그레고리우스 (눈을 부라리는 수도원장을 손으로 만류하며) 그 인류학자는 왕이 다스리지 않는 나라도 많다고 하지 않았던가?

베네딕투스 네. 왕을 선출하는 나라도 있고, 심지어 왕이 없이 의회가 다스리는 나라도 있습니다.

수도원장 그놈의 의회, 의회. 수십 년 전에 잉글랜드 놈들이 만든 괴상한 제도지. 왕이 없는 왕국이란 모순이 아니고 뭔가?

그레고리우스 나중에는 왕국이라는 말을 안 쓴다지 않습니까? 실은 지금 프랑스에서 힘을 얻고 있는 삼부회도 의회나 다름없습니다. 그 인류학자의 말에 따르면 장차 400년 뒤에는 프랑스에서 대혁명이 일어나 삼부회가 권력을 잡게 된다지요. 잉글랜드는 그 전에 의회 국가가 되고요.

수도원장 쉿! (갑자기 비대한 몸집을 일으키더니 방문으로 달려가 문을 열어 잠깐 밖을 보았다가 다시 들어와 의자에 앉는다. 작으면서도 긴박한 어조로 말한다.) 인류학자도 그 사실을 사람들에게 알리지 말라고 하지 않았소이까? 자기 때문에 혹시라도 역사의 물결이 바뀌면 절대 안 된다 했소. (다시 평안한 어조로) 지금 삼부회를 말씀하셨는데, 위대하신 선왕 필리프 4세의 유일한 실정이 바로 삼부회를 소집한 거요. 삼부회만 아니었다면 그분은 프랑스 역사상 최고의 군주로 남았을 겁니다. 교황청을 프랑스로 가져와 교황 자리를 프랑스인들이 차지하게 만든 것은 정말 선왕의 역사적인 업적이었소.

그레고리우스 (빙그레 웃으며) 저는 지금의 아비뇽 교황청이 최선의 방책이었다고는 생각하지 않습니다. 교황청이 어느 특정한 나라의 소유가 되면 유럽 국제 질서의 균형이 흔들리거든요. 지금 벌어지고 있는 전쟁도 멀리 보면 거기에 근원이 있습니다.

수도원장 도대체 교회 측에서는 뭘 생각하고 있는 건지요? 교황청이 우리 수중에 있을 때 한 건 크게 해야 하지 않소?

그레고리우스 이런, 이런. 교회보다 수도원이 더 급진적이네요. 인류학자가 말했던 게 생각납니다. 미래에는 군대 장교를 양성하는 기관으로 사관학교라는 게 생긴다지요? 교회가 군대라면 수도원은 사관학교쯤 된다고 비유하더군요. 교회의 사제들이 장교라면 수도원의 수사들은 사관학교 생도들이고요. 현역 장교들이 느긋한데 왜 사관학교 교장님께서 흥분하십니까? 장차 생도들이 졸업한 뒤 임관할 직위가 부족해질까 봐 우려하시는 겁니까? 지금 전쟁이 앞으로 100년이나 간다는데 뭘 걱정하십니까?

수도원장 (태도를 누그러뜨리며) 그런 게 아니라 원래 수도원이 교회보다 순수해서지요. 더욱이 우리 클뤼니 수도원이야말로 400년 전 교회를 개혁하자는 취지로 설립되었고 지금도 정화 운동에 앞장서고 있지 않소?

베네딕투스 (자리에서 잠시 일어나며 창가로 걸어가며 방백으로) 프랑스대혁명으로 클뤼니 수도원이 폐쇄될 거라는 인류학자의 이야기에 수도원장님께서 자극을 받으셨군.

수도원장 (그 말을 못 들은 척하고 베네딕투스에게 고개를 돌리며) 그건 그렇고, 신을 믿지 않는 사람들이 있다는 이야기는 뭔가? 종교라는 말이 다른 의미로 사용된다는 말은 또 뭐고?

베네딕투스 유럽 이외에 다른 세상이 있다는 얘기는 들으셨을 겁니다. 사실 유럽은 인구로 보나 면적으로 보나 세계의 일부분에 불과합니다.

수도원장 그건 알고 있네. 그래서 지난 세기에 성 토마스께서 《대이교도대전》이라는 책을 쓰시지 않았던가?

베네딕투스 아, 토마스 아퀴나스 님요. 그분은 젊은 시절 생자크 수도원에 계셨죠? 저도 그 수도원에 머무는 동안 그레고리우스 신부님에게서 토마스 님의 사상을 배웠습니다. 토마스 님은 아랍인들의 학문도 배웠다고 하시던 걸요.

수도원장 (눈살을 찌푸리며) 알라신을 믿는 자들에게서 뭘 배웠단 말인가? 그자들은 그리스도교를 싫어하니까 고대부터 플라톤을 거부하고 아리스토텔레스를 숭상했을 뿐인데.

그레고리우스 (창가에서 돌아와 자리에 앉는다.) 하지만 토마스님은 아리스토텔레스의 사상을 중요하게 여겼고 실제로 아랍인들의 책에서 그것을 배웠죠. 고전 시대가 끝난 이후 유럽에서는 아리스토텔레스의 사상이 거의 자취를 감추었으니까요.

수도원장 이탈리아 사람이 똑똑해봤자 거기서 거기지.

베네딕투스 후대에는 알라신을 믿는 사람들만 있는 것이 아닙니다. 이교도가 훨씬 더 많고 심지어 무신론자도 있습니다. 인도 사람들은 유일신이 아니라 많은 신을 모시고 중국 사람들은 현세를 중시할 뿐 아예 신을 믿지도 않습니다. 그저 죽은 조상에게 제사를 올릴 뿐이죠.

수도원장 그렇게 신을 믿지 않는데 어떻게 도덕과 윤리가 존재한단 말인가?

베네딕투스 우리가 말하는 종교와 후대인들이 말하는 종교가 다른 점이 바로 그것입니다. 미래의 사람들은 신앙을 가진 이들조차 종교를 하나의 믿음 체계로만 여길 뿐 우리처럼 생활의 덕목이나 가치관으로 여기지 않습니다. 주로 내세에 복과 영생을 얻기 위해서 종교를 믿지요. 현세에는 현세의 윤리와 생활 원칙이 별개로 있습니다. 종교는 삶이 아닙니다.

수도원장 성무일도도 하지 않는다는 말인가?

베네딕투스 지금처럼 하루에 일곱 차례 기도를 올리는 것은 아주 큰 교회가 아니면 볼 수 없습니다. 게다가 한 나라에 여러 가지 종교를 가진 사람들이 섞여 살기 때문에 어려움이 많습니다. 어떤 나라는 그리스도교와 이슬람교가 공존하기도 하고 심지어 그리스도교도 가톨릭만이 아니라 정교 신앙과 신교 신앙도 있습니다.

수도원장 비잔티움의 동방정교가 가톨릭에서 갈라져 나간 지는 상당히 됐지만 신교는 또 뭔가?

그레고리우스 (슬며시 이야기에 끼어든다.) 흠흠, 정교회 측은 로마가톨릭 교회가 자기들에게서 갈라져 나갔다고 말합니다.

수도원장 그거야 자기들의 세력이 미미하니까 그런 소리 하는 거 아니겠소? 교황이 우리 측에 있는데 언감생심이지.

베네딕투스 지금으로부터 150년 뒤에 교회 개혁 운동이 대대적으로 일어나 전 유럽에 퍼집니다. 기존의 교회를 부정하고 새로운 교회를 세우자는 운동인데, 후대의 역사에서는 종교개혁이라고 부른답니다.

수도원장 개혁이야 우리도 늘 부르짖는 건데 새삼스럽게 뭘 또…….

그레고리우스 그 정도 규모가 아닙니다. 유럽의 국가들 중 상당수가 신교로 명패를 바꿔 가톨릭 국가들과 전쟁까지 벌인답니다. 나중에는 가톨릭 신앙에서 신교로 바꾸는 것을 '개종'이라고까지 부른답니다.

수도원장 개종이라면 아예 다른 종교라는 이야기군. 말세야, 말세. (요한계시록의 구절을 읊는다.) 첫째 천사가 나팔을 부니 피 섞인 우박과 불이 나와서 땅에 쏟아지매 땅의 삼분의 일이 타버리고 수목의 삼분의 일도 타버리고 각종 푸른 풀도 타버렸더라.

(잠시 침묵이 이어진다.)

그레고리우스 (침울한 기색으로) 종교개혁보다 더 큰 문제는 수백 년 더 지나서 등장하는 진화론입니다.

(수도원장은 벌레를 씹은 듯 역겨운 표정을 짓는다.)

수도원장 그거야말로 진짜 말세의 혹세무민이오. (다시 요한계시록의 구절을 읊는다.) 하늘에 있는 하느님의 성전이 열리니 성전 안에 하느님의 언약궤가 보이며 또 번개와 음성들과 우레와 지진과 큰 우박이 있더라.

(또 침묵이 이어진다.)

수도원장 진화론이라니? 뭐가 진화한다는 거요? 세상에 저절로 생성되는 것은 없습니다. 세상 만물은 모두 주님께서 만드셨고 주님의 숨결이 들어 있소. 생물이 저절로 생겨나고 자라고 변화한다는 것은 악마의 교설입니다. 말세예요, 말세!

그레고리우스 하지만 진화론이 나온 뒤에도 신의 심판은 내려지지 않습니다. 오히려 미래에 진화론은 더욱 정설로 굳어져 학교에서도 가르친다고 합니다.

수도원장 그건 우리 젊은 수사가 아까 말했듯이 신앙과 생활이 유리되었기 때문이오. 생활이 신앙에서 멀어지면 결국 파국이 닥칠 뿐이오.

베네딕투스 그래도 종교적 전통이 강한 지역에서는 종교가 단순히 신앙 체계에 그치지 않고 생활과 밀접한 관련을 유지하고 있습니다. 유럽이나 유럽의 문명이 전해진 지역에서는 여전히 그렇게 사는 사람들이 많습니다.

수도원장 그런 곳, 그런 사람들이 우리의 희망이네. 역시 근본은 변하지 않는구먼.

베네딕투스 하지만 오히려 그래서 유럽 문명의 변방에 해당하는 지역에서는 분쟁이 더 심합니다. 예루살렘 성지 주변과 비잔티움이 다스리는 발칸 지역에서는 종교로 인한 분쟁이 끊이지 않습니다. 신앙만이 아니라 생활 관습이 서로 다른 사람들이 함께 사니까요.

수도원장 그렇겠지. 우리 가톨릭의 성무일도에서는 정해진 시간에 일곱 차례 기도를 올리는데, 하루 다섯 차례씩 사람이 탑에 올라가 알라에게 기도하라고 외치는 이슬람교도들과 함께 어떻게 사이좋게 살 수가 있나?

그레고리우스 성무만이 아니라 생활 방식이 다른 게 더 큰 문젭니다. 이슬람교도들은 돼지고기를 먹지 않는데, 라마단 금식 기간에 야외 식당에서 그리스도교도가 돼지고기를 우적우적 씹는다면 그걸 그냥 두고 볼 리가 없지요.

수도원장 그들은 잘못된 신을 섬기기 때문에 그런 터무니없는 관습이 있는 거요.

그레고리우스 우리가 보기에는 잘못된 신이지만 그들이 보기에는 그렇지 않습니다. 이슬람교도들이 섬기는 알라도 우리의 여호와처럼 그냥 신이라는 뜻입니다. 그러니까 알라신이라고 부르면 안 되죠. 원래 두 종교는 같은 뿌리에서 나왔습니다.

수도원장 뿌리가 같아도 나중에는 전혀 달라질 수 있는 것이 자연의 법칙이오. 같은 물이라 해도 소가 마시면 우유가 되고 뱀이 마시면 독이 되는 법이 아니겠소? 종교에도 옳고 그름이 있다는 것을 잊어서는 안 됩니다. 수백 년 전 이슬람교가 처음 생겨났을 때 그 위세가 얼마나 강했소? 그들은 성지를 차지했고 하마터면 유럽 세계가 몽땅 그들의 손아귀에 들어갈 뻔했지요. 200여 년 전 우리 유럽이 성전을 일으켜 피를 흘린 이래 형세가 역전되어 지금은 우리 그리스도교권이 우위를 점하고 있소. 그 인류학자인지 뭔지 하는 사람도 그렇게 말했죠? 21세기에는 그리스도교도가 이슬람교도를 궁지에 몰아넣는다고요. 이슬람 측은 군대를 내세워 싸우지도 못하고 그저 테러 행위만 일삼는다고요. 그것이 바로 우리의 신이 올바르고 정당한 유일한 신이라는 것을 보여주는 확실한 증거입니다.

그레고리우스 그게 신의 힘인지, 인간 문명의 힘인지는 단정할 수 없습니다. 그리고 그런 우세한 관계가 영원하리라는 보장도 없고요.

수도원장 인간은 신의 피조물이므로 인간의 모든 일은 신께서 계획하신 거요. 신의 역사하심은 영원합니다. 신부님은 마치 이교도처럼 말씀하시는군요.

그레고리우스 (황망하게 손을 내젓는다.) 그럴 리가 있겠습니까? 다만 모든 종교는 평화로운 세상을 추구하는데 종교 때문에 싸우는 일이 안타까울 따름입니다.

수도원장 (베네딕투스에게 고개를 돌리며) 이교도는 그렇다 치고 무신론자가 많다는 이야기는 뭔가?

베네딕투스 지금 우리 시대에는 교회와 군주들이 화합을 이루어 이 세상을 주님의 뜻대로 일구어 나가지만 미래에는 그렇지 않습니다. 종교와 정치가 완전히 분리됩니다. 우리 후손들이 사는 유럽도 마찬가지입니다. 비록 많은 사람이 신을 섬기지만 법으로 강제하지는 않죠. 지금으로부터 수십 년이 지나면 유럽 사람들이 주님의 뜻을 만방에 알리려 배를 타고 먼 대양으로 나아가 다른 세계를 찾아 나서게 되는데요. 서쪽 바다 멀리 신세계가 있다는 것이 알려집니다. 우리의 선교 활동으로 그곳에 사는 사람들이 교화됩니다. 하지만 거기서 다시 서쪽으로 넓은 바다를 건너가면 아시아 동쪽의 세계가 나오는데, 이 지역에 사는 사람들은 유럽의 인구보다 훨씬 더 많지만 아무도 가톨릭 신앙을 가지고 있지 않습니다. 그곳은 유럽에 못지않게 문명의 역사가 오래되어 많은 가톨릭 선교사들이 포교하러 가지만 큰 성공을 거두지는 못합니다.

수도원장 종교와 정치가 분리되어 있으니 그럴 수밖에 없지. 유럽 세계처럼 신성의 영역은 교회가 관장하고 세속의 영역은 군주들이 맡아 교회의 뜻을 구현해야만 완전한 교화가 이루어지는 게야. 그래, 그쪽 사람들은 신을 믿지 않는다면 어떻게 살아가지? 어떻게 원죄를 극복하고 내세를 준비한다는 거지?

베네딕투스 그건…… 모르겠습니다. 아마 원죄라는 게 없는 것 같습니다.

수도원장 원죄가 없다니? 진짜 없다는 건가, 없다고 생각하는 건가?

베네딕투스 원죄라는…… 말 자체가 없는 것 같습니다.

그레고리우스 모든 인간이 태어날 때부터 원죄를 가지고 있다는 관념은 그리스도교만의 견해일 뿐입니다. 실은 그리스도교에서도 초기에는 원죄를 놓고 논란이 많았지 않습니까?

수도원장 그 문제는 이미 천 년 전에 아우구스티누스 교부께서 말끔하게 정리해주셨지요. 죄가 없다면 두려움을 모르고 두려움을 모르면 신을 믿지 않는다. 그러므로 신을 믿는다면 당연히 원죄는 있는 거지요.

그레고리우스 초기에 교리를 확립할 때는 그 정도의 설명으로 문제가 해결되었지만 나중에는 다시 논란이 생겼지요. 요즘 속인들 중에는 원죄가 없으면 교회가 할 일이 뭐 있겠느냐면서 원죄란 교회가 먹고 살기 위해 만든 관념이라고 생각하는 사람들도 있습니다.

수도원장 바로 그게 문제요. 주님의 뜻을 놓고 인간이 함부로 생각한다는 거. 왈가왈부한다는 거. 주님은 인간에게 믿으라고 하셨지 이해하라고 하지 않으셨소.

그레고리우스 하지만 인간은 생각할 줄 아는 힘, 즉 이성의 힘을 가지고 있습니다. 인간에게 이성의 힘을 부여하신 분도 바로 주님 아닙니까? 주님께서 인간에게 그런 능력을 주셨다면 반드시 쓰라고 주셨을 겁니다. 그렇다면 인간이 주님의 뜻을 감히 추측해보는 것도 인간에게 금지된 일은 아닐 것입니다.

수도원장 결코 그렇지 않소이다. 우리 주님께서 인간에게 이성을 주신 참된 이유는 이성의 힘으로 신앙을 얻으라는 뜻이지요. 인간이 멋대로 추측하라는 뜻이 아닙니다.

그레고리우스 멋대로 추측하는 게 아니라 주님의 뜻을 더욱 정확하고 세심하게 따르자는 것이지요. 신께서 창조하신 이 세상을 더 아름답고 평화로

운 곳으로 만드는 게 신의 뜻이요, 동시에 인간의 도리가 아니겠습니까?

수도원장 주님의 뜻은 따르면 될 뿐 해석할 필요가 없소.

그레고리우스 (다급히) 교회가 이미 해석하고 있지 않습니까?

수도원장 (말을 끊지 말라고 손짓을 하며) 이 세상의 살림살이보다 중요한 게 신의 말씀이오. 신부님의 논리대로라면 주님을 믿지 않아도 선행을 하고 덕을 쌓으면 천국에 갈 수 있다는 이야기가 되는데 절대 그렇지 않소. 그래서야 이교도의 율법과 구별되지 않지요. 주님의 나라는 돈으로도 못 가고 힘으로도 못 가고 지식으로도 못 갑니다. 마음이 착해도 못 갑니다. 오직 믿음으로만 갈 수 있는 나라입니다.

(열띤 논쟁을 지켜보던 베네딕투스가 끼어든다.)

베네딕투스 혹시 도움이 될지 모르겠지만 우리 후손들 중에 이런 말을 한 사람이 있습니다.

(수도원장과 신부가 말을 멈추고 베네딕투스를 빤히 바라본다.)

베네딕투스 주님께서 자신을 따르는 무리에게 말합니다. "너희는 내가 어떤 명령을 내려도 복종하겠느냐?" 그러자 무리가 일제히 대답합니다. "네. 어떤 말씀이든 따르겠습니다."

수도원장 그래서?

베네딕투스 그때 주님께서 이런 명령을 내립니다. "너희에게 명하노니, 앞으로는 나를 따르지 말고 각자 행복의 길을 찾아라!"

(막이 내려진 뒤의 해설)

열여덟 살 청년 베네딕투스(원래 이름은 피에르)는 이듬해인 1348년에 젊은 나이로 추기경 자리에 올랐다. 1370년에 그는 교황이 되었는데, 그레고리우스 신부의 가르침을 늘 마음속에 새겼으므로 이름을 그레고리우스로 바꾸어 훗날 교황 그레고리우스 11세로 역사에 기록된다. 스승의 노선에 따라 그는 아비뇽 교황청을 포기하고 교황권을 로마에 돌려주면서 교회 대통합을 시도했다.

신앙이냐, **삶**이냐

종교가 필수 사항이 아니라 선택 사항인 사회에서는 종교적 갈등을 그다지 심각하게 여기지 않는 경향이 있다. 우리 사회가 그런 경우지만, 그와 달리 종교를 단순한 신앙이 아니라 삶의 양식으로 받아들이는 사회에서는 종교 분쟁이 흔히 격렬한 전쟁의 양상을 띤다. 만약 다른 민족이 우리 민족에게 설이나 추석 명절을 쇠지 말라고 한다면 반발하지 않을 사람이 거의 없을 것이다. 세계 대부분의 나라에서 종교는 믿고 안 믿고의 문제가 아니라 죽느냐 사느냐의 문제다. 그렇기 때문에 철학의 여러 갈래들 중에서 가장 생활과 밀접한 관련이 있는 것이 종교철학이다.

철학은 종교에서 갈라져 나왔지만 나중에는 종교를 탄생시키는 밑거름이 되었다. 최초의 종교적 사유는 가시적인 세계를 극복하는 데서 비롯되었다. 자연의 일부로 살아가던 인간은 문명의 여명기를 맞아 처음으로 눈에 보이는 현상계의 피안에 보이지 않는 또 다른 세계를 상정한 것이다. 비가시적인 세계, 그곳에는 불변과 불멸, 영생과 진리가 있을 것이다. 수메르 신화에 나오는 길가메시는 바로 그것을 찾고자 여행을 떠난다.

결국 인간은 원하는 불멸을 얻지는 못했지만 그 대신 그것을 최초의 철학적 물음으로 설정할 수 있었다. "끊임없이 변화하는 현실의 배후에 있는 불변의 것은 무엇인가?" 이 물음은 고대 그리스의 자연철학자들에게 수용되어 "세상 만물의 공통적인 요소는 무엇인가?"라는 아르케(원질)에 대한 물음으로 바뀐다. 이 물음에 최초의 철학자들은 물, 불, 흙, 공기 등 다양한 답을 내놓았고, 그 결과는 플라톤의 이데아론으로 총괄되었다. 이데아에서 신의 개념을 이끌어내기는 어렵지 않다(이데아는 현실에 존재하지 않는 피안에 속하는 본질이며 현실의 원본이니까). 유대교에서 탄생한 유일신의 관념은 이데아에서 철학적 근거를 얻게 된다.

유일 신앙과 철학적 근거가 구비되었으므로 이제는 현세와 내세를 맺어주는 신, 즉 메시아만 등장하면 된다. 그 역할이 바로 예수 그리스도다. 내세에 존재하는 창조주 신은 아버지 신이요, 두 세계를 연결하면서 신의 뜻을 지상에 관철시키는 존재는 아들 신 그리스도다. 기존에 존재하는 '신들'은 오로지 인간을 심판하고 내세를 관장하는 역할이었으나 그리스도교의 신은 현세와의 연결 고리를 가지고 현실에 적극적으로 개입한다. 이 점은 여타의 종교들과 구별되는 그리스도교 특유의 경쟁력이었다.

이런 장점에 힘입어 그리스도교는 사회의 지배층만이 아니라 일반 대중에게까지 깊숙이 파고들어갈 수 있었다. 초기에 로마제국 중앙정부의 탄압을 받던 형세가 역전되어 4세기 초에 공인되고 나중에 국교의 위치에까지 오른 것은 그 덕분이다.

하지만 교리가 정교해지는 속도에 비해 교세가 팽창하는 속도가 빨랐던 탓에 초기 그리스도교는 숱한 교리 논쟁에 휘말렸다. 이 혼란스러운 사태를 교통정리한 사람이 아우구스티누스다. 그의 주무기는 앞의 이야기에 나오는 수도원장이 제기한 원죄의 개념이었다.

원죄의 개념이 처음부터 잘 먹혔을 리는 없다. 태어날 때부터 죄를 가졌다는 관념을 누가 환영하겠는가? 아우구스티누스의 맞수였던 펠라기우스는 그리스도교의 신을 인정하면서도 원죄를 단호히 부정했다. 죄는 분명히 신의 뜻을 저버리는 행위이지만, 인간이 타고나는 게 아니라 자신의 의지에 따라 저지르는 것이다. 원죄란 자신이 지은 죄의 책임을 신에게 전가하는 격이므로 오히려 불경스런 관념이다.

어찌 보면 옳은 이야기이고 참된 신앙심에 충실한 견해다. 하지만 원죄를 부정하면 아주 곤란한 문제가 발생한다. 우선 예수 그리스도의 의미가 퇴색한다. 그리스도는 바로 인간의 죄를 대속(代贖)하기 위해 십자가에 매달렸기 때문이다. 그러나 교리상의 문제보다 더 큰 문제는 초기 교회의 존망과 관련이 있다. 인간이 신의 뜻을 거슬러 저지르는 것이 죄라면 거꾸로 죄에서 벗어나는 일도 인간의 의지에 달렸다는 결론이 나온다. 그렇다면 교회와 사제가 존재해야 할 이유는 뭘까?

원죄가 없다면 갓난아기에게 세례를 줄 필요도 없어진다(유아세례는 원죄를 사해주는 의식이다). 교회와 사제는 할 일이 없다. 교세 확장은커녕 먹고 살 대책도 막막하다. 또한 원죄가 없다면 아이는 처음부터 신앙을 가지지 않아도 된다. 나중에 자라서 자신의 의지에 따라 신앙을 택하거나 달리 도덕적인 길을 택해도 상관이 없다. 원죄를 인정하지 않다가는 '고객'의 씨가 말라버릴 판이니 교회와 사제에게는 교리 논쟁보다 원죄의 인정 여부가 더 큰 현실적 문제다. 초기 교회가 원죄의 관념에 집요하게 매달리면서 여러 차례 종교회의에서 그 주제를 다룬 이유는 그 때문이다.

교회의 힘을 등에 업은 아우구스티누스는 마침내 펠라기우스를 이단으로 몰아 단죄하는 데 성공했다. 그 공로로 그는 중세 1천 년 내내 최고의 성인으로서 교회의 존경을 받고 교리 해석의 최고 권위자로 간주되었다. 그러나 그 기간에 점차 성장한 인간의 이성은 아우구스티누스가 설정한 한계 내에 머물려고 하지 않았다. 그리하여 보편자 논쟁과 더불어 중세 신학-철학 최대의 쟁점을 이루는 신앙과 이성의 관계를 정립하는 문제가 생겨났다.

알아야 믿을 수 있다! 믿어야 알 수 있다! 초기 그리스도교에서는 당연히 '신앙〉이성'이었으나 교회가 안정되고 교리가 확정되면서 그 관계가 불확실해지거나 역전되기 시작했다. 머리가 커진 사람들은 전처럼 쉽게 신앙에 맹종하려 하지 않았다. 이런 추세에는 권력을 쥐게 된 교회와 성직자들의 부패가 극성을 부린 것도 한몫 거들었다. 교회는 "믿는 만큼 안다."를 주장했으나 "아는 만큼 믿는다."가 시대의 대세였다.

시대가 달라졌으니 교회도 과거처럼 신앙을 강요하기는 어려웠다. 이제는 신앙을 이성으로 증명해야 했다. 안셀무스의 유명한 신의 존재론적 논증은 이런 배경에서 나왔다.

신은 완벽한 존재다.
만약 신이 실재하지 않는다면 완벽한 존재라고 할 수 없을 것이다.
따라서 신은 실재한다.

안셀무스의 논증은 이렇게 요약할 수 있는데, 물론 논리적 결함이 있다. 전제에서 결론이 가정되고 있으므로 논리적으로 잘못된 추론이다. 하지만 이 논증은 신앙을 이성으로 증명해야 한다는 시대적 요청을 어떻게든 수용하려는 노력이었다. 이 노력의 정점에 바로 토마스 아퀴나스가 있었다.

지금은 플라톤과 아리스토텔레스를 그리스 고전 사상의 양대 산맥이라고 말하지만, 중세까지 서유럽에서 아리스토텔레스는 플라톤에 비견되기는커녕 거의 잊힌 인물이었다. 설령 알았다 해도 플라톤의 철학에 모태를 두고 신플라톤주의에서 양분을 얻어 성장한 그리스도교에 자연철학적 성향이 강한 아리스토텔레스는 필요하지 않았다. 그래서 아리스토텔레스의 사상은 유럽 세계가 아니라 이슬람 문명권에서 계승되고 발달했다.

토마스 아퀴나스는 아라비아 학자인 아베로에스가 해석한 아리스토텔레스의 사상과 플라톤 철학을 신학적으로 절충하고자 했다. 아베로에스는 신학적 진리와 철학적 진리를 구분하고 전자는 계시를 통해, 후자는 관찰을 통해 얻을 수 있다는 이중진리론을 주장했다. 토마스 아퀴나스는 바로 거기서 신학과 철학, 신앙과 이성이 조화를 이룰 수 있는 길을 찾았다.

신학은 계시를 통해 얻은 교리를 전거로 하고, 철학은 관찰을 통해 얻은 경험을 전거로 삼는다. 그러므로 신학과 철학은 서로 배리적인 게 아니라 상보적이며, 각기 다른 방식으로 진리를 향해 접근한다고 볼 수 있다. 신학과 철학은 자연스러운 분업 관계를 이룰 수 있고 사이좋은 역할 분담이 가능하다. 토마스 아퀴나스는 이성으로 증명될 수 있는 신학의 영역을 자연신학으로, 오로지 신앙에만 의지하는 영역을 계시신학으로 구분해 중세 신학을 집대성했다. 신학에서 철학이 갈라져 나온 것은 이때부터다.

사랑
1년 만의 편지

오랜만이다. 헤어진 지 꼭 1년이 지났으니 오랜만이라고 해도 되겠지? 아니, 이렇게 편지를 쓰는 건 처음이니까 편지로는 첫 만남이라고 해야 할까?

왠지 컴퓨터로 메일을 보내기보다 손으로 직접 편지를 쓰고 싶었어. 멀리 떠나간 옛 연인이 제멋에 겨워 괜한 분위기를 잡는 거라고 해두렴.

너의 집 주소를 알아내기 위해 수를 좀 썼어. 아파트 입구까지 간 적은 있지만 동과 호까지는 모르잖아. 그래서 네 집으로 전화를 걸었다. 1년이 지났는데 휴대폰으로 전화하기는 좀 그렇잖니? 집 전화번호는 알아도 집으로 전화한 건 처음이지? 어머닌가 보더라. 구청이라고 둘러댔어. 민원실에서 발송할 게 있다고. 보이스피싱 같은 건 아니라고 안심시켜 드리니까 선선히 가르쳐주시더라.

지금쯤이면 너도 우리가 헤어진 지 벌써 1년이나 지났다는 걸 의식하지 싶어. 우리가 알고 지낸 5년에 비하면 1년은 아직 짧은 세월이지. 갑자기

'알고 지냈다'고 말하니까 우습다. 보통은 '사귀었다'고 말하잖아. 하지만 그런 말은 너무 통속적이라 쓰기가 싫어. 누구나 자기만의 관계에 관해서는 스페셜하고 싶은 거잖아.

그래도 통속적인 안부는 묻지 않을 수 없구나. 잘 지내니? 직장은 그대로야? 건강은? 가족들은? 아, 이렇게 말하니까 정말 우습다. 솔직히 본심을 털어놓으려고 편지를 쓰는 건데, 왜 이렇게 말을 빙빙 돌리는지 나도 모르겠다. 그냥 단도직입적으로 말할게. 다른 남자친구는 생겼니? 너도 날 잘 알겠지만 정말 궁금해서야. 다른 뜻은 전혀 없어. 진심으로 네게 다른 친구가 생겼으면 하는 마음이야.

그런데 또 다른 진심도 있다. 실은 그걸 말하기 위해 이렇게 펜을 든 거야. 그 진심은 "너와 헤어진 건 바보 짓이었다! 미친 짓이었다!"라고 부르짖고 있어.

다시 한번 말하지만 앞의 말도 진심이고 뒤의 말도 진심이야. 서로 상반되는 두 가지 말이 다 진심일 수 있는 이유를 나도 모르겠다.

이런 심리는 뭘까? 1년 동안 내내라고는 말 못해도 적어도 수백 번은 이렇게 생각했어. 나는 왜 너와 헤어졌을까? 지금도 그게 궁금해. 그러면서도 바로 지금 나는 네가 다른 친구를 사귀어 행복하게 지냈으면 하고 바란단다. 어떤 마음이 진짜인지는 묻지 마. 나도 모르니까.

만약 내가 계속 너와 사귀었더라면 지금쯤 어떻게 되었을까? 길을 선택한 것은 나 자신이면서도 가지 않은 길이 궁금해지고……. 솔직히 말해 아쉽다. 그 이유는 뭘까? 다른 사람들도 나처럼 사랑을 앞에 놓고 여러 색깔의 마음 때문에 혼란스러워할까?

이건 분열증이야. 난 네게 평생 잊을 수 없는 친구가 되고 싶으면서도 완전히 잊힌 존재가 되고 싶어. 진심이라면 둘 다 백 퍼센트 진심이야. 이건 대체 뭘까? 다가가고 싶으면서도 도망치고 싶은 이 욕망은……. 지난 1년 동안 나는 네 생각이 날 때마다 추억이 있기 때문에 더없이 행복하면서도 지금은 현실이 아니기 때문에 몹시도 불행했어.

내가 아는 한 너도 마찬가지였을 거야. 감정은 전이되게 마련이니까 내가 그렇다면 너도 그랬겠지. 우린 서로 사랑했다! 이렇게 말하고 싶지만 우린 서로에게 부담이었다는 것도 사실이겠지. 사랑과 부담. 사랑은 함께 있고 싶은 마음이고 부담은 함께 있기 싫은 마음이잖아. 이 배리적인 감정이 나 한 사람의 마음속에, 그것도 동시에 공존하는 걸 어떻게 설명할까?

이런 감정이 처음은 아니야. 10년도 더 전 사춘기 시절 짝사랑을 할 때도 바로 이런 기분이었어. 나는 같은 학원에 다니는 한 여학생에게 가까이 다가가고 싶으면서도 동시에 그러고 싶지 않았어. 사랑은 즐거움만이 아니라는 것, 짜릿하고 유쾌한 감정의 그늘에는 끄느름하고 꺼림칙한 감정이 도사리고 있다는 것, 그때 난 삶의 비애와 허무를 전부 안 느낌이었지.

관계라는 거, 사람들 사이의 관계라는 거, 그게 삶의 과정이자 목적이라고 말하는 사람들도 있지만, 또 실제로도 그런지 모르지만 그것만큼 삶의 무게를 느끼게 해주는 것도 없어. 관계를 유지한다는 건 힘든 일이야.

내가 아닌 다른 사람의 의미를 난 어떻게 받아들여야 할까? 한없이 자유롭고 싶지만 혼자서는 자유를 누리지 못해. 깊이 사랑하고 싶지만 정작 사랑의 문턱에 다가서면 차마 넘지 못해. 이게 삶의 역설인 걸까? 사랑의 감정도 손과 발처럼 내 것인데 왜 손과 발처럼 내 맘대로 할 수 없는 걸까?

내가 누리고 싶은 자유와 사랑을 관계의 부담이 가로막는다. 그러나 자유와 사랑을 누리고 싶다면 관계의 부담을 짊어져야 한다. 죽느냐, 사느냐, 이것이 문제다. 삶은 늘 진퇴양난에 처해 있어. 사랑은 늘 '감당할 수 없는 사랑'인 거 같아.

흔히 돈하고 사랑은 능동태가 없고 수동태만 가능하다잖아. 돈은 벌고 싶다고 해서 벌 수 있는 게 아니라 운이 트여 벌리는 거지. 또 사랑은 하고 싶다고 해서 할 수 있는 게 아니라 어쩌다 빠져버리는 거고. 그런데도 돈과 사랑을 능동태로 수용하고 싶은 생각은 누구나 다 있잖니. 안 된다는 걸 알면서도 왜 인간은 자꾸 하려고 할까?

결정은 아무리 신중해도 미진하다는 생각이 들어. 두 가지 길을 놓고 고민하다 보면 결국에는 선택에 그치고 말지. 실은 선택인데 결정이라고 믿는 거지. 필연적인 근거에 따라 결정한 듯싶지만 실은 취향이나 그때의 기분에 따라 선택한 것일 뿐이야. 그게 공허하니까 선택 결과에 온갖 이유와 근거를 끌어다 붙이는 거야. "이러저러하기 때문에 그럴 수밖에 없었어." "약간의 변수는 있었겠지만 최종 결과는 어쩔 수 없었어." "우리의 만남은 필연적이었어." 그리고 나중에는, "우린 결국 헤어질 수밖에 없는 운명이었어." 이런 식이야.

아까 말했듯이 이제 와서 너와의 관계를 회복할 생각은 없어. (실은 결정이 아니라 선택일 뿐이다.) 삶의 진행은 비가역적이니까 그건 불가능한 일이겠지(실은 법칙이 아니라 선언일 뿐이다). 하지만 너와의 관계를 후회하지는 않아. 그리고 지금 이 편지를 마지막으로 너에게 다시 연락하지는 않을 거야(실은 그러고 싶다는 희망이 아니라 그래야겠다는 각오일 뿐이다).

비극적이게도, 이런 사랑의 이중성은 사랑이 가져오는 설렘에서도 드러나지. 설렘은 불안의 다른 한 측면이야. 사랑의 양지가 설렘이라면 음지는

불안이겠지. 설렘은 사랑의 실현에 좀 더 가까이 있고 불안은 사랑의 좌절에 좀 더 가까이 있어. 하지만 둘 다 전혀 결정되지 않았다는 점에선 마찬가지야.

 누구나 통합적이고 일관적인 인간이 되고 싶어 하는 게 아닐까? 누구나 자기의 중심에 고정불변의 실체 같은 덩어리가 있다고 가정하고 싶지 않을까? 일관성은 본능에 가까운 거 아닐까? 만약 그렇다면 사랑은 치명적인 독소야. 사랑은 분열을 빚으니까. 통합적이고 일관적으로 존재하려는 나를 분열시키고, 온전하고 멀쩡한 나를 파괴하니까.

 프로이트가 말했던가? 에로스와 타나토스가, 삶의 본능과 죽음의 본능이 충돌한다고. 사실 두 본능의 목적은 같아. 자아실현, 지고한 행복, 혹은 열반이라고 해도 좋아. 하지만 방법은 정반대지. 에로스는 자신이 살기 위해 남을 파괴하고, 타나토스는 스스로를 파괴하는 거지. 사랑도 그 두 가지 중 하나를 취하겠지. 나의 사랑은 타나토스였다고 믿고 싶어. 네게는 어떻게 보였을지 모르지만.

그러나 에로스였다고 해도 별로 다를 게 없어. 둘 다 자신에 대한 사랑이니까. 어느 쪽이든 난 널 사랑한 게 아니라 날 사랑한 게 되는 거야. 그렇다면 난 날 사랑하기 위해 널 이용한 건지도 몰라. 물론 내 의도와는 무관하게. 여기서 또 다른 분열이 생기는구나. 내 의식적 의도와 무의식적 의도. 내가 정말 나쁜 남자라는 건, 내가 널 이용했듯이 너도 날 이용했을지도 모른다고 자위한다는 거야. 그러면 내 마음이 조금이나마 편해지고, 다신 네게 접근하지 않겠다는 각오를 다지기에 유리하니까. 나, 정말 나쁜 놈이지?

내가 널 사랑한다고 믿었던 것은 의식일까, 무의식일까? 혹시 의식적으로는 널 사랑한다면서 무의식적으로는 널 소유하려 했던 게 아닐까? 있는 그대로의 너를, 나와 똑같이 살아 있는 존재로서의 너를 사랑한 게 아니라 마치 금붕어처럼 어항에 가두어 관상용으로, 혹은 다른 용도로 내 곁에 붙잡아두려는 욕심이 더 컸던 게 아닐까?

누구를 사랑한다면 그 사람을 붙잡아야 할까, 풀어줘야 할까? "넌 내 거니까 꼼짝 마."가 옳을까, 아니면 "난 널 진정으로 사랑하니까 네 마음대로 하도록 놔둘게."가 옳을까? 앞의 것을 택하면 욕심쟁이가 되고 뒤의 것을 택하면 바보가 된다. 너에게 난 욕심쟁이로 시작했다가 바보로 끝나고 말았구나.

헤어진 지 1년째 되는 날
분열증에 걸린 바보가

사랑에 이르는 **험난한** 길

근대 철학의 주류를 이루었던 인식론의 과제는 인식 주체와 인식 대상을 연관 짓는 것, 즉 인식 과정의 해명이었다. 합리론은 주체를 정립했고, 경험론은 주체와 대상이 분립되어서는 인식 과정이 불가능하다는 것을 밝혔으며, 칸트는 합리론적 전통에서 두 입장을 종합해 주체가 대상을 구성하는 측면이 있다고 보았다. 칸트를 이어받은 후설은 주체가 대상을 인식할 때 이미 주체―대상이 구분할 수 없게 일체화된다고 보았다.

이것으로 인식 과정은 어느 정도 해명되었다고 볼 수 있다. 하지만 한 가지 근본적인 문제가 아직 남아 있다. 그것은 바로 타인의 존재다.

내가 아닌 타인은 인식의 대상인가, 주체인가? 나의 관점에서 보면 타인은 세계에 존재하는 사물과 마찬가지로 인식의 대상이지만, 나를 벗어난 더 넓은 관점에서 보면 타인은 나와 마찬가지로 세계를 인식하는 주체가 된다. 이런 이중성 때문에 타인과의 관계는 사물과의 관계와 달리 상당히 복잡해진다.

우선 사물에 적용하는 인식이라는 용어는 타인을 대할 때는 의식이라는 용어로 바뀐다. 주체는 사물을 의식(인식)한다. 주체가 사물을 의식할 때 사물은 대상화된다. '나'라는 주체가 하늘을 바라보거나 커피를 마실 때, 하늘과 커피는 대상화된다. 이런 존재 방식의 차이에 주목한 사르트르는 인간

존재를 대자 존재, 사물 존재를 즉자 존재라고 불렀다.

대자 존재는 세계를 마주하고 있는 존재이며, 즉자 존재는 세계 속에 있는 존재다. 인식론적으로는 인식의 주체인 대자 존재가 우월하지만 존재론적으로는 인식의 대상인 즉자 존재가 우월하다. 사물은 그 자체로, 독립적으로 존재할 수 있는 반면 인간은 반드시 대상을 인식해야만 존재하기 때문이다. 인간은 삶을 유지하는 한 늘 뭔가를 대상으로 취해야 하며, 대상을 인식하는 방식으로만 존재한다. 하늘을 바라보는 순간에는 하늘을 바라보는 방식으로 존재하고, 커피를 마시는 순간에는 커피를 마시는 방식으로 존재한다(이것을 사물의 소유라고 말할 수도 있다).

여기까지는 별 문제가 없다. 그러나 대자 존재가 대자 존재를 의식할 때, 즉 인간관계가 맺어질 때는 문제가 생긴다. 대자 존재가 다른 대자 존재의 의식에 나포될 경우에는 주체로서의 속성이 사라지고 대상화된다. 대자 존재는 원래 대상을 소유하는 주인의 신분이었음에도 그 경우에는 누군가에게 대상으로서 소유된다. 거리를 지나가는 젊은 여자는 자신의 날씬한 다리를 엉큼하게 바라보는 남자에게 대상화된다. 노골적인 시선은 성희롱으로 현행법에 저촉될 수 있어도 그 남자가 머릿속에서 여자에게 수작을 거는 상상마저 법으로 막을 수는 없다. 즉 의식 속에서 일어나는 대상화에 대해서는 어느 것도 제동을 걸 수 없다.

그래도 그 대상화는 도덕적인 측면에서 문제시할 수 있겠지만 도덕과 무관하게 주체가 대상화되는 관계도 있다. 그런 예가 바로 남녀 간의 사랑이다. 사랑은 남녀 두 사람이 서로를 원하고 아끼는 아름다운 관계처럼 보이지만, 다른 측면에서 보면 주체성을 가진 두 사람이 서로 상대방을 대상화시키고 소유하려 하는 위험한 관계이기도 하다. 그래서 두 사람 모두 원하지 않았어도 사랑은 자칫 '힘 대결'—주체로서 대상을 소유하려는 힘과 대상화되지 않으려 저항하는 힘의 대결—처럼 변질되는 경우가 많다.

이런 현상이 첨예해지면 사랑은 사디즘이나 마조히즘이 된다. 사디즘은 상대를 굴복시키고 소유하는 방식으로 사랑을 실현하려는 심리이고, 마조히즘은 반대로 상대에게 예속당하는 방식으로 사랑을 실현하려는 심리다. 물론 두 가지 다 병적으로 일탈한 심리이며, 진정한 사랑의 실현과는 거리가 멀다. 남녀 양측이 각자 자신의 자유를 행사하면서도 상대방의 자유를 자신의 자유 속에 성공적으로 동화시킬 경우에는 아름답고 진실한 사랑이 될 수 있지만, 어느 한 측이라도 상대방의 자유 속에 동화되어버린다면 한 사람은 사디스트가 되고 상대방은 마조히스트가 된다. 평등하지 못한 관계에서는 온전한 사랑이 불가능해진다.

현실적으로 완벽한 평등 관계에서 상대방을 살아 있는 그 모습 그대로 사랑하기란 어렵다. 처음에는 그렇게 사랑을 시작했을지 몰라도 시간이 지나면서, 특히 사랑이 결혼으로 맺어진 뒤부터는 관계의 평등성이 무너지기 시작하고 어느 한 측이 상대방을 소유하려는 경향이 있다. 그것이 병적으로 심해지면 의처증이나 의부증이 되지만, 그 정도까지 가지 않더라도 사랑을 시작했을 때와 같이 상대방을 있는 그대로 사랑하려는 자세가 오래 유지되지는 못한다. 그렇게 보면 사디즘과 마조히즘이 현실적으로 가능한 사랑의 완성태일지도 모른다. 단, 그런 병적인 관계에 서로가 완전히 동의해야겠지만.

욕망

악마와의 계약

"자, 이제 계약서를 쓰지."

이게 꿈인가 생신가? 나는 가만히 계약서를 들여다보았다. 내용은 아주 간단했다.

> 나, 디아볼로스는 앞으로 서재섭이 손대는 일마다 대박이 터지도록 해줄 것을 약속한다.

아무런 대가도 없었다. 조건은 무조건이고 기한은 무기한이었다. 마지막에 서명란이 있었다.

"제 이름을 쓰면 됩니까?"

내가 펜을 달라는 표정으로 쳐다보자 변호사는 피식 웃었다.

"명색이 악마와의 계약인데 이름 따위는 무슨."

변호사는 펜 대신 작은 바늘을 내밀었다.

"그걸로 새끼손가락을 찔러 피 한 방울을 내시오."

그래, 악마와 계약하는 데는 역시 피가 제격이겠지. 피의 서명이라…….

* * *

모든 일은 바퀴벌레 한 마리에서 시작되었다.

영등포역에서 서울역으로 옮겨온 뒤 며칠 동안 나는 현지 노숙자들의 텃세에 시달려 매일 밤 잠잘 곳을 찾아 헤매야 했다. 미화원이 늦게 청소하러 오는 좋은 자리는 언감생심이고 문간의 벤치 하나 차지하지 못했다. 할 수 없이 첫날에는 화장실 옆의 바닥에 신문지를 깔고 누울 수밖에 없었다. 노숙자라도 대부분 가방 하나씩은 있어 베개로 삼았는데, 영등포역에서 가진 것을 몽땅 잃어버린 터라 베개로 쓸 만한 물건도 없었다.

그런데 나를 괴롭힌 것은 다른 노숙자들만이 아니었다. 바퀴벌레들이 대이동을 하는지 화장실에서 수도 없이 나오는 것이었다. 바퀴벌레들은 내 얼굴까지 기어올랐고, 심지어 무는 놈들도 있었다. 첫 밤을 악몽 속에서 보낸 다음 날 나는 바퀴벌레들을 향해 대대적인 전쟁을 선포했다.

하루 종일 쓰레기통을 뒤져 사용하지 않은 채 버려진 바퀴벌레잡이 끈끈이를 찾아냈다. 그리고 굳이 전날 밤을 보낸 그 자리까지 찾아가 끈끈이를 설치했다.

다음 날 아침 끈끈이 위에는 상상하지도 못한 장관이 펼쳐져 있었다. 바퀴벌레의 이동이 잦았던 것은 산란기를 맞았기 때문이었다. 끈끈이 위에는 암컷 수십 마리가 죽어 있었다. 모성의 본능일까? 죽음을 맞은 암컷들은 꽁무니에 질질 끌고 다니던 커다란 알집을 풀었고 거기서 나온 새끼들이 알집으로부터 방사형으로 뻗어 나왔다. 아마 먼저 나온 새끼들이 끈끈이에 달라붙자 그 뒤에 나온 새끼들이 형제들의 몸을 타고 기었으리라. 알집에서 멀어질수록 새끼들의 크기가 작아져 맨 끝의 새끼들은 조그만 점들이 찍힌 것처럼 보였다.

그 끔찍한 광경의 감상을 마친 내가 끈끈이를 갖다버리려고 집어드는 순간 암컷들 중에서 한 마리가 몸을 꿈틀거렸다. 살아 있다! 무리 중 가장 몸집이 큰 암컷이었다. 기다란 알집이 아직 터지지 않은 상태였다. 왠지 그 암컷을 살려주고 싶었다. 그래서 그놈을 알집이 붙은 채로 조심스럽게 집어낸 다음 휴지로 발에 묻은 끈끈이까지 정성껏 털어주었다. 새 생명을 얻은 암컷은 비칠비칠 화장실 안으로 들어갔다. 언뜻 바퀴벌레가 뒤를 돌아보았다는 듯한 기묘한 느낌이 들었다.

다음날 아침 눈을 뜬 내 앞에는 검은 양복 차림에 검은색 가방을 든 사내가 서 있었다.

"실레노스였소."

사내의 안내를 받아 서울역 건너편의 빌딩에 있는 변호사 사무실에 들어섰을 때 사내가 던진 첫 마디였다.

"뭐라고요?"

"어제 당신이 구해준 그…… 바퀴벌레 말이오. 실레노스였소."

변호사는 가방을 책상 위에 내려놓으며 말했다.

"그게 뭡니까?"

"디오니소스의 동료들을 모르시오? 늙은 사티로스를 실레노스라고 부르지."

"사티로스는 또 뭐랍니까?"

변호사는 그럴 줄 알았다는 표정으로 웃었다.

"상반신은 인간이고 하반신은 염소인 생물이오. 그리스 신화에 나오지."

"갑자기 웬 그리스 신화를?"

"아, 비유하자면 그렇다는 얘기요. 어쨌든 당신은 실레노스를 구해주었어요."

"……."

변호사는 혀를 끌끌 찼다.

"그리스 신화에서 실레노스를 누가 구해줬는지도 모르겠군. 어떤 보상을 받았는지도 말이야."

나는 여전히 어안이 벙벙했다. 그가 무슨 말을 하는지 알 수 없었다.

"바로 프리지아의 왕 미다스라오. 실은 실레노스를 사로잡았다가 풀어준 거였지만 어쨌든 실레노스를 살려준 대가로 그는 디오니소스 신에게서 엄청난 보상을 받았다오."

바퀴벌레 한 마리를 구해준 게 어떤 보상을 가져다준단 말이지?

"미다스는 디오니소스에게 손으로 만지는 건 모조리 황금으로 변하게 해달라고 부탁했지. 신은 그걸 들어줬고."

눈이 번쩍 뜨였다. 이건 환상이 아니다! 현실이야!

내 표정이 진지해지는 것을 보고 변호사가 차분한 어조로 설명을 시작했다.

"지금의 디오니소스는 내가 고객으로 모시고 있는 디아볼로스요. 차이가 있다면 신이 아니라 악마라는 점이지. 디아볼로스는 당신에게 바로 미다스가 받았던 선물을 하려는 거요. 앞으로 당신은 손대는 것마다 황금으로 변하는 즐거움을 맛보게 될 거요. 단, 시대가 달라진 만큼 신화의 이야기는 직유가 아니라 은유요. 그러니까 당신은 손대는 일마다 대박을 터뜨리게 된다는 거지."

"어떤 일을 해야 되죠?"

"무슨 일을 하든 당신 자유요. 좌우간 당신은 성공하니까 맘대로 해요."

그런 다음에 내게 내민 것이 그 계약서다.

역으로 돌아온 뒤에도 한참 동안 정신을 추스르느라 애썼다. 결론은 간단하다. 디아볼로스든 디오니소스든 그 약속이 사실이라면 나는 먼저 내가 원하는 것을 정해야 한다. 만약 거짓이라면 한바탕 재미있는 꿈을 꿨다고 치자.

하는 일이 다 성공한다. 원하는 게 실현된다. 내가 원하는 게 뭘까? 노숙자 생활 석 달째가 되자 특별히 원하는 게 없어졌다(욕망이 적어진다는 거, 그게 바로 노숙자 생활이 준 최대의 장점이었다). 밥 좀 편하게 먹고 잠 좀 편하게 자면 그만이다. 그럼 달리 생각해보자. 내게 부족한 건 뭘까? 사람은 대개 자기에게 없는 걸 원하니까. 그런데 내게 없는 건 너무 많다. 집도 없고, 가족도 없고, 돈도 없다. 하지만 그런 것들은 갖고 싶지 않다. 내게 없지만 내가 원하는 건 아니다.

더 진지하게 생각해보자. 사람들이 흔히 가진 욕망은 대충 세 가지로 정리할 수 있다. 첫째는 힘이다. 이건 돈과 권력에서 나온다. 둘째는 명예나 명성이다. 이건 첫째 욕망인 힘과도 밀접한 관련이 있지만 폼 잡는 사람들은 둘째 욕망을 더 선호한다. 셋째 욕망은 사람들끼리 느끼는 정, 사랑, 의리 같은 거다. 첫째는 내가 얻지 못했고 둘째는 자격 미달이고 셋째는 내가 포기했다. 지금 다시 시도한다면 세 가지 중 어떤 욕망을 목표로 삼아야 할까?

결국 나는 첫째를 선택했다. 하지만 첫째가 욕망의 실현을 눈으로 확인하기에 가장 좋겠다는 생각일 뿐 별다른 이유는 없었다. 악마와 거래한 결과가 어떤 건지 보고 싶었다.

그날과 다음 날 나는 이틀을 일해 7만 5천 원을 만들었다. 그 돈을 가지고 과천 경마장으로 갔다. 작은 돈으로 목돈을 만들기에는 경마만큼 좋은 게 없다. 5천 원으로는 오랜만에 육개장 성찬을 즐기고 나머지 7만 원으로 마권을 샀다. 약속대로 된다면 오늘 저녁은 서울역에서 육개장 파티를 열 작정이다.

운을 시험해볼 필요는 없다. 나는 오늘 데뷔하는 기수가 있는 경주를 골랐다. 기수 이름은 송인건, 스물세 살, 마명은 여우비. 그래, 여기에 넣자. 여우 같은 계집애 송희정과 비 오는 날에 헤어졌지만 오늘은 너희가 내 희망이다. 확률 따위는 처음부터 안중에 없었으니 복승식과 연승식은 무조건 배제다. 여우비에 단승식으로 몽땅 걸었다. 여기서 따면 다음에는 쌍승식으로 올인한다. 딱 두 판만 할 작정이었다.

기수는 신인이지만 여우비가 우승 경력이 있었던 게 배당률을 조금 잡아먹었다. 그래도 배당은 17.4배, 세금 빼고 100만 원이 넘었다. 이런 배당이 실현될까 싶은 순간 여우비가 우승했다. 다음 경주에 상금을 쌍승식으로 전부 다 걸었다. 전광판에 1위 황금시대, 2위 엑스피드가 찍히는 순간 256.7배의 초고배당이 결정되었다. 단 하루 만에 2억 원이 수중에 들어왔다. 오, 악마의 권능이여. 기꺼이 당신의 사도가 되겠나이다.

1천만 원이 있다면 경마를 하고, 1억 원이 있다면 주식을 하고, 10억 원이 있다면 부동산을 하라. 단, 이익의 규모는 점점 더 커지지만 기간도 점점 더 오래 걸린다. 경마는 그날로 승부를 볼 수 있고, 주식은 최소한 며칠, 부동산은 최소한 몇 달이 지나야 수익이 생긴다. 그러나 경마와 주식과 부동산은 모두 같은 원리다. 싸게 사서 비싸게 판다. 이게 요체다. 이름하여 상업 자본주의의 논리인데, 명칭이 그럴싸할 뿐 실은 다 도박이다. 투자금은 밑천이고 시장은 하우스다. 세상은 도박의 원리로 돌아간다.

도박의 특징은 제로섬에 있다. 도박은 가치를 생산하는 게 아니라 생산된 가치를 이전하는 거다. 그럴듯한 용어로 포장하면 가치의 분배요 재분배다. 누군가가 따면 누군가는 잃는다. 따는 총액과 잃는 총액은 같다. 판돈 총액에서 누가 어느 만큼 제 몫을 찾아가느냐가 관건이다. 하우스 비용만 공제된다.

주식시장도 마찬가지다. 누가 투자에 성공하면 누군가는 그만큼 투자에 실패한다. 여기서 하우스 비용은 증권회사의 수수료다. 주식시장은 종합주가가 오르는 만큼 총액이 증가하니까 도박판과 다르지 않느냐고 하겠지만 그건 판돈의 증액에 해당한다. 종합주가지수가 치솟는 것을 보고 주식 투자를 하는 사람은 판돈이 뭔지도 모르고 무조건 큰 판에만 뛰어들어 결국은 몽땅 잃는 얼치기 도박꾼과 같다.

부동산 투자의 경우 하우스 비용은 정부가 먹는다. 투자자들은 재주 부리는 곰일 뿐이고 돈은 세금이라는 명목으로 정부가 거둬간다. 도박이 길어지면 결국 하우스가 배를 불리고 주식이 활성화되면 증권회사의 등이 따습듯이 부동산이 왔다갔다하면 정부의 세수만 증대한다. 주식과 부동산은 합법적인 도박이므로 정부가 합법적으로, 게다가 밑천도 들이지 않고 큰 재미를 볼 수 있다. 그래서 어떤 정권은 주식을, 어떤 정권은 부동산을 들었다놨다하면서 목돈을 챙긴다. 군부독재, 문민정부는 말할 것도 없고 국민의 정부, 참여정부도 이 점에선 면죄부를 받지 못한다.

그런데도 도박, 주식, 부동산에 사람들이 몰리는 것은 이따금 재주를 부려 제 몫을 챙기는 곰들이 있기 때문이다(모든 도박꾼들이 돈을 잃는 도박장은 얼마 못 가서 문을 닫아야 하니까 일부는 따게 마련이다). 하지만 드러난 것의 배후에는 항상 거대한 숨은 것이 있다. 성공한 곰들은 도박의 전쟁터에서 무수히 죽어간 곰들의 시체를 딛고 올라섰을 뿐이다. 도박으로 돈을 딸 확률은 하우스를 운영해서 돈을 벌 확률보다 훨씬 낮다. 주식 투자로 돈을 벌기보다는 증권회사에 취직하는 편이 낫고, 부동산을 굴려 얻는 수익보다는 세리가 챙기는 몫이 더 크다.

나 역시 곰에 불과했으나 다행히 내 뒤에는 악마가 후원하고 있었다. 내가 재주를 부릴 때 악마는 뭘 얻을까가 궁금했지만 어차피 돌이킬 수 없는 계약을 맺은 이상 거기까지 생각할 필요는 없었다. 게다가 나는 이미 삶을 포기한 상태가 아닌가. 나는 손에 쥔 2억을 가지고 곧장 다음 도박장인 주식시장의 문을 두드렸다.

저평가된 주에 주목하라. 기업 정보를 숙지하라. 단기적인 수익에 연연하지 말고 긴 호흡으로 승부하라. 리스크는 분산시켜라. 급등주는 버려라. 매수보다 매도에 신경을 써라. 이런 주식 투자의 원칙은 무작위의 꾼들을 상대로 한다는 것만 다를 뿐 도박판의 원칙과 전혀 다를 바 없다. 악마의 든든한 빽을 둔 내가 그런 '세속적인' 원칙에 구애될 필요는 없었다. 그래도 최소한의 성의를 보이기 위해 나는 약간 시간을 들여 몰빵을 칠 대상을 물색했다. 누구나 침 흘리는 황제주나 IT 같은 유망주를 버리고 선박이나 건설 같은 늘 뻔한 부문을 제외하니 전통 제조업밖에 남지 않았다. 나는 거기서 중급 규모의 지업사를 선택했다.

명칭도 지극히 전통적인 경흥 지업사. 회사명에 흥할 흥자를 붙이는 건 적어도 30년 이상 기업 규모를 유지해왔다는 의미다. 물론 그 기간 동안 명칭대로 제대로 흥하지는 못했다는 의미이기도 하다. 나는 거기서 대박을 터뜨렸다. 겉으로 보기에는 전적으로 우연이었다. 하지만 우연이란 신 또는 신에 준하는 권능을 지닌 악마가 관장하는 영역이 아닌가?

다음 해 교과서 개정 시즌을 맞아 교과서 용지를 다량 확보하려 했던 경흥 지업사의 주가가 갑자기 오른 계기는 종이 값이 오르거나 종이 수요가 급증한 탓이 아니었다. 지업사는 주요 목재 수입처인 인도네시아의 어느 삼림 지역을 밭떼기 식으로 계약해두었는데, 마침 그 지역이 제철소 부지로 선정된 것이다. 인도네시아 제철소 설립을 놓고 포스코와 일본의 신일본제철이 열띤 경쟁을 벌인 탓이었다. 내년 말까지 그 지역의 삼림 처분권이 경흥 지업사 측에 있었으니 제철소 부지 선정을 따내려면 두 거대 기업은 막대한 보상액을 제시하지 않을 수 없었다.

칼자루를 쥔 경흥 측이 결정을 미루는 바람에 주가가 여섯 배로 치솟자 나는 미련 없이 주식을 팔았다. 마지막 도박장인 부동산 입장비를 마련하는 게 목표였으므로 더 이상 주식에 묶여 있을 필요는 없었다. 2개월 동안 짜릿했던 도박 생활을 마감해야겠다는 생각이 든 것은 바로 그 순간이었다. 그런데 디아볼로스의 의도를 깨달은 것도 바로 그때였다.

돌이켜보면 쓰임새를 겨냥해 돈을 벌어야겠다고 마음먹은 것은 처음 이틀뿐이었다. 그것도 소비를 위해서가 아니라 종잣돈을 만들겠다는 생각이었지만. 경마를 할 때부터 돈 불리기는 게임이 되었고 돈은 수치에 불과해졌다. 돈을 버는 것은 내가 아니라 돈이었다. 돈은 마치 생명을 지닌 생물체처럼 스스로 앞길을 헤쳐나갔다. 나는 돈의 임자로 출발했으나 점차 돈의 하수인으로서 돈이 잘 흘러가도록 길을 터주는 역할로 전락했다. 내가 살려준 바퀴벌레 암컷의 처지와 뭐가 다르랴? 그래, 이 모든 게 그놈의 바퀴벌레 때문이었지?

나는 그 길로 디아볼로스의 대리인인 변호사를 찾아갔다.

"더 이상 게임을 하지 않겠습니다."

예상외로 변호사는 반가운 기색이었다. 말씨도 처음과는 달리 무척 정중해졌다.

"이런 초자연적인 약속이 어떤 효력을 가지는지 아시죠? 문구 그대로입니다……."

"압니다. 무기한에 무조건이죠."

"당신은 피로써 약속했습니다."

"피로 갚으면 되겠군요. 마음대로 하십시오. 저는 욕망의 끝을 보았습니다. 미다스 왕이 나중에 어떻게 했는지도 알았고요."

"디오니소스는 미다스를 용서했지만 디아볼로스는 다릅니다."

"신과 악마의 차이겠죠."

"디아볼로스는 메피스토펠레스처럼 자기 갈등도 하지 않습니다."

나는 이미 디아볼로스의 정체를 알고 있었다.

"그렇겠죠. 디아볼로스는 어떤 실체가 아니라 순수한 욕망의 덩어리니

까요."

"잘 아시는군요. 그렇다면 계약 위반을 어떻게 배상하시겠습니까?"

"당신이 제안하시죠. 제안대로 따를 테니까요."

변호사는 계약서를 꺼내들며 환한 미소를 지었다.

"보시다시피 계약을 위반할 경우 어떻게 해야 한다는 구절은 없습니다. 당신도 저와 똑같이 하면 됩니다. 다음 사람이 나타날 때까지 저의 역할을 맡아주시는 거죠. 결코 어려운 일이 아닙니다. 이 일을 물려줄 사람은 얼마든지 있거든요."

그는 서랍 속에서 똑같은 계약서들이 묶인 두툼한 서류 뭉치를 꺼내 보였다.

"이 사람들이 다 계약잡니다. 이 중에서 누구든 당신을 찾아오면 그 사람에게 일을 물려주고 떠나십시오. 다만 디아볼로스의 정체를 깨닫고 여기에 다시 오는 사람이 드문 편이라 기다리는 동안 좀 지루할 겁니다. 그동안 새로운 계약자들을 계속 만드세요. 기다리다 보면 당신 같은 사람이 올 겁니다."

나는 당분간 새로운 직업을 얻었다. 이 더러운 직업이 끝나면 서울역으로 돌아가리라.

욕망의 **시대**

합리성을 강조하는 시대에 감정이나 욕망은 올바른 평가를 받지 못한다. 이성(reason)은 이유라는 뜻도 함께 가진 것에서 알 수 있듯이 인과율을 중시한다. 모든 일에는 원인이 있고 같은 원인은 같은 결과를 낳는다. 그렇기 때문에 모든 일은 예측 가능하고 합리적이다. 이 합리성을 바탕으로 자본주의와 산업혁명이 일어났고 자연과학이 발달했다. 그런데 감정이나 욕망은 인과율의 통제를 받지 않는다. 특히 감정 중에서도 욕망은 이성처럼 밝고 깨끗하지 못하고 어딘가 지저분하고 끈적끈적한 이미지를 준다.

"뭔가를 하고 싶다."라는 게 욕망의 본질이다. 배가 고프면 밥을 먹고 싶은 것처럼 욕망에도 인과적인 측면이 없지는 않다. 그러나 이유 없는 욕망도 얼마든지 있다. 배가 고플 때 밥 대신 빵이나 스파게티를 먹고 싶을 수도 있다. 배가 고프지만 아무것도 먹고 싶지 않을 수도 있고, 반대로 배가 고프지 않은데 뭔가 먹고 싶을 수도 있다. 이유가 있다 해도 이성의 관점에서 보기에는 터무니없는 이유일 수도 있다. 단지 햇볕이 너무 따가워 살인을 저지른 《이방인》의 뫼르소에게 햇볕은 살인의 합리적인 이유가 아니다.

이성이 인간의 다른 모든 속성보다 부각되었던 계몽주의 시대에는 이성으로 설명되지 않는 욕망이 금기시되었다. 계몽주의 철학은 인간에게 그런 측면이 있다는 것을 인정하지 않으려 했고, 인정하더라도 중요하게 여기지 않으려 했다. 이런 지적 추세에 처음으로 반기를 든 것은 낭만주의 사조였다. 장 자크 루소 같은 반성적 계몽주의자들이 제창한 낭만주의는 이성을 만능의 무기로 내세우는 풍조에 맞서 감정과 열정을 자연스러운 인간적 속성으로 간주했다. "자연으로 돌아가라."라는 그의 모토는 이성에 기반을 둔 문명에 던진 도전장이었다.

그러나 합리주의에 대한 반감에서 싹튼 낭만주의는 감정, 특히 욕망을 다룰 만한 이론적 기반이 취약했다. 비록 엄격한 합리주의는 거부했지만 낭만주의자들에게 욕망은 여전히 이해할 수 없고 설명할 수 없는 주제였다. 그들은 욕망을 열정으로 해석하는 정도 이외에 다른 해석을 할 수 없었다.

그래서 욕망을 체계적으로 다룬 것은 철학이 아니라 경제학이었다. 카를 마르크스는 자본을 추구하는 욕망이 자본가의 심리적 성향이 아니라 마치 생명을 지닌 별개의 생물처럼 객관적인 것이라고 말한다. 여기서 욕망은 낭만주의적 열정과 확연히 구분된다.

"자본가가 존경을 받는 것은 자본의 인격화라는 자격 때문이다. 자본가는 수전노처럼 절대적인 치부욕을 가지고 있다. 그러나 수전노에게는 그 욕망이 개인적 열정으로 나타나는 데 비해 자본가의 경우에는 사회적 메커니즘의 작용으로 나타난다(자본가는 그 메커니즘을 구성하는 하나의 나사에 지나지 않는다). …… 자본가의 모든 행동은 자본의 기능에 불과하다."

이런 이유에서 마르크스는 자본가란 미친(비합리적인) 수전노이고 수전노란 합리적인 자본가라고 말했다.

형이상학을 바탕으로 하는 전통 철학에서 욕망은 도덕적으로도 문제시되었고 인식론적으로도 철학의 범주 안에 들지 못했다. 그러나 마르크스는 욕망을 자신의 이론 체계 안에 포함시킬 뿐 아니라 주역으로 등장시킨다.

자본가의 욕망은 단지 자본가가 가진 여러 가지 속성들 중 하나(예를 들면 탐욕이나 욕심)가 아니라 자본의 확대재생산을 가능케 하는 원동력이다. 욕망에 관한 새로운 입장을 제시했다는 점에서 마르크스는 현대 철학의 선구자다.

마르크스가 욕망을 새로이 바라보는 관점을 취할 수 있었던 것은 유물론에 바탕을 두고 이론을 전개했기 때문이다. 이성만이 아니라 욕망도 인간의 본성 가운데 하나다. 오히려 이성보다 욕망이 더 인간적인 측면을 반영하는 것일지도 모른다. 계몽주의의 정점인 19세기 자유주의 사상은 도덕철학을 앞세워 욕망을 부정하려 했으나 그것은 엄연히 존재하는 현실을 외면한 결과다. 귀족의 살롱에서 탄생한 철학적 담론과 자본주의 초창기 런던의 더러운 뒷골목에서 탄생한 철학적 담론의 차이라고나 할까?

이렇게 욕망을 새롭게 조명하는 현대사상의 흐름은 프랑스 철학자 질 들뢰즈와 펠릭스 가타리가 이어받는다. 그들은 욕망에 대한 전통 철학의 부정적인 견해를 거부하는 데서 출발한다.

이성의 관점에서 보면 욕망은 결핍이다. 앞의 이야기에서 주인공 서재섭이 디아볼로스와 계약을 맺고 자신이 진정으로 원하는 게 뭔지 고민하듯이, 욕망은 자신에게 없는 것을 바라는 마음이다. 결핍이 없는 존재는 욕망하지 않는다. 또한 전통적인 견해에 따르면 욕망은 뭔가를 소비하려는 마음 상태를 의미한다. 식욕, 성욕 같은 본능적인 욕구에서부터 물욕, 출세욕, 권력욕 등에 이르기까지 욕망의 여러 형태들은 모두 뭔가를 소비하고 사용하려는 태도를 가리킨다.

그러나 들뢰즈와 가타리는 정반대의 입장을 취한다. 욕망은 결핍도 아니고 소비도 아니다. 욕망은 결핍이 아니라 충만이며, 소비하는 게 아니라 생산한다. 17세기 철학자 스피노자가 말한 '생산하는 자연'의 개념을 차용해 그들은 '생산하는 욕망'이라는 개념을 만든다. 여기서 생산한다는 동사에는 목적어가 없다. 특정한 대상을 생산한다는 의미가 아니라 욕망은 끊임없이 뭔가를 생산하는 속성을 가진다는 의미다. 그런 뜻에서 욕망은 맹목적이고 무의식적인 에너지이며 흐름이다.

욕망은 흐른다. 흘러서 차고 넘친다(그런데 결핍이라니!). 욕망은 자연스러운 흐름이므로 욕망의 주인이나 주체를 논하는 것은 무의미하다. 욕망은 어느 누가 소유한 성질이 아니다. 하지만 욕망이라고 하면 당연히 주체와 대상을 떠올리게 되지 않는가? 욕망은 "누가 무엇을 하고 싶다."라는 뜻이 아닌가? "시험을 앞두고도 밤새 게임을 즐기고 싶은 수험생의 욕망", "틈만 나면 책상 다리를 물어뜯고 싶은 강아지의 욕망", "악마와의 계약을 통해 돈을 벌고 싶은 서재섭의 욕망"이 욕망의 일반적인 양태가 아닌가?

욕망을 의식의 속성으로 보면 그렇다. 욕망을 결핍이나 소망으로 이해하는 견해는 모두 욕망을 의식의 영역에 속하는 것으로 보는 데서 비롯된다. 그러나 욕망은 의식이 아니라 무의식이다. 욕망은 높은 데서 낮은 데로 흐르는 물처럼, 양극에서 음극으로 흐르는 전기처럼 무작정 흐른다. 심리적인 요소라기보다는 물리적인 요소에 가깝다. 서재섭이 나중에 깨달은 욕망의 본질은 바로 그것이다. 처음에 그는 무엇을 하기 위해 돈을 벌겠다고 나섰다가 결국은 돈 버는 일이 욕망을 채우는 것 이외에 아무런 의미가 없다는 걸 깨달았으니까.

자본가가 자본을 확대재생산하려는 노력은 언뜻 보면 의식적인 활동으로 생각되지만, 실은 자본의 논리에 종속된 결과다. 자본은 달리지 않으면 넘어지는 자전거처럼 증대하지 않으면 유지될 수 없다. 이런 점에서 자본의 증식은 '자본가'의 욕망이 아니라 '자본'의 욕망이다("자본가의 모든 행동은 자본의 기능에 불과하다"). 서재섭은 한동안 욕망에 포섭되었다가 나중에 그것이 자신의 욕망이 아니라 자본의 욕망임을 깨닫는다.

욕망은 특정한 주체와 대상이 없이 그 자체로 존재하고 기능한다. 전통 철학에서는 욕망을 인격적이고 의식적인 속성으로 여겼기 때문에 욕망을 설명하거나 이해하지 못했다(설명과 이해의 주요 수단인 이성 자체가 인격적이고 의식적인 개념이다). 그러나 욕망은 비인격적이고 무의식적이다. 앞의 이야기에서 욕망이 디아볼로스의 속성이 아니라 디아볼로스 자체로 등장하는 것은 그런 이유에서다. 디아볼로스가 메피스토펠레스와 다른 점도 욕망을 속성으로 가진 존재가 아니라 욕망 그 자체라는 데 있다.

욕망은 끊임없이 뭔가를 생산하지만 그것은 의식적이고 합리적인 생산이 아니다. 욕망은 어디로 튈지 모르는 럭비공과 같다. 늘 움직이지만 움직인다는 것만 알 뿐 방향은 예측할 수 없다. 그래서 인류 사회는 역사적으로 항상 욕망을 통제하고자 했다. 그렇지 않으면 사회가 존립할 수 없다. 들뢰즈와 가타리는 욕망의 통제 방식에 따라 원시 사회, 고대 사회, 자본주의 사회를 구분한다. 마지막 단계인 자본주의는 욕망의 흐름을 한편으로는 방치하면서도 다른 한편으로는 통제하는 이중적인 방식을 취한다. 자본주의는 노동력과 소비자를 다원화해야만 성장할 수 있지만 동시에 화폐자본으로 모든 것이 집중되어야만 하는 체제다. 일정한 정도의 자유경쟁을 보장해야 하면서도 동시에 독점자본이 성장해야 유지되는 게 자본주의다. 그래서 자본주의는 분열증이 자연스러운 사회다. 들뢰즈와 가타리는 분열증을 극복하는 게 아니라 가속화시켜야만 자본주의를 해체할 수 있다고 믿는다.

광인과 시인의 거리는 그리 멀지 않다. 욕망의 흐름 앞에 무릎을 꿇고 포로가 되면 광인이 되고, 욕망의 흐름을 자연스럽게 타고 장벽을 돌파하면 시인이 된다. 경마와 주식으로 돈을 번 서재섭, 손대는 것마다 황금으로 변하는 것을 즐기던 미다스는 광인이었다. 그러나 서재섭이 디아볼로스의 정체를 깨닫고 욕망의 손아귀에서 해방되는 순간, 미다스가 딸과 음식마저 금으로 변해 비탄과 굶주림에 시달리다 헛된 탐욕에서 벗어나는 순간 그들은 시인이 되었다.

이원론
공존하는 두 세계

신속과 정확

"얼마나 깎아드릴까요?"

머리 깎으러 온 손님에게 이렇게 물으면 다양한 대답이 나온다.

"짧게 깎아주세요."

주문이 명확해서 가장 좋다.

"멋지게 깎아주세요."

애매해서 좀 곤란하다.

"천 원만 깎아주세요."

유머를 들으면 언제나 즐겁다.

"그냥 적당히 깎아주세요."

이런 손님이 가장 골치다. 경력 11년, 이 미용실에서 원장 다음으로 솜씨가 좋은 서른두 살의 왕가위 씨도 적당히 깎는 게 어떤 건지 잘 모른다.

마음 같아선 애매하게 말하는 손님은 사절하고 싶지만 대다수가 그런 손님이니 어쩔 수 없다.

그래서 왕가위 씨는 나름의 비책을 마련했다. 우선 손님의 유형을 파악한다. 적당히 깎아달라고 주문하는 손님은 두 가지 유형으로 나눌 수 있다. 첫째는 말 그대로 머리 스타일에 무관심한 사람이다. 이런 손님은 크게 책잡히지만 않으면 무사통과다. 둘째는 머리 스타일에 관심이 많지만 딱히 어떤 게 자기에게 어울리는지 모르는 사람이다. 이런 손님은 취향이 까다롭고 이미 여러 군데 미용실을 전전한 사람이다. 따라서 한 번만 마음에 들게 해주면 단골로 잡기가 쉽다.

첫째 유형의 손님일 경우에는 '적당히'라는 말을 시간으로 환산한다. 남자 손님을 커트할 때 의자에 앉힌 뒤 머리를 깎고 감고 드라이를 마치기까지는 보통 20분이 걸린다. 왕가위 씨는 거의 30초의 오차도 없이 정확히 20분을 맞춘다. 그런 손님은 시간이 짧으면 무성의하게 여기고 길면 지루해하기 때문에 무엇보다 정확한 시간이 중요하다. 항상 비슷한 시간에 비슷한 질의 서비스를 해주면 그런 손님은 쉽게 만족한다.

그러나 둘째 유형의 손님을 맞았을 때는 다른 전략을 구사한다. 우선 질적으로 좋은 서비스를 위해 애써야 한다. 머리를 다듬는 동안 간간이 질문을 던지는 것도 좋은 전략이다. "여기를 좀 더 자를까요?" "앞머리는 마음에 드십니까?" 혹은 거울을 갖다대주며 "뒷머리 라인이 괜찮은가 보세요." 이런 식으로 손님의 의견을 구한다. 이런 손님은 자신의 의도를 특별히 밝히지 않으므로 물어본다고 해야 별 소용은 없다. 중요한 건 질문의 내용보다 질문한다는 사실 자체다. 손님은 미용사가 자기에게 정성을 다한다는 느낌을 가지게 된다.

　신속과 정확은 택배회사에서만 쓰는 구호가 아니다. 아니, 택배원보다 미용사에게 더 절실하다. 주소만 정확하면 다른 곳으로 배달할 우려가 없으니까 택배원은 주로 신속에 신경을 쓴다. 하지만 미용사는 반드시 신속하고도 정확해야 한다. 신속하지 못하면 머리 스타일에 무관심한 손님을 놓치고, 정확하지 못하면 머리에 신경을 쓰는 손님을 놓친다. 그러나 신속하면서도 정확하기란 대단히 어렵다.
　말이 좋아 신속과 정확이지, 이 둘은 어쩌면 본래 배리적인 덕목인지도 모른다. 무슨 일이든 신속하게 하려면 정확하지 않고 정확하게 하려면 신속하지 못하게 마련이다. 가급적 둘 다 취하려는 게 왕가위 씨의 생각이지만 현실적으로는 손님의 취향에 따라 신속이나 정확의 잣대를 따로 적용한다. 그는 지금껏 신속과 정확을 같은 정도로 균형 있게 구현할 줄 아는 미용사를 만나본 적이 단 한 번도 없다.

남성 커트 전문인 이 미용실에는 남자 미용사가 셋인데, 실력은 왕가위 씨가 가장 낫지만 처음 오는 손님은 그를 먼저 찾지 않는다. 손님들은 다른 두 명이 손님을 맞고 있을 때만 왕가위 씨를 찾는다. 그 이유는 그도 잘 안다. 그의 머리 스타일이 가장 형편없기 때문이다. 그래서 손님들은 왕가위 씨를 '넘버 쓰리'로 여기지만 그들이 모르는 게 있다. 미용사도 머리를 깎고 다듬어야 한다. 그래서 손이 빌 때 자기들끼리 머리를 만져준다. 미용사들 중 누가 그 일을 담당할까? 당연히 가장 솜씨가 좋은 미용사가 다른 미용사들의 머리를 만져주게 된다. 중이 제 머리 못 깎으니까 왕가위 씨 머리는 늘 다른 미용사의 몫이다. 왕가위 씨는 넘버 쓰리로 통하는 게 차라리 편하다.

성실과 유능

신 과장에게 또다시 어려운 시기가 닥쳤다. 매년 이맘때면 그는 몸살을 앓는다. 6개월 동안 함께 일해온 인턴사원들 중에서 정식 발령을 낼 인원을 추려야 하기 때문이다. 인사과를 책임진 신 과장으로서는 직책상 피할 수 없는 일이지만, 이것만큼은 연봉의 일부를 포기하는 한이 있더라도 피하고 싶은 마음이다. 가뜩이나 비정규직 문제로 온 사회가 몸살을 앓는 요즘은 그 일이 더 싫다.

생각 같아선 인턴사원들을 모두 정규직으로 채용하고 싶다. 정도 들었고 그동안 고생도 많이 한 젊은이들이라 누구 하나 내치기가 쉽지 않다. 6개월이면 각 개인의 됨됨이나 능력을 평가하기에 짧은 기간은 아니지만,

모두들 이 회사에 입사하겠다는 각오로 열심히 일했는데 차이가 나야 얼마나 나겠는가? 아마 그래서 근무 성적을 지수화하는 모양이다. 그래 봤자 출퇴근 시간이나 업무 일지 같은 것을 점검해서 성적을 매기는 데 불과하지만.

간부 회의에서 사장은 늘 성실과 유능을 강조하니까 이번에도 정규직 선발 지침에는 '성실하고 유능한 사원'이라는 문구가 들어갈 게 뻔하다. 정작 성실하고 유능한 직원이 왜 이 회사에 들어오려 하겠는가 하는 의문은 사장의 머리에 떠오르지 않는 모양이다. 게다가 그렇게 말하는 사장 자신이 과연 성실하고 유능한 사람인가는 한 번도 진지하게 돌아보지 않는 모양이다.

성실과 유능은 교장 선생의 훈화만큼이나 무의미한 이야기다. 지금까지 20년간 인사 업무를 담당해온 경험을 토대로 신 과장은 성실하면서 유능한 사람은 없다는 결론을 내린다. 그런 사람을 찾기란 두 마리 토끼를 쫓는 것보다 더 불가능한 일이다. 성실하면 창의력이 모자라고 유능하면 제 능력만 믿고 뺀질거린다. 신 과장은 사람들이 다 그렇다고 굳게 믿는다.

성실과 유능은 본래 모순 관계에 있는 개념이 아니다. 즉 성실함은 능력에 악영향을 주지 않으며, 유능함은 업무 자세를 나태하게 만들지 않는다. 그런데 왜 현실에서는 모순처럼 나타날까?

사회가 끊임없이 변하듯이 기업 문화도 늘 달라진다. 신 과장은 사장의 인선 방침이 겉으로는 한결같이 성실과 유능이었어도 수시로 배분이 달라졌다는 것을 잘 기억한다. 회사가 좀 어려울 때는 유능이 모토였다. 심지어 언젠가 사장은 "스스로 자신의 밥값을 창출하자."라는 노골적인 구호를 사무실마다 내건 적도 있었다. 일주일이 멀다 하고 부도설이 나돌던 때였다. 사장은 욕심이 많고 능구렁이 같은 사람이었으나 위기에는 공격적인 경영으로 타개해야 한다는 본능적인 경영 감각을 가지고 있었다.

반대로 회사의 형편이 좋을 때는 현상 유지로 돌아섰다. 이런 시기에는 간부 사원에게나 신입 사원에게나 성실성이 강조되었다. 사장은 먼젓번 구호를 "각자 자신의 밥값을 하자."로 살짝 바꿨다. 전의 구호가 공성(攻城)이라면 이 구호는 수성(守成)이었다. '밥값'이라는 모욕적인 표현을 바꾸지 않은 것에 모두들 치를 떨었으나 그게 사장의 방식이었다.

지금은 회사의 재무구조나 주가가 안정적인 상황이므로 능력보다 태도, 유능보다 성실에 더 배분이 가야 할 시기였다. 이럴 때는 신 과장의 일도 비교적 편했다. 유능을 평가하려면 다양한 기준이 필요하지만 성실은 평가하기가 쉽다. 이번 인턴사원들 중에서 튀는 아이들은 다음을 기약해야 하리라…….

인턴사원이라고 해서 정직원과 다른 별도의 계약을 하지는 않는다. 일반적인 근로 계약서를 그대로 사용하고 계약 기간만 다르게 정할 뿐이다. 그러니까 정직원 계약 대상자가 아닌 사람에 관해서는 계약 기간을 연장하지 않으면 된다. 내칠 사람은 개별적으로 만날 필요가 없고 재계약 대상자만 만나서 면담하면 된다는 점이 그나마 신 과장의 마음을 가볍게 했다.

좋게 말해 가슴이 따뜻한 남자, 나쁘게 말해 우유부단한 사람이라고 자평하는 신 과장은 이번에 정식 고용계약을 체결하지 않을 인턴사원들에게 전달할 나름의 변명을 만들어놓았다. 신 과장은 그들을 따로 모아놓고 이렇게 이야기할 작정이다.

"자네들은 능력이 있으니까 어디에 가든 필요한 인재가 될 걸세. 남은 친구들이야 처지가 딱하지 않은가. 딱히 오라는 데도 없고. 자네들에게는 이번 기회를 놓친 게 새옹지마가 될 수 있으니 너무 실망하지 말게. 문은 두드리는 사람에게 열리라고 있는 거야."

하지만 만약 능력을 위주로 인선을 했다면 신 과장의 이야기는 정반대가 될 것이다.

"자네들은 성실하고 예의가 바르니까 어디에 가든 사람들과 잘 어울리고 제 몫을 충분히 해낼 걸세. 능력만 믿고 세상 허술히 보다간 큰 코 다치지. 이번에 뽑은 친구들은 앞으로 여기서 고생 좀 할 게야."

귀에 걸면 귀걸이요 코에 걸면 코걸이지만, 신 과장은 인생이 다 그런 거 아니냐고 생각한다.

내용과 형식

원성호 씨는 등단한 지 8년 만에 갑자기 문학적인 개안을 했다. 서른일곱에 문단에 데뷔해 적지 않은 나이인지라 늘 젊은 친구들의 감각을 따라가지 못해 동료 시인들에게서 '원시인'이라는 별명으로 불리는 처지였지만—물론 그의 성 때문이기도 하다—그는 그 별명에 충실하게 더 원시적으로 가기로 마음먹었다. 외재율을 완벽하게 되살린 복고적인 형식으로 시를 쓰기로 작정한 것이다.

지구상에 존재하는 많은 언어는 운율이 있다. 대다수 언어는 알파벳 형식을 취하는데, 알파벳 문자의 중요한 특징은 바로 운율이다. 중국의 한자조차 알파벳 문자로 취급되는 마당에 한글이라면 더 말할 것도 없다. 사실 한글은 어느 문자보다 철자의 발음이 분명하기 때문에 운율의 효과가 매우 큰 문자다.

얼핏 생각하면 영어의 발음이 분명한 듯싶어도 실은 그렇지 않다. 한 예로, 전화로 이름을 불러줄 때 우리말은 원, 성, 호 하고 한 글자씩 불러주면 되지만 영어 이름의 경우에는 하나씩 철자를 말해줘야 정확하게 전달할 수 있다. 독설가였던 극작가 조지 버너드 쇼는 fish를 ghoti라고 표기하는 게 어떠냐면서 영어 발음의 모호함을 조롱한 적이 있다. rough에서 'gh', women에서 'o', nation에서 'ti'를 취해 그것들을 합치면 f-i-sh의 발음을 만들 수 있다는 이야기다. 그런가 하면 이런 풍자시도 있다.

heard를 조심하게. 무서운 단어라네.
beard처럼 생겼지만 bird처럼 소리가 나지.
그리고 dead는 bead가 아니라 bed처럼 발음된다네.
제발이지, deed라고는 말하지 말게!
meat와 great와 threat를 잘 구별하게.
(각각 suite와 straight와 debt와 운이 맞는 단어들이라네.)
here는 there와 짝이 맞지 않고
dear와 fear는 bear와 pear가 아니라네.
게다가 dose와 rose와 lose도 제각각이지.
그뿐인가? goose와 choose,
cork와 work, card와 ward,
font와 front, word와 sword,
do와 go, thwart와 cart도 서로 다르다네.

이렇게 발음이 모호한 탓에 골치 아픈 영어도 시에서 운율을 추구하는 데 한글이 못할 이유가 없다. 원성호 씨는 시조처럼 글자 수로 운율을 맞추는 데 만족하지 않고 각운, 나아가 두운을 취한 시를 쓰기로 했다.

원시인이 새로운 방향을 모색한 이유는 더 이상 물러설 곳이 없어서였다. 시인이라는 명패는 간신히 올려놓았지만 그간 그의 창작 활동은 수치스러울 정도로 지지부진했다. 젊은 시인들은 대개 자기만의 컬러를 가지고 있었다. 묵직한 철학적 주제를 담아내거나 예리한 사회 비판을 시로 형상화했다. 하다못해 유치한 사춘기 감수성에 호소하는 잔재주라도 부렸다.

시 작법에서도 독특한 친구들이 있었다. 중세의 연금술처럼 시를 쓰는 노하우를 자기만의 비밀로 간직하는 시인도 있긴 했지만, 사실 특이한 점은 없는 경우가 대부분이었다. 그런데 원시인처럼 늦깎이로 데뷔했다가 작사가로 전업한 한 동료가 어느 젊은 시인의 개성적인 시 작법을 귀띔해 주었다.

"보통 시는 첫 행부터 쓰든가 아니면 특별히 떠오른 시구를 중심으로 전개해 나가든가 하잖아? 근데 그 친구는 어떤 시를 써야겠다고 마음먹으면 우선 단어들을 군데군데 무작위로 배치하는 거야. 그러고 나서 그 단어들을 적당히 잇는 거야. 생산력 하나는 끝내주더군. 전성기의 조병화는 저리 가라야. 컨디션 좋으면 하루에 열 편도 쓴다고. 일주일이면 시집 한 권이야."

내용에서—아울러 생산력에서도—자신을 잃은 원성호 씨는 형식에서 돌파구를 찾기로 했다. 마침 유행하는 힙합의 랩에서는 정교하고도 강력한 운율의 힘이 느껴졌다. 각운만이 아니라 글자 수까지 맞춘 가사도 있었는데, 이건 세계적으로 드문 예였다.

실험 삼아 원성호 씨는 랩 가사를 쓰는 기분으로 시를 써보았다. 그런데 문제는 운율상으로는 마음에 들지만 내용은 자꾸 원치 않는 방향으로 샌다는 점이었다. 형식을 추구하면 내용이 파괴되는가? 시가 노랫말처럼 되어버리는가? 작사가 친구는 노랫말의 경우 운율만이 아니라 음표상의 제약도 크다고 말했다.

"노랫말과 시의 차이는 크지. 그래서 시를 노랫말로 만들려면 여러 가지 첨삭이 필요한 거야. 영시의 경우에는 운율을 살리기 위해 시구를 고르는 경우가 많아. 때로는 시인이 염두에 두고 있는 어구를 운율 때문에 포기하는 경우도 흔하지. 순전히 운율 때문에 행 바꿈을 하는 건 다반사고. 이 정도면 운율이 시의 내용을 왜곡한다고 볼 수 있지. 아예 시적 특권(poetic licence)이라고 해서 영시에서는 공식적으로 그런 걸 허용해.

그런 점에서 우리 시는 훨씬 자유롭지. 우리 시는 글자 수를 가지고 운율 효과를 내는 전통 시조나 노랫말로 쓰이는 랩을 제외하면 운율을 따질 필요가 없으니까. 하지만 노랫말로 만들려면 실사(實辭) 못지않게 허사(虛辭)가 필요한 건 사실이야. 세 개의 음표를 꼭 썼으면 좋겠는데, 거기에 들어갈 노랫말은 '겨울' 두 글자밖에 없을 때는 '겨울철'이라고 표현하면 되지. 〈개똥벌레〉라는 노래를 보면 '가지 마라, 가지 마라, 가지를 마라' 하고 음표 때문에 '를'이라는 글자를 넣잖아. 음표가 제약이 되는 경우지."

그 말을 듣고 원시인은 옛날에 듣던 노래 중에 Tell Laura I Love Her라는 노래를 떠올렸다. Tell Laura I love her, Tell Laura I need her, 이렇게 나가는 노래다. 예전에 그의 아버지는 그 노래를 듣더니, 왜 서양 사람들은 애인들끼리도 need라는 말을 쓰냐면서 필요로 사귀는 게 얼마나 약삭빠른 짓이냐고 말했다. 실은 앞 가사에서 love를 썼으니까 다음에는 need로 표현을 바꾼 것뿐인데……. 이 경우는 무슨 제약이라고 해야 할까?

처음에는 내용을 위해 형식이 필요했다. 형식은 내용을 담는 그릇에 불과했다. 시의 경우 운율이라는 형식은 시가 본디 노래에서 시작되었다는 흔적이다. 그런데 나중에는 형식이 내용을 규제하고 제약하게 된다. 형식이 빈약한 내용은 마치 초라한 옷차림 때문에 미모가 가려진 미인과 같다. 그러나 내용은 또 다른 것의 형식이 되기도 한다. 화려한 미모가 빈약한 내면에 가려지는 경우다. 옷차림과의 관계에서는 내용이었던 미모가 내면과의 관계에서는 형식으로 바뀐다.

내용과 형식은 대체 어떤 관계일까? 이제 원성호 씨의 고민은 시의 범주를 넘어섰다.

양비론

녀석들이 또 다툰다. 학기가 바뀐 뒤로 벌써 삼십 합은 겨뤘나? 아직 승패가 나지 않은 걸 보니 정말 호적수인 모양이다. 첩혈쌍웅이 따로 없.

다툼으로 끝났으면 좋겠는데 녀석들은 꼭 내게 판정을 의뢰한다. 담임이면 모든 걸 설명하고 해설하고 시비를 가려줘야 한다고 믿는 지겨운 아이들이다. 이놈들아, 담임도 월급 받아먹고 사는 처지야. 니들 사적인 논쟁까지 책임져야 하는 건 아니라고. 내 마음속의 볼멘소리에도 아랑곳없이 두 녀석은 또 교무실로 들어선다. 오늘 점심시간도 평화롭긴 글렀다. 커피 한잔 하고 들어오자는 허 선생 말을 듣는 건데, 쩝.

설상가상으로 오늘 녀석들의 논제는 골치 아픈 정치 문제다. 엊그제 한 국회의원이 교통신호를 무시했다가 적발된 사건이 보도되었는데, 그렇잖아도 늘 하이에나처럼 쟁점을 찾아다니던 녀석들은 옳다구나 하고 덥석 물었다.

경호가 먼저 말을 꺼낸다.

"국회의원이라고 해서 법규를 지키지 않아도 좋다는 건 아니에요. 그건 잘못이죠. 하지만 정치라는 건 많은 사람들의 이해관계와 관련되니까 도덕적 자질보다는 능력이 우선 아닌가요?"

반면 성진이는 으레 그렇듯 원론적인 입장에 강하다.

"수신이 먼저고 다음이 치국이죠. 개인 윤리도 못 지키는 사람이 어떻게 국가 대사를 결정하겠어요?"

나는 일단 경호의 편을 든다. 하긴, 선생인 나도 이따금 법규를 어기는데 성진이를 편들면 내 처신이 무척 불편해진다. 자칫 담배꽁초라도 버렸다가는 성진이가 학교 전체에 소문을 내버릴 테니까.

"개인과 사회를 혼동하는 것은 범주 착오다. 부분이 모인다고 해서 반드시 전체가 되는 건 아냐. 생명공학에서는 이런 말을 한단다. 단백질은 살아 있지 않지만 그 단백질로 구성되는 생명체는 살아 있다."

정치 이야기에 뜬금없이 생명공학이라니……. 내가 생각해도 한심한 비유지만 뭔가 정리하는 기색을 보여줘야 한다.

"티끌이 모여 태산이 된다는 말이 있잖아요. 부분 없이 전체가 있을 수 있나요?"

"물론 그렇지. 하지만 부분과 전체 사이에는 넘을 수 없는 간극이 있어."

어째 이야기가 샛길로 흐른다 싶을 때 경호가 다시 나선다.

"그러니까 공과 사가 구분되는 거죠. 개인 윤리는 어디까지나 개인일 뿐이죠. 도덕가가 정치를 잘하는 건 아니잖아요."

이쯤 되면 경호의 기도 꺾어줄 필요가 있다.

"그렇지만 도덕에 무지한 사람이 정치를 잘할 가능성은 더 낮지. 공인과 사인은 대립되는 개념이 아냐. 공인은 사인을 포함한단다. 사인은 사인의 측면만 가지지만 공인은 공인의 측면과 사인의 측면을 둘 다 가지는 사람이야. 그러니까 국회의원은 공인으로서의 자격과 사인으로서의 자격을 둘 다 갖춰야 하겠지."

녀석들은 이미 며칠 전 연예인의 사생활이 어느 정도까지 일반에 노출되어도 좋은가를 놓고 일 합을 겨룬 터였다. 이제부터 녀석들은 나를 상대로 합공을 펼칠 게다. 아니나 다를까?

"그렇다면 선생님 의견은 뭐예요? 국회의원은 공과 사에 다 철저한 슈퍼맨이어야 한다는 건가요? 국회의원 선거는 슈퍼맨을 뽑는 선건가요? 그래서 국회의원들이 그렇게 다들 잘난 척하는 건가요?"

나는 녀석들의 빈정거림을 참아야만 한다. 교사라는 직업은 이래서 나쁘다. 생각 같아서는 화를 벌컥 내며 마음속에 담긴 주관적 견해를 펼치고 싶지만 교사는 그래선 안 된다. 그저 조선 시대의 황희 정승처럼 너도 옳고 너도 옳고, 둘 다 옳으니라 하거나, 너는 이런 점이 틀렸고 너는 저런 점이 틀렸으니 둘 다 문제가 있느니라 할 수밖에 없다. 다시 태어나면 남을 객관적으로 가르쳐야 하는 이런 직업은 선택하지 않으리라.

양비론은 양시론과 마찬가지로 무의미하다. 이 기둥의 돌을 뽑아 저 기둥을 괴는 식이다. 어차피 기둥은 쓰러지고 집은 무너지게 돼 있다. 하지만 그래도 한참은 간다. 묘하게도 양비론은 쉽게 무너지지 않는다. 결국에는 무너지더라도 이리저리 논리를 돌려가며 한껏 버틴다. 양비론은 구성하기는 쉬워도 무너뜨리기는 쉽지 않다. 그 맛에 양비론을 구사하는 거겠지만 치사하고 치졸한 전략이다. 직업상 그런 전략을 늘 써먹는 나 자신이 초라하게 느껴진다.

하나와 둘의 차이

우연과 필연, 정신과 신체, 주체와 객체, 의식과 대상, 보편과 개별, 이와 기, 선과 악, 이성과 감정, 부분과 전체, 신성과 세속, 변화와 안정, 보수와 혁신, 추상과 구체, 운동과 위상……. 여러 학문과 일상생활에 걸쳐 두루 사용되는 대립적인 개념들이다(북한에서는 변증법을 설명할 때 이런 개념들을 가리켜 쌍범주라고 말하는데, 괜찮은 용어다).

세계를 이렇게 둘로 양분하는 태도는 거의 본능이라 할 만큼 무척 오래되었을 것이다. 인간이 처음으로 자의식을 가지고 세계를 대했을 때 나와 세계, 즉 아와 비아의 구분이 시작되었을 것이다. 철학적으로 보면 그것은 이원론의 출발이다. 세계의 본질을 둘로 보는 입장이 곧 이원론이다.

선악의 구분을 기본으로 삼는 종교에서는 이원론이 흔하지만 철학에서 이원론의 원조는 플라톤이다. 그 이전까지 고대 이오니아와 그리스의 철학자들은 눈에 보이는 세계의 배후에 세상 만물의 근본을 이루는 요소가 있다고 믿고 그것을 찾으려 애썼다. 그들은 그것을 물(탈레스), 공기(아낙시메네스), 불(헤라클레이토스) 등 구체적인 물질로 간주하기도 하고, 아페이론(아낙시만드로스), 사랑과 미움(엠페도클레스), 누스(아낙사고라스) 등 추상적인 요소를 상정하기도 했다. 하지만 플라톤이 보기에는 다 쓸데없는 짓이었다. 플라톤은 우선 세상 만물의 근본적인 요소가 물, 불, 흙, 공기 같은 구체적인 물질일 수는 없다고 보았다. 만약 구체적인 물질이라면 감각의 대상이 될 텐데, 감각은 참된 지식을 주지 못하기 때문이다. 같은 불이라 해도 산불은 모두가 싫어하고 피하며, 군불은 방을 따뜻하게 데워주는 고마운 불이다. 가수 비는 태양을 피하고 싶고, 다른 가수 김아중에게는 태양이 길을 비춰준다. 이렇게 천변만화하는 불이 어떻게 근본적인 요소가 될 수 있다는 말인가?

그렇다고 해서 가시적인 세계와 완전히 동떨어진 추상적인 요소를 근본적이라고 볼 수도 없다. 인간은 감각을 통해 세계를 접할 수밖에 없는데, 감각할 수 없는 요소가 어떻게 감각의 세계와 연결될 수 있겠는가? 그래서 플라톤은 감각의 직접적인 대상이 아니면서도 현실 세계와 관련을 맺을 수 있는 이데아라는 개념을 고안했다.

현실의 모든 존재들은 이데아를 모방한 사본이다. 앞뜰의 감나무, 뒷산의 밤나무, 시냇가의 소나무가 모두 형상이 다른데도 나무라는 이름으로 불리는 이유는 나무의 이데아가 있기 때문이다. 자연에 존재하는 사물들만 이데아가 있는 것은 아니다. 무기로 사용하는 칼, 과일을 깎는 칼, 회를 뜨는 칼이 자연스럽게 한데 묶이는 이유는 칼의 이데아가 있기 때문이다. 세상 만물은 수많은 이데아가 실체화된 것이며, 현실 세계는 이데아 세계가 구체화된 형태다.

이렇게 세계를 둘로 구분한 데서 철학적 이원론이 탄생했다. 하지만 이것은 완전한 이원론이 아니다. 사본은 원본을 능가하지 못하므로 현실은 이데아보다 존재의 서열에서 항상 하위에 처질 수밖에 없다. 현실은 현상이고 이데아는 본질이며 근원이다. 현실은 피상적이고 일시적이며 늘 변하지만, 이데아는 심원하고 영원불변이다. 현실은 거짓되고 불완전한 세계지만 이데아의 세계는 참되고 완전하다. 그렇다면 이것은 이원론보다 일원론이라고 해야 하지 않을까?

플라톤의 이데아론은 기본적으로 이원론의 양태를 띠면서 일원론적 성격도 가지고 있다. 일원론의 측면은 훗날 그리스도교의 사상적 배경으로 작용하게 되고, 이원론의 측면은 이후 철학사에서 여러 가지로 변용되어 수용된다. 특히 중세의 커다란 쟁점이었던 보편자-개별자 문제는 플라톤의 이데아론을 모태로 한다.

그러나 이원론적 세계관은 서양 철학에서만 볼 수 있는 게 아니다. 12세기 중국의 주희가 정립한 성리학의 이기론은 플라톤의 이데아론과 흡사한 이원론적 구조를 취하고 있다. 이기론의 이(理)는 세상 만물이 존재하는 이치를 뜻하고, 기(氣)는 만물을 구성하는 원리를 가리킨다. 이와 기가 조화를 이루면서 만물이 생겨나고 성장하고 소멸한다. 심지어 주희는 이를 중화 세계에, 기를 오랑캐 세계에 비유하고, 일시적으로는 오랑캐가 세상을 지배하는 것 같아도 결국에는 더 근본적인 이를 중심으로 한 세계로 돌아오리라고 주장한다. 유학의 본성이 그렇듯이 철학이 곧바로 정치 이념화된 경우다(주희의 시대에는 한족의 송이 북방 이민족의 요와 금에 눌린 상황이었으므로 그런 정치 이데올로기가 더욱 절실했다).

유학과 더불어 동양 사상의 쌍벽을 이루는 도가 철학도 이원론적 성격을 보여준다. 《도덕경》 첫 머리에는 이런 구절이 나온다.

常無欲以觀其妙 상무욕이관기묘
常有欲以觀其徼 상유욕이관기요

이 문구는 "무욕으로 오묘함을 보고, 유욕으로는 그 가장자리만을 볼 뿐이다" 혹은 "무욕의 상태에서 오묘한 세계를 볼 수 있고, 유욕의 상태에서는 차별성을 볼 수 있다."로 해석된다. 다시 말해 무는 세상의 오묘함, 유는 구체적인 양태와 관련된다는 의미니까 성리학의 이기론과 비슷한 내용이다.

동서양의 사상에서 서로 별개로 이원론이 생겨났다는 것은 이원론적 사고가 얼마나 보편적인가를 잘 보여준다. 이원론은 철학을 논하기 이전에 인간의 본능에 가까운 사고 양식인지도 모른다.

플라톤의 이원론은 일원론이 가미된 것이었고, 중세의 철학 역시 신학의 하위에 있었기 때문에 기본적으로 신을 유일의 근본으로 보는 일원론적 성격을 완전히 떨치지 못했다. 그래서 완벽한 이원론은 근대 철학의 기수인 데카르트에게서 볼 수 있다.

"나는 생각한다, 그러므로 나는 존재한다."라는 데카르트의 명제는 인식의 출발점을 확립하며 인식론의 시대를 예고했다. 그런데 이렇게 확고한 인식 주체가 설정되었다는 것은 곧 주체를 제외한 나머지 모두는 객체 또는 대상이 된다는 의미다.

주체가 대상을 인식한다. 내가 하늘을 바라본다. 친구가 음악을 듣고 있다. 당연하고 평범한 것처럼 여겨지는 이런 말들은 사실 철학적으로 보면 인식 주체와 인식 대상의 완전한 분리를 전제로 하고 있다. 이것은 곧 정신과 물질의 분리다.

정신은 공간을 차지하지 않으며 사유하는 기능을 하고, 물질은 공간을 차지하며 사유의 대상이 된다. 그러므로 정신은 철학의 주제이고 물질은 과학의 주제다. 바로 이런 사고에서 근대 문명의 싹이 텄다. 그 싹이 자라 철학적으로는 인식론이 되었고, 과학적으로는 서양의 물질문명을 이루었다. 정신의 고유한 속성인 이성을 중심으로 모든 것을 고찰하는 사고방식은 합리적 의회 민주주의와 국민국가 체제를 낳았으며, 사물을 대상화시켜 분석하는 과학적 사유는 산업혁명과 자본주의로 이어졌다. 오늘날 서양 문명은 바로 철저한 이원론의 토양에서 성장한 것이다.

이런 지적 경향이 본격적인 위기를 맞은 것은 20세기에 들어서다. 계몽주의 시대가 끝날 무렵인 18세기 말 인간이 이성만이 아니라 감정과 열정을 가진 존재라는 사실이 부각되면서 이성 중심주의는 타격을 받았다. 그러나 유럽 문명권이 번영을 누리며 세계의 중심으로 도약하던 19세기까지는 위기감이 그다지 고조되지 않았다. 내재하던 모순이 세계대전으로 터져 나오고 유럽 문명의 화려한 빛만큼 깊은 그늘이 드러나면서 이성의 어두운 측면과 한계가 지적되기 시작했던 것이다.

20세기 초 실증주의로 정점에 달한 이성 중심주의와 이원론적 사고는 이후 어떤 방식으로든 극복해야 할 철학적 난제가 되었다. 특히 포스트모던 계열의 현대 철학자들은 기존의 철학적 사유에서 벗어나는 데 초점을 맞추고 있다. 현대 철학의 지형은 여전히 세상 만물의 근본 요소를 찾거나 진리를 추구하는 형이상학적 전통과 더불어 그 전통을 부수고 새로운 길을 모색하려는 다양한 노력으로 양분되어 있다.

더 읽으면 좋은 책

가아더, 요슈타인, 《소피의 세계》, 현암사, 1996.
겐, 기다, 《현대사상 지도》, 산처럼, 2005.
고병권, 《니체, 천 개의 눈 천 개의 길》, 소명출판사, 2001.
글룩스만, M., 《구조주의와 현대 마르크시즘》, 한울, 1995.
김상환, 《니체, 프로이트, 맑스 이후》, 창비, 2002.
김영한/임지현 엮음, 《서양의 지적 운동 1》, 지식산업사, 2001.
김용규, 《철학통조림—고소한 맛》, 주니어김영사, 2006.
남경태, 《누구나 한번쯤 철학을 생각한다》, 휴머니스트, 2012.
　　　《한눈에 읽는 현대철학》, 휴머니스트, 2012.
데카르트, 르네, 《성찰》, 문예출판사, 1997.
도이처, 페넬로페, 《How To Read 데리다》, 웅진지식하우스, 2007.
들뢰즈, 질, 《니체와 철학》, 민음사, 2001.
들뢰즈, 질/가타리, 펠릭스, 《앙띠오이디푸스》, 민음사, 2000.
라이크만, 존, 《들뢰즈 커넥션》, 2005.
마르크스, 카를, 《자본론 1》, 비봉, 2005.
마르크스, 카를/엥겔스, 프리드리히, 《공산당 선언》, 책세상, 2002.
매클루언, 마셜, 《미디어의 이해》, 커뮤니케이션북스, 2001.
박승억, 《후설&하이데거》, 김영사, 2007.
보머, 프랭클린, 《유럽 근현대 지성사》, 현대지성사, 1999.

비트겐슈타인, 루트비히, 《논리-철학 논고》, 책세상, 2006.
　　　　　　　　　　《철학적 탐구》, 책세상, 2006.
사럽, 마단, 《후기구조주의와 포스트모더니즘》, 조형교육, 2005.
사르트르, 장 폴, 《존재와 무》, 을유문화사, 1994.
서양근대철학회, 《서양근대철학》, 창비, 2001.
스텀프, 새뮤얼 이녹/피저, 제임스, 《소크라테스에서 포스트모더니즘까지》, 열린책들, 2004.
신오현, 《자유와 비극》, 문학과지성사, 1979.
아일렌베르거, 볼프람, 《철학의 시작》, 들녘, 2006.
에코, 움베르토, 《철학의 위안》, 새물결, 2005.
윤효녕 외, 《주체 개념의 비판》, 서울대학교 출판부, 1999.
이남인, 《후설의 현상학과 현대철학》, 풀빛미디어, 2006.
이정우, 《담론의 공간》, 산해, 2000.
　　　《사건의 철학》, 철학아카데미, 2003.
이진경, 《철학과 굴뚝청소부》, 그린비, 2005.
　　　《철학의 모험》, 푸른숲, 2000.
임봉길 외, 《구조주의 혁명》, 서울대학교 출판부, 2000.
진은경, 《순수이성비판, 이성을 법정에 세우다》, 그린비, 2004.
철학아카데미 엮음, 《현대철학의 모험》, 길, 2007.
최진석, 《노자의 목소리로 듣는 도덕경》, 소나무, 2001.
탈리히, 파울 외, 《그리스도교 사상사》, 대한기독교서회, 2005.
팔머, 도널드, 《참을 수 없이 무거운 철학 가볍게 하기》, 현실과과학, 2002.
푸코, 미셸, 《감시와 처벌》, 나남, 2003.
　　　　　《광기의 역사》, 나남, 2003.
　　　　　《지식의 고고학》, 민음사, 2000.
프로이트, 지크문트, 《꿈의 해석》, 열린책들, 2004.
　　　　　　　　《정신분석 강의》, 열린책들, 2004.
플라톤, 《국가·政體》, 서광사, 2005.
하레, 롬, 《천 년의 철학》, 서광사, 2006.

하머마이스터, 카이, 《한스-게오르크 가다머》, 한양대학교 출판부, 2001.
하이데거, 마르틴, 《존재와 시간》, 까치, 1998.
한국산업사회연구회 엮음, 《탈현대사회사상의 궤적》, 새길, 1995.
한국칸트학회 엮음, 《포스트모던 칸트》, 문학과지성사, 2006.
한자경, 《칸트 철학에의 초대》, 서광사, 2006.
햄린, D. W., 《형이상학》, 서광사, 2000.
헤겔, G. W. F., 《철학강요》, 을유문화사, 1998.
후설, 에드문트, 《현상학의 이념, 엄밀한 학으로서의 철학》, 서광사, 1988.

찾아보기

ㄱ

가변성 237
가타리, 펠릭스 288, 290
감각 85, 86, 201, 202, 204, 205, 207~209, 213, 214, 297, 298, 306
《감시와 처벌》 182
감정 20, 29, 61, 100, 118, 119, 146, 267, 286, 287, 305, 309
개념 13, 15, 16, 19, 25, 29, 31, 37, 47, 60, 65, 66, 69, 78, 83, 86, 87, 89, 93, 100, 101, 110, 118, 136, 139, 159, 160, 172, 173, 174, 181, 188, 190, 198, 212, 214, 229, 230, 244, 261, 289, 296, 303, 305, 306
거대 담론 84, 86, 87, 89, 90
경험 12, 13, 16, 19, 21, 22, 28~30, 32, 43, 59, 93, 102, 119, 125, 131, 162, 204, 205, 208, 209, 212, 214, 219, 235, 240, 244, 245, 264, 296
경험론 27~29, 48, 119, 212~215, 271
계시신학 264
공리주의 101, 102
〈공산당 선언〉 64, 74, 179
광기 50, 72, 149, 182, 199, 200
《광기의 역사》 182
구속 57, 58, 64, 66
구조주의 69, 118, 163~165, 172~174, 181, 227, 228
권력 11, 18, 49~52, 56, 60, 76, 78, 80, 126, 129~134, 137, 138, 160, 182, 183, 199, 200, 229, 250, 263, 278, 288
권력의지 52
그레고리우스 11세 259
극단적 회의론 118, 212
기의 172, 173, 181
기표 172, 173
길가메시 260
꿈 31, 32, 107

ㄴ

논리실증주의 160, 163, 164, 171~174, 181
누스 242, 305

뉴턴역학 38
니체, 프리드리히 51, 52

ㄷ

다수결주의 102, 103
다자인 116, 117
《대이교도 대전》 251
대자 존재 272
데리다, 자크 151, 181, 189
데카르트, 르네 27~29, 69, 86, 116, 117, 153, 173, 211~213, 308
《도덕경》 90, 307
도덕철학 56, 66, 288
《독일 이데올로기》 82, 179
동일자 199
들뢰즈, 질 200, 288, 290

ㄹ

라캉, 자크 31
러시아혁명 77, 80
레비스트로스, 클로드 31
로스켈리누스 245
로크, 존 212
리오타르, 장 프랑수와 89

ㅁ

마르크스, 카를 60, 64, 66, 69, 70, 72~83, 87~89, 176, 177, 179, 180, 182, 186, 287, 288
마르크스주의 87~89

《말과 사물》 182
매체 124, 129, 131, 134~138, 144, 146, 171
매클루언, 마셜 135, 136, 138
맥락 14, 50, 51, 60, 66, 82, 98, 154, 166, 174, 229
메시지 63, 135, 138, 146, 147, 153, ~155, 189, 228~230
무의식 15~19, 29~32, 52, 59, 70, 71, 118, 119, 165, 199, 226, 227, 229, 230, 270, 289, 290
무한자 242
물질문명 308
밀, 존 스튜어트 102, 103

ㅂ

버클리, 조지 212
범죄 12, 13, 15~19, 21, 22, 24, 25, 50, 106, 182, 200
벤담, 제러미 101, 102
변주곡 237, 238, 242
변증법적 과정 86
보편성 136, 239, 240
보편자 244, 245, 263, 307
부르주아 76
부재 56, 68, 155, 226, 227
불확정성 원리 47

ㅅ

사고실험 36
사르트르, 장 폴 68, 69, 271
사회적 무의식 31

사회철학 66
사회학 14, 31, 66, 180
사회혁명 74, 87, 88, 89
상대성이론 37, 38, 47, 48
〈샤콘〉 234, 235~238, 240
선 善 100
《성의 역사》 183
세계-내-존재 117, 174
소쉬르, 페르디낭 드 173
소통이론 47
스피노자, 바루치 드 164, 289
신앙 27, 116, 230, 243~245, 252, 253, 254, 256, 257, 260~264
실존주의 69
실존철학 48, 174, 181
실증주의 119, 309
실증철학 69
심리학 14, 18, 31

ㅇ

아낙사고라스 242, 305
아낙시만드로스 242
아리스토텔레스 242, 245, 251, 263, 264
아베로에스 245, 264
아우구스티누스 257, 261, 262
아웃사이더 200
아인슈타인, 알베르트 36~39, 48
아퀴나스, 토마스 101, 245, 251, 263, 264
아타락시아 101
안셀무스 263
알튀세르, 루이 31, 69, 70, 71
약한 고리 76, 77

양자역학 38
언어 31, 70, 116, 145~147, 151, 157, 158, 160~166, 168~174, 181, 182, 186, 188, 298
에로스 269, 270
에크리튀르 181
에피쿠로스 88, 100
예속 57, 58, 69, 273
예수 그리스도 261, 262
예술 41, 63, 70, 73, 139, 147, 149, 152, 183, 186, 189~191, 204
욕망 100, 119, 152, 267, 278, 279, 283, 286~291
원죄 153, 256, 257, 261, 262
의식 16~18, 21, 28~32, 51, 52, 68~70, 113, 118, 119, 159, 165, 171, 180, 193, 227, 229, 230, 270~272, 289, 290, 305
이데아 85, 242~244, 261, 306, 307
이데올로기 31, 57, 59, 69, 70, 71, 89, 115, 160, 307
《이방인》 286
이성 26~31, 50, 51, 85, 86, 88, 116, 118, 119, 171~173, 198, 207, 210, 211, 214, 227, 244, 245, 257, 262~264, 286~288, 290, 305, 309
이원론 243, 305~309
이중 진리론 245
인식론 27~29, 66, 88, 115, 116, 181, 211~213, 215, 227, 243, 245, 271, 272, 287, 308
인터넷 44, 124, 136~138, 140, 142~146, 150, 177, 178, 220, 221, 223~225
일원론 243, 307, 308
《임상의학의 탄생》 182

ㅈ

《자본론》 78, 81, 145, 177, 179, 186
자연신학 264
자연철학 115, 227, 264
자유 56~60, 62~64, 66~69, 71, 89, 94, 95, 99, 148, 227, 230, 267, 273, 278, 288
자유의지 16, 26, 31, 62. 64, 69~71, 114, 118, 119
절대정신 86, 87, 89
정신의학 31
존재론 116~118, 181, 186, 243, 245, 263, 272
《존재와 시간》 177, 181
주체 17, 27~29, 69, 115~119, 133, 138, 160, 172, 173, 180, 190, 200, 211~214, 271~271, 289, 290, 305, 308
주체철학 115, 116
즉자 존재 272
지복직관 101
지식 39, 41~43, 45, 47~52, 70, 124, 131~133, 134, 137, 138, 142~144, 148, 150, 159, 160, 167, 182, 183, 198, 199, 213, 244, 258, 306
《지식의 고고학》 182
직접민주주의 137

ㅊ

창작 184, 186~191, 300
철학 14, 18, 27, 39, 41, 47, 48, 66, 85~90, 100~102, 113, 115~119, 148, 163, 172, 180, 181, 213, 227, 241, 244~246, 260, 263, 264, 287, 305, 307~309

ㅋ

카뮈, 알베르 69
칸트, 임마누엘 28, 29, 38, 47, 48, 56, 86, 88, 118, 193, 213, 214, 215, 271
콘텍스트 229~231
쾌락 93~95, 100~103

ㅌ

타나토스 269, 270
타자 146, 199, 200
텍스트 140, 142, 144, 145, 147~156, 187, 188, 229~231
특수성 55, 239

ㅍ

파시즘 137
패러다임 38, 48
펠라기우스 261, 262
편집 124, 125, 190, 191
표절 184~186, 189, 191
푸코, 미셸 39, 49, 50, 176, 177, 182, 183, 186, 198~200
프로이트, 지크문트 29~32, 227, 269
플라톤 59, 85, 88, 100, 116, 160, 242~244, 251, 261, 263 ,264, 305, 307, 308
피투성 113

ㅎ

하버마스, 위르겐 47
하이데거, 마르틴 46, 48, 116~118, 168,

174, 176~182
하이젠베르크, 베르너 47
해석 19, 38, 66, 113, 140, 147~155, 214, 219, 228, 229, 258, 262, 264, 287
허위의식 70
헤겔, 빌헬름 프리드리히 86~89
혁명 55, 56, 65. 67, 68, 73~85, 87, 89, 180, 200
현상학 48, 69, 116~118, 174, 181
현실사회주의 64, 67, 68, 79, 87, 200
현존 226, 227
형이상학 85~89, 161, 168, 171, 181, 215, 287, 309
후설, 에드문트 28, 48, 69, 116~118, 271
흄, 데이비드 48, 118, 212, 213

철학 입문 18

철학으로 들어가는 18개의 문

지은이 | 남경태

초판   1쇄 발행일 2007년 11월 9일
개정판 1쇄 발행일 2013년 3월 18일
개정판 2쇄 발행일 2018년 3월 12일

발행인 | 김학원
편집주간 | 김민기 황서현
기획 | 문성환 박상경 임은선 김보희 최윤영 전두현 최인영 이보람 김진주 정민애 임재희 이효온
디자인 | 김태형 유주현 구현석 박인규 한예슬
마케팅 | 이한주 김창규 김한밀 윤민영 김규빈 송희진
저자 · 독자 서비스 | 조다영 윤경희 이현주(humanist@humanistbooks.com)
스캔 · 표지출력 | 이희수 com.
조판 | 홍영사
용지 | 화인페이퍼
인쇄 | 청아문화사
제본 | 정민문화사

발행처 | (주)휴머니스트 출판그룹
출판등록 | 제313-2007-000007호(2007년 1월 5일)
주소 | (03991) 서울시 마포구 동교로23길 76(연남동)
전화 | 02-335-4422 팩스 | 02-334-3427
홈페이지 | www.humanistbooks.com

ⓒ 남경태, 2013

ISBN 978-89-5862-594-0   03100

● 이 도서의 국립중앙도서관 출판시도서목록(CIP)은 서지정보유통지원시스템 홈페이지(http://seoji.nl.go.kr)와 국가자료공동목록시스템(http://www.nl.go.kr/kolisnet)에서 이용하실 수 있습니다.(CIP제어번호: CIP2013001345)

만든 사람들

편집주간 | 황서현
기획 | 최윤영(cyy2001@humanistbooks.com) 이보람
편집 | 최윤영
디자인 | 김태형
일러스트 | 윤예지

● 이 책은 저작권법에 따라 보호받는 저작물이므로 무단전재 무단복제를 금합니다. 이 책의 전부 또는 일부를 이용하려면 반드시 저자와 (주)휴머니스트 출판그룹의 동의를 받아야 합니다.